Geschlecht

Heinz-Jürgen Voß:
Mitarbeit in diversen antifaschistischen, gender-kritischen, queer-Gruppen und Projekten in Dresden, Leipzig, Göttingen, Hannover, Berlin. Studium der Biologie an der Universität Leipzig. Promotion an der Universität Bremen zu «Geschlechterdekonstruktion aus biologisch-medizinischer Perspektive». Mehrere Print- und Non-print-Publikationen zu Geschlechterverständnis, Queer-politics, Intersexualität etc.

Heinz-Jürgen Voß

Geschlecht

Wider die Natürlichkeit

Reihe
theorie.org

Schmetterling Verlag

Bibliografische Informationen der *Deutschen Nationalbibliothek*
Die Deutsche Nationalbibliothek verzeichnet diese Publikation in der Deutschen Nationalbibliografie; detaillierte bibliografische Daten sind im Internet über
http://dnb.d-nb.de abrufbar.

Schmetterling Verlag GmbH
Lindenspürstr. 38b
70176 Stuttgart
www.schmetterling-verlag.de
Der Schmetterling Verlag ist Mitglied von aLiVe,
der assoziation Linker Verlage

ISBN 3-89657-663-1
1. Auflage 2011
Printed in Germany

Lektorat: Salih Alexander Wolter
Satz und Reproduktionen: Schmetterling Verlag
Druck: GuS-Druck GmbH, Stuttgart
Binden: IDUPA, Owen

Inhalt

Vorwort

Bei kaum einem anderen Thema entbehren die Diskussionen dermaßen einer fundierten Grundlage, wie es bei «Geschlecht» und der Frage seiner «Natürlichkeit» der Fall ist. Es wird auf Populärliteratur verwiesen, in der aus zweiter oder dritter Hand Ergebnisse biologischer Forschung zitiert werden, die längst wegen mangelnder methodischer Sorgfalt in der Kritik stehen. In den Untersuchungen zu Geschlecht selbst wird bereits im Vorhinein nach «Frau» und «Mann» gruppiert, das weitere methodische Vorgehen orientiert sich an dieser binären Einteilung. Heraus kommt die Differenz von «Frau» und «Mann», aber *wie sollten bei solchem Herangehen andere Ergebnisse möglich sein*? Oftmals werden die Resultate aus Untersuchungen von nur zwanzig, zehn, sechs oder gar einem Individuum gewonnen – und dennoch werden daraus weitreichende Ableitungen für «weibliches» und «männliches Geschlecht» gezogen. Und auch die emanzipatorische Geschlechterforschung und politisch interessierte junge Menschen verlassen sich allzu schnell auf Ergebnisse der Biologie und Medizin, ohne zunächst einmal einen genauen Blick auf die Forschungsfrage, die Methoden und die abgeleiteten Ergebnisse aktueller Untersuchungen zu werfen.

Dieses Buch soll zu einer fundierten Debatte anregen und es soll die Sicht weiten: Historisch und aktuell sind die biologisch-medizinischen Theorien über Geschlecht dermaßen vielfältig, dass eine solch einfache Aussage wie «In der ‹modernen› Biologie wurde stets nur dichotome Geschlechterdifferenz beschrieben» – wie sie im Anschluss unter anderem an die Arbeiten von Thomas Laqueur, Claudia Honegger und Londa Schiebinger oft geäußert wurde – weit an der Realität vorbeigeht. Nicht nur die Differenz, auch die Gleichheit von «Frau» und «Mann» und das Frau-und-Mann-Sein eines jeden Menschen wurden thematisiert. Die derzeitige Biologie und Medizin kommt bei so vielen Faktoren an, die für die Entwicklung von Geschlechtsmerkmalen Bedeutung haben sollen – und diese lassen sich längst nicht mehr in das Korsett dichotomen Geschlechts pressen.

Wichtig ist gerade der genauere Blick: So ziehen sich *Argumentationen der Vorgegebenheit und Unabänderlichkeit* –

wurden sie nun mit einem «Gott» oder der «Natur» begründet – wie ein roter Faden durch die Betrachtungen zu «Geschlecht». Diese Position wurde meist von den Profiteuren einer gesellschaftlichen Ordnung vorgebracht, die nicht wahrhaben wollten (und wollen), dass die ungleichen Möglichkeiten von Menschen Resultat gesellschaftlicher Ungleichbehandlungen sind. An der Situation der gesellschaftlich nicht Privilegierten, der Bedrängten, setzten Karl Marx und Simone de Beauvoir an; Donna Haraway schlägt vor, sich mit der Sicht der Bedrängten zu solidarisieren. Das ist einer der theoretischen und praktischen Anknüpfungspunkte des vorliegenden Buches. Gesellschaftskritik und Geschlechtskritik werden zusammengebracht. Die ökonomischen Bedingungen bestimmen alle Ausprägungen der Gesellschaft, auch der aktuellen, so dass wir es nicht einmal mehr wahrnehmen, wie grundlegend «Geschlecht» von Gesellschaft hervorgebracht ist. *Gerechte Gesellschaftsordnung und Geschlechterverhältnisse, die niemanden benachteiligen und diskriminieren, sind zwei Seiten derselben Medaille.*

Dieses Buch entstand nicht in einem abgeschotteten Zimmerchen. Vielmehr hat es Geschichte: Es ist durch Streiten, durch das Miteinander von Menschen, kurz durch das Leben in seiner Vielschichtigkeit geprägt. Das Studium der Biologie, das Engagement in queer-feministischen Zusammenhängen, der Kampf gegen Rassismus und Hass, die vielen Diskussionen zu Geschlecht und Biologie nach dem Erscheinen meiner Dissertation und in Seminaren haben bedeutenden Anteil. Ohne das Miteinander mit vertrauten lieben Menschen wäre dieses Buch nicht möglich gewesen. Einige davon möchte ich namentlich erwähnen: Waltraud Voss, Ralf Buchterkirchen, Salih Alexander Wolter, Dean Cáceres. Mein besonderer Dank gilt Rüdiger Lautmann, Sigrid Schmitz, Volker Hess, Johannes Ungelenk und Florian Mildenberger, die wichtige Impulse zum Weiterdenken gegeben haben. Ohne das Engagement der Rosa-Luxemburg-Stiftung und des Schmetterling Verlags wäre dieses Buch nicht zu Stande gekommen. Herzlichen Dank!

Ich wünsche eine anregende Lektüre und freue mich auf das gemeinsame Streiten und das gemeinsame Bewegen. Das mit der gerechten Gesellschaft *machen wir*!

Hannover im Oktober 2010
Heinz-Jürgen Voß

Einleitung

Das Interesse dieses Bandes ist ein ganz praktisches. «Geschlecht» ist etwas, was viele Menschen in der Geschichte bewegte und auch heute noch nach Veränderungen streben lässt. Ganz gleich wie wir uns selbst zu Geschlecht verhalten, ob es für uns ein bedeutendes Themenfeld ist, da wir wegen der eigenen Verortung bezüglich Geschlecht anecken, oder wir uns geschlechtlich sicher und unauffällig glauben, der Wunsch so vieler Menschen an Veränderungen des gesellschaftlichen Verständnisses von «Geschlecht» ist ernstzunehmen, und ihre Beweggründe sollten verstanden, ihre Forderungen gegebenenfalls unterstützt werden.

Gerade die Beschäftigung mit «Geschlecht» – bei gebotener Sensibilität – ist notwendig, da es in der derzeitigen Gesellschaft als bedeutendes Ordnungsprinzip hervortritt und weil es in der Geschichte westlicher Gesellschaften solch große Rollen spielt. «Geschlecht» und die Einteilung danach erscheint heute vielen als Selbstverständlichkeit. Menschen werden tagein, tagaus nach «Geschlecht» unterschiedlich behandelt. Das fängt bei Toiletten und Kaufhausabteilungen an und ist dort wohl nur für diejenigen Menschen problematisch, die sich nicht eindeutig geschlechtlich zuordnen können oder wollen. Bedeutsamer und für den einzelnen betroffenen Menschen problematischer ist die Unterscheidung beispielsweise in der beruflichen Praxis. So werden einzelne Tätigkeitsbereiche als «männliche», andere – und oft die schlechter bezahlten und weniger angesehenen – als «weibliche» gekennzeichnet. Während Frauen in den prestigeträchtigen und lukrativen Spitzenpositionen von Wirtschaft, Wissenschaft, Politik, Religion und Medizin nicht oder kaum zu finden sind, sind nur wenige Männer in Sorgebereichen für Kinder, Kranke und Alte anzutreffen. Die «private» Betreuung «eigener» Kinder wird vorwiegend von Frauen geleistet, und Männer, die Erziehungsurlaub nehmen, haben mit Stigmatisierungen manchmal positiver, meist aber negativer Art zu kämpfen. Ehen dürfen nur Frau und Mann miteinander eingehen, Konstellationen Frau-Frau, Mann-Mann können sich seit dem Jahr 2001 in der Bundesrepublik Deutschland in einer Eingetragenen Lebenspartnerschaft minderen Rechts organisieren. Klar ist: Wenn in einer Gesellschaft viel davon abhängt, in welchem Geschlecht man lebt, so ist es auch wichtig, dass jeder Mensch einem Geschlecht zugeordnet und der Wechsel des gelebten Geschlechts erschwert wird.

Jeder Mensch wird in der Bundesrepublik Deutschland direkt nach der Geburt geschlechtlich einer von zwei Möglichkeiten zugewiesen. Das Personenstandsgesetz regelt, dass diese Zuordnung innerhalb einer kurzen Frist nach der Geburt erfolgt und geschlechtseindeutige weibliche oder männliche Vornamen gegeben werden. Ausgehend von der eindeutigen Zuordnung nach der Geburt, lernen wir, Mädchen oder Junge zu sein und auch bei anderen kleinen und großen Menschen das Geschlecht zu erkennen. Irren wir uns beim Erkennen von Geschlecht bei Menschen, so werden wir durch Eltern, andere betreuende Personen oder den bezeichneten Menschen selbst rasch korrigiert. So lernen wir mit der Zeit, das Geschlecht eines Menschen *sicher* zu erschließen. Das «sicher» bezieht sich dabei auf unsere Wahrnehmung, denn ob das von uns erkannte Geschlecht mit der Selbstbeschreibung des bezeichneten Menschen oder mit seinem amtlich registrierten Geschlecht übereinstimmt, erschließt sich uns nicht. Zum *sicheren und eindeutigen Erkennen des Geschlechts* orientieren wir uns an der Kleidung, an körperlichen Merkmalen wie der Körperbehaarung und ihrer Verteilung, an Ausbeulungen der Kleidung, aus denen wir auf darunterliegende Brüste und Genitalien schließen, am Geruch, an Gesichtszügen, Mimiken und Gesten, an Bewegungen. Ob wir breitbeinig sitzen oder die Beine beim Sitzen verschränken, ob wir das Kopfhaar lang oder kurz lassen und wie wir es vor dem Spiegel drapieren, ob und welche der übrigen Körperbehaarung wir rasieren oder nicht, welches Parfüm wir nehmen oder ob wir in unserer Peergroup darauf verzichten können oder müssen, um anerkannt zu sein etc. – deutlich wird, dass wir uns herstellen und dressieren, dass wir uns die Zeichen anlegen, die dann wieder Kleinkinder als *sicher und eindeutig* «weiblich» oder «männlich» zu lesen lernen.

Gleichzeitig erwarten wir einen festen Kern von Geschlecht. Das neugeborene Kind hat sich ja schließlich vor der Geburt nicht rasiert, Parfüm benutzt und (geschlechter)ordnungsgemäß gekleidet. Hier werden von Mediziner_innen, weiblichen und männlichen Krankenschwestern und den Eltern «Genitalien» gelesen. Diese werden als Penis oder Klitoris erkannt, aus der Größe eines vorzufindenden Hügels wird auf Hoden oder Schamlippen geschlossen. Leicht ist dieses Erkennen nicht, da Klitoris und Penis aus einer gemeinsamen Anlage hervorgehen und direkt nach der Geburt an Hand ihrer Länge unterschieden werden. Eine vergrößerte Klitoris kann als Penis gelesen werden, ein kleiner Penis als Klitoris. Leicht ist die Unterscheidung auch deshalb nicht, weil diese Teile – die Genitalien, die Geschlechtsteile – nach der Geburt oft geschwollen und somit Größenbestimmungen schwierig sind. Daher ist es willkommen, dass oft ein Blick auf dieses mehr oder weniger deutliche Erscheinungsbild der Genitalien nur beiläufig erfolgt, weil schon durch vorgeburtliche medizinische Untersuchungen des Embryos und des Fruchtwassers auf ein Geschlecht *sicher* geschlossen wurde.

Unabhängig von der definitiven Zuordnung eines konkreten Menschen kennen wir Geschlecht als augenscheinlich, notwendig und unhintergehbar. Penis und Hoden sowie Schamlippen, Klitoris (und Vagina) sind die ersten – weil «äußerlich sichtbaren» – Assoziationen, die sich mit der Geschlechtszugehörigkeit verbinden. Penis und Vagina werden als zueinander passförmig beschrieben; zusammen mit Hoden und Eierstöcken und deren Produkten Samenzellen und Eizellen bilden sie die notwendigen Merkmale, die das Fortbestehen der Art Mensch gewährleisten. Diese Merkmale – in Verbindung mit der Vorstellung der Fortpflanzungsfähigkeit – sind damit nicht nur die ersten Assoziationen, die mit Geschlecht verknüpft werden, sondern auch die letzten Argumente, die die Sicherheit der Zweigeschlechtlichkeit bestätigen.

Das vorliegende Buch wendet sich dieser vermeintlichen Sicherheit, der Biologie, der «Natürlichkeit» von Geschlecht zu. Der Blick auf «Natürlichkeit» wird in allen Kapiteln des Buches den Fokus bilden. Dabei werden drei Punkte besonders herausgearbeitet:

1) Die «Natürlichkeit» von Geschlecht – und gerade von Differenzen bezüglich des Geschlechts – war in der Vergangenheit wichtiger Angriffspunkt, an dem Kritik ansetzte, die sich gegen Ausschlüsse der Frauen von Bildung, Wissenschaft, Politik, Wirtschaft wandte. Das Hauptargument dabei war, dass

Geschlechtsunterschiede, die sich gesellschaftlich zeigten, ein Produkt der Gesellschaft, der Erziehung und Sozialisation selbst waren. In diesem Sinne wird im ersten Teil des Buches der Blick insbesondere auf die Situation von Frauen gerichtet und stehen die frauenemanzipativen Forderungen im Fokus.

2) Wenn man Theorien der gesellschaftlichen Bestimmtheit und Eingebundenheit des Menschen, wie sie unter anderem Karl Marx und – bezüglich «Geschlecht» – Judith Butler formulierten, konsequent weiterdenkt, muss sich auch «Geschlecht» – und zwar auch «biologisches Geschlecht» – als gesellschaftlich hervorgebracht erweisen und nicht als «natürlich».

3) Die Betrachtung historischer und insbesondere aktueller biologischer Theorien der Geschlechtsbestimmung und -entwicklung macht deutlich, dass die Organstrukturen, die heute gemeinhin als sicher weiblich oder männlich geglaubt werden, sich gar nicht so eindeutig darstellen. Vielmehr prägen sie sich individuell und vielgestaltig aus. In historischen und aktuellen biologisch-medizinischen Geschlechtertheorien war und ist das ein Thema. Oft wurde binäres Geschlecht in Zweifel gezogen und stattdessen das Weiblichmännlich- bzw. Männlichweiblich-Sein eines jeden Menschen oder aber alternativ seine ganz individuelle geschlechtliche Ausprägung, also die Vielfalt von «Geschlecht», betont.

Frauen und einige Männer wider die Natürlichkeit

Geschichte und Aktualität: Simone de Beauvoir und Judith Butler

Simone de Beauvoir ist eine der schillernden Persönlichkeiten, die im 20. Jahrhundert die gesellschaftlichen Beschränkungen von Frauen anprangerten und gleiche Rechte für Männer und Frauen einforderten. In dem Monument feministischer Literatur «Le Deuxième Sexe» (frz. 1949, dt.: «Das andere Geschlecht») wandte sie sich auch grundlegend gegen Argumente der «Natürlichkeit», mit denen die Benachteiligung von Frauen in der Gesellschaft gerechtfertigt wurde. Weithin bekannt ist in dem Zusammenhang Beauvoirs Aussage: «Keine biologische [...] Bestimmung legt die Gestalt fest, die der weibliche Mensch in der Gesellschaft annimmt.» (Beauvoir 2008 [1949]: 334) In «Das andere Geschlecht» spricht sie sich immer wieder gegen die Annahme aus, dass Frauen durch biologische Faktoren – sie erwähnt explizit Keimdrüsen und Hormone – geprägt und auf ihre Position in der Gesellschaft festgelegt wären. In einem 1976 von Alice Schwarzer geführten Interview betonte Beauvoir diese Sichtweise noch einmal: Die «‹weiblichen› Qualitäten sind also nicht angeboren, sondern resultieren aus unserer Unterdrückung. Aber wir könnten sie auch nach der Befreiung bewahren – und die Männer müssten sie erlernen. Aber man darf nicht ins andere Extrem fallen: sagen, die Frau habe eine besondere Erdverbundenheit, habe den Rhythmus des Mondes und der Ebbe und Flut im Blut und all dieses Zeug ... Sie habe mehr Seele, sei von Natur aus weniger destruktiv et cetera. Nein! Es ist etwas dran, aber das ist nicht unsere Natur, sondern das Resultat unserer Lebensbedingungen. Die so ‹weiblichen› kleinen Mädchen sind fabriziert und nicht geboren! Zahlreiche Untersuchungen beweisen es! Eine Frau hat a priori keinen besonderen Wert, nur weil sie Frau ist! Das wäre finsterster Biologismus und steht in krassem Gegensatz zu allem, was ich denke.» (Beauvoir in: Schwarzer 1986 [1983]: 77)

Beauvoir hinterfragt vermeintlich eindeutige geschlechtliche Unterschiede und ihre «Natürlichkeit» und Überzeitlichkeit, ohne dabei das aktuelle Vorhandensein zweier Geschlechter als gesellschaftliche Realität zu leugnen: «Dabei braucht man nur mit offenen Augen durch die Welt zu gehen, um festzustellen, daß die Menschheit sich in zwei Kategorien von Individuen teilt, deren Kleidung, Gesichter, Körper, Lächeln, Gang, Interessen und Betätigungen sichtlich verschieden sind: *vielleicht sind diese Unterschiede oberflächlich, vielleicht sind sie dazu bestimmt zu verschwinden. Sicher ist, daß sie derzeit unübersehbar existieren.*» (Beauvoir 2008 [1949]: 11; Hervorhebung HV) Das Bestreiten aktuell vorhandener gesellschaftlicher Subjekte «Frau» und «Mann» würde nicht zur Befreiung der Frau beitragen: «Die Begriffe vom Ewigweiblichen, von der schwarzen Seele, vom jüdischen Charakter abzulehnen, bedeutet ja nicht zu verneinen, daß es heute Juden, Schwarze, Frauen gibt: diese Verneinung wäre für die Betroffenen keine Befreiung, sondern eine *unredliche Ausflucht.*» (Beauvoir 2008 [1949]: 10; Hervorhebung: entnommen aus der verständlicheren Erstübersetzung, nach: Beauvoir 1989 [1949, dt. 1951]: Bd. I, 8)

Beauvoir ist überraschend aktuell. So werden derzeit *das tatsächliche, reale Vorkommen von Frauen und Männern und dekonstruktivistische Kritiken an Vorstellungen des «Ewigweiblichen» und «Ewigmännlichen»* impulsiv gegeneinander diskutiert. Die neuerliche Debatte kam im Anschluss an Veröffentlichungen von Judith Butler auf. In ihrem Buch «Gender Trouble» (engl. 1990, dt.: «Das Unbehagen der Geschlechter») hatte sie ausgeführt, dass auch körperliche Merkmale in Gesellschaft gedeutet werden. Auch ein geschlechtlicher Körper sei damit nicht etwa schon da, sondern er werde erst in Zusammenhang mit der Gesellschaft gelesen, interpretiert und gewertet. Das geschlechtliche Lesen, Interpretieren und Werten geschieht dabei nach Modi, über die es innerhalb der Gesellschaft einen breiten Konsens gibt, die aber der ständigen Aktualisierung bedürfen. Sie erfolgt durch das stete Zitieren – Aufgreifen und Wiederholen – dieser gesellschaftlichen Modi. In aktuelle Deutungen gehen Traditionen ein, es werden aber auch Neuerungen aufgenommen. Mit den Aktualisierungen verbindet sich somit auch das Potenzial zur Veränderung.

Wegen ihres Infragestellens der überzeitlichen und überregionalen Kategorie(n) «Frau» (und «Mann»), dem Ablehnen einer Basis, die allen Frauen gemein ist, wurde Butler vorgeworfen, dass dieser Standpunkt es unmöglich mache, die Unterdrückung von Frauen in der Gesellschaft wirkungsvoll zu bekämpfen. Hier ist wieder ein Blick auf Beauvoir hilfreich. Sie belegt auf verschiedene Weise das Gegenteil: Einerseits und ganz praktisch hat ihr Buch gerade den Kampf für die Gleichberechtigung von Frau und Mann befeuert. Andererseits leugnet sie mit dem grundlegenden Anzweifeln einer «natürlichen» – vorgegebenen, unabänderlichen und überzeitlichen – geschlechtlichen Basis eben nicht, dass es derzeit tatsächlich und ganz real in dieser Gesellschaft Frauen und Männer gibt und dass ein dauerhaftes offensives Streiten notwendig ist, um Diskriminierungen von Frauen und Gewalt gegen Frauen zu beenden. Es muss also um ein Miteinander dieser beiden Perspektiven gehen, will man einerseits den aktuellen Bedürfnissen von Menschen Rechnung tragen (dabei auch wirksam gegen aktuell stattfindende Benachteiligungen und Gewalt vorgehen) und andererseits am Ziel einer künftigen besseren Gesellschaft festhalten, in der patriarchale und kapitalistische Herrschaftsverhältnisse überwunden sind.

Exkurs 1: «Das andere Geschlecht»

(Die ersten Seiten der Einleitung aus Simone de Beauvoirs «Das andere Geschlecht» (2008 [1949]: 9–11; wiedergegeben ohne Auslassungen, Hervorhebungen im Original); interessant ist ihr kritischer Gehalt für aktuelle Diskussionen zu «Geschlecht».)

«Ich habe lange gezögert, ein Buch über die Frau zu schreiben. Das ist ein Reizthema, besonders für Frauen, und es ist nicht neu. In der Debatte über den Feminismus ist genug Tinte geflossen. Jetzt ist sie nahezu abgeschlossen: reden wir nicht mehr darüber. Es wird aber doch weiter darüber geredet, und es sieht nicht so aus, als hätte die in den letzten hundert Jahren produzierte Flut von Sottisen das Problem geklärt. Gibt es überhaupt ein Problem? Und worin besteht es? Gibt es überhaupt Frauen? Die Theorie vom Ewigweiblichen hat zwar noch Anhänger, die sich zuflüstern: ‹Sogar in Rußland bleiben *sie* Frauen›, aber andere gutinformierte Leute – manchmal auch dieselben – seufzen: ‹Das Frauliche geht verloren, es gibt keine Frauen mehr.› Man weiß nicht mehr genau, ob es noch Frauen gibt, ob es sie immer geben wird, ob dies wünschenswert ist oder nicht, welchen Platz sie in dieser Welt einnehmen, welchen sie einnehmen sollten. ‹Wo sind die Frauen?› fragte kürzlich eine unregelmäßig erscheinende Zeitschrift namens *Franchise*, die inzwischen eingestellt wurde. Doch zunächst einmal: was ist eine Frau? ‹*Tota mulier in utero*: eine Gebärmutter›, sagt der eine. Über manche Frauen urteilen Kenner jedoch: ‹Das sind keine Frauen›, obwohl sie einen Uterus haben wie alle anderen. Von allen wird einmütig anerkannt, daß es innerhalb der menschlichen Spezies ‹Weibchen› gibt. Sie stellen heute wie ehedem etwa die Hälfte der Menschheit. Und doch sagt man uns, die Weiblichkeit sei ‹in Gefahr›, man ermahnt uns: ‹Seid Frauen, bleibt Frauen, werdet Frauen.› Nicht jeder weibliche Mensch ist also zwangsläufig eine Frau; er muß an jener geheimnisvollen, bedrohten Realität, der Weiblichkeit, teilhaben. Wird diese von den Eierstöcken produziert? Oder ist sie eine abgehobene platonische Idee? Genügt ein aufreizender Unterrock, um sie auf die Erde herunterzuholen? Obwohl manche Frauen sich eifrig bemühen, sie zu verkörpern, wurde ein Gebrauchsmuster nie festgelegt. Das Weibliche wird gern in unbestimmten, schillernden Ausdrücken beschrieben, die dem Wortschatz von Seherinnen zu entstammen scheinen. Zur Zeit des Thomas von Aquin galt es als ebenso eindeutig definierte Essenz wie etwa die einschläfernde Wirkung des Mohns. Aber der Konzeptualismus hat an Boden verloren: die Biologie und die Sozialwissenschaften glauben nicht mehr an die Existenz unwandelbarer Anlagen, die gegebene Charaktertypen wie die Frau, den Juden oder den Schwarzen hervorbringen; sie betrachten den Charakter als Sekundärreaktion auf eine *Situation.* Wenn es heute keine Weiblichkeit mehr gibt, so, weil es nie eine gegeben hat. Bedeutet das etwa, daß das Wort ‹Frau› keinerlei Inhalt hat? Das jedenfalls behaupten die Anhänger der Aufklärung, des Rationalismus und des Nominalismus, indem sie nachdrücklich erklären, die Frauen seien unter den Menschen nur jene, die willkürlich mit dem Wort ‹Frau› bezeichnet werden. Vor allem die Amerikanerinnen hängen an dem Gedanken, die Frau als solche komme nicht mehr vor. Und wenn eine Rückständige sich immer noch für eine Frau hält, raten ihr die Freundinnen zu einer Psychoanalyse, um diese Zwangsvorstellung loszuwerden. Dorothy Parker schreibt über ein – nebenbei gesagt höchst ärgerliches – Werk mit dem Titel *Modern woman: the lost sex*: ‹Ich kann Büchern, die die Frau als Frau behandeln, nicht gerecht werden... Nach meiner Auffassung müssen wir alle, Männer wie Frauen, als Menschen betrachtet werden.› Aber der Nominalismus ist eine Doktrin, die etwas kurz greift, und die Gegner des Feminismus haben leichtes Spiel nachzuweisen, daß Frauen keine Männer *sind.* Mit Sicherheit ist die Frau wie der Mann ein Mensch: aber eine solche Behauptung ist abstrakt. Tatsächlich befindet sich jeder konkrete Mensch immer in einer einzigartigen Situation. Die Begriffe vom Ewigweiblichen, von der schwarzen Seele, vom jüdischen Charakter abzulehnen, bedeutet ja nicht zu verneinen, daß es heute Juden, Schwarze, Frauen gibt: diese Verneinung wäre für die Betroffenen keine Befreiung, sondern eine Flucht ins Unauthentische. Selbstverständlich kann keine Frau, ohne unaufrichtig zu sein, behaupten, sie stünde jenseits ihres Geschlechts. Vor einigen Jahren lehnte eine bekannte Schriftstellerin es ab, ihr Porträt für eine Fotoserie mit ausschließlich weiblichen Autoren zur Verfügung zu stellen: sie wollte den Männern zugeordnet werden. Um dieses Privileg zu erlangen, ließ sie den Einfluß ihres Mannes spielen. Frauen, die Männer zu sein behaupten, verlangen deshalb nicht weniger Rücksichten und Huldigungen von seiten der Männer. Hier muß ich auch an eine junge Trotzkistin denken, die bei einer stürmischen Versammlung auf dem Podium stand und trotz ihrer offensichtlichen Zartheit zu einem Faustschlag ausholte: sie verleugnete ihre weibliche Schwäche, doch sie tat es aus Liebe zu einem Genossen, dem sie ebenbürtig sein wollte. Die herausfordernde Haltung, in der die Amerikanerinnen sich verkrampfen, zeigt, wie sehr sie sich vom Gefühl ihrer Weiblichkeit verfolgt fühlen. Dabei braucht man nur mit offenen Augen durch die Welt zu gehen, um festzustellen, daß die Menschheit sich in zwei Kategorien von Individuen teilt, deren Kleidung, Gesichter, Körper, Lächeln, Gang, Interessen und Betätigungen sichtlich verschieden sind: vielleicht sind diese Unterschiede oberflächlich, vielleicht sind sie dazu bestimmt zu verschwinden. Sicher ist, daß sie derzeit unübersehbar existieren.

Wenn die Funktion des ‹Weibchens› nicht ausreicht, um die Frau zu definieren, wenn wir es auch ablehnen, sie mit dem Ewigweiblichen zu erklären, aber gelten lassen, daß es, zumindest vorläufig, Frauen auf der Erde gibt, müssen wir uns wohl die Frage stellen: was ist eine Frau?»

Warum der Blick auf «Natürlichkeit»?

Natürlichkeit wurde lange Zeit herangezogen – und sie wird es noch immer –, um die unterschiedliche Stellung von Menschen in der Gesellschaft zu rechtfertigen. So wird es aktuell als «natürlich» ausgewiesen, dass einige Menschen bessere Möglichkeiten haben, Bildung zu erlangen und einflussreiche und einträgliche Positionen in den unterschiedlichen Bereichen der Gesellschaft einzunehmen, wohingegen andere Menschen in bedrückenden ökonomischen Verhältnissen leben, sich nur schlechteres Essen, weniger Bildung und gegebenenfalls nicht einmal eine Wohnung leisten können.

War es zunächst ein «Gott», der als mächtige Instanz angeführt wurde, um die Gesellschaftsordnung, die Standeszugehörigkeit eines Menschen, sein Geschlecht, seine Zulassung oder seinen Ausschluss von Bildung als vorgegeben und unabänderlich zu rechtfertigen, wird aktuell mehr Gewicht auf einige Theorien der «Biologie» gelegt (vgl. u.a. Lewontin 1988 [1984]). Die «Biologie» gebe Erbinformationen und einen damit vermeintlich verbundenen «Bauplan des Menschen» vor und mache einige mehr als andere geeignet für bestimmte Tätigkeiten, wichtige Ämter, zunächst einmal aber schulische und universitäre Bildung. Ob «Gott» oder die «Biologie» als mächtige Instanzen behauptet werden, die die Entwicklungsmöglichkeiten eines Menschen und den gesellschaftlichen Einfluss bei dieser Entwicklung beschränken würden, ist für die Fragestellung also gar nicht so zentral. Bedeutsam ist, dass eine Macht angeführt wird, auf die der einzelne Mensch und die Gesellschaft keinen Einfluss nehmen könnten und die damit «natürlich», also vorgegeben und unabänderlich, die Möglichkeiten von Menschen beschränkt.

Dass Unterschiede in Fähigkeiten «natürlich» seien, wird bezüglich der Schichtzugehörigkeit von Menschen intensiv diskutiert. In Landesparlamenten der Bundesrepublik Deutschland wird das dreigliedrige Schulsystem kritisiert, weil es Kinder aus privilegierten Schichten fördert. Kinder von ökonomisch benachteiligten Eltern haben es ungleich schwerer, auf Gymnasien zu kommen. Die anderen Schultypen – Realschulen und Hauptschulen – sind finanziell schlechter ausgestattet, die Lern- und Fördermöglichkeiten sind weniger gut als an Gymnasien. Zudem ist die «Durchlässigkeit» zwischen den Schultypen gering. Weit davon entfernt, die schlechteren Lernbedingungen von Kindern aus ärmeren Schichten auszugleichen, verstärkt das Schulsystem deren Benachteiligung noch. In ärmeren Verhältnissen sind beispielsweise die Räumlichkeiten beengt, so dass konzentriertes Arbeiten nur schwer möglich ist, es fehlen Arbeitsmaterialien, die Kindern aus wohlhabenderen Schichten zur Verfügung stehen, und es fehlen Betreuungsmöglichkeiten, wie sie dort durch bezahlte professionelle Hausaufgabenbetreuung und kostenpflichtige Freizeitangebote gewährleistet sind. Während Konservative mit gutem materiellen Hintergrund auch bezüglich des Schulsystems noch ausführen, dass ihre Kinder auf Grund besserer Eignung bessere Bildungsabschlüsse erzielten, weisen linke und linksliberale Kreise auf die unterschiedlichen Lernbedingungen hin und entgegnen, dass gemeinsames Lernen für alle Lernenden ein Gewinn wäre, weil Fähigkeiten und sozialer Umgang aller Beteiligten gefördert würden. Diese Sichtweise wird durch internationale Untersuchungen wie die PISA-Studien gestützt. Diese ergaben für die Bundesrepublik Deutschland einen im internationalen Vergleich weit überdurchschnittlichen Zusammenhang zwischen «sozialer Herkunft» von Kindern und den von ihnen erzielten Bildungsabschlüssen. Kinder aus armen Familien und aus Familien «mit

Migrationshintergrund» werden im deutschen Schulsystem gemäß diesen Studien deutlich gegenüber Kindern aus wohlhabendem Elternhaus benachteiligt.

Anders stellen sich die Debatten bei «Geschlecht» dar. Hier wird selbst in linken und linksliberalen Kreisen die biologische Bedingtheit von Unterschieden nicht grundsätzlich in Zweifel gezogen. Ist bei Verstandeskräften der Vorbehalt geschlechtlicher Unterschiede nur teilweise vorhanden – etwa dass Mädchen «natürlich» mehr sprachliche Fähigkeiten besäßen und Jungen besser logisch denken könnten –, so werden bei körperlichen Leistungen Geschlechterdifferenzen als grundsätzlich vorhanden behauptet. Mädchen und Frauen würden geringere Leistungen im Sport bringen als Jungen und Männer; auf jeden Fall würden sie sich für andere Sportarten eignen. Auch hier ist zu widersprechen. Und es sei auch hier noch einmal im Anschluss an Beauvoir betont: Es geht nicht darum, ob aktuell Differenzen zwischen «Frau» und «Mann» feststellbar sind, sondern es geht gegen die Annahme, dass diese Differenzen «natürlich» seien.

Einige Argumente dafür, dass auch Unterschiede in körperlichen Leistungen Produkt von gesellschaftlicher Behandlung sind, lieferte beispielsweise Anne Fausto-Sterling. Sie führte anhand verschiedener Sportarten aus, dass sich ähnliche oder gleiche Leistungen bei entsprechendem Training ergeben. So verblüffte Gertrude Ederle, die 1926 als erste Frau den Ärmelkanal durchschwamm, die Welt nicht nur damit, dass sie es schaffte, sondern auch damit, dass sie mit einer Zeit von 14 Stunden und 31 Minuten zwei Stunden schneller war als der bisherige Weltmeister. Ederle hatte schon mit acht Jahren Schwimmen gelernt und seit dem zwölften Lebensjahr auch über kürzere Distanzen Weltrekorde aufgestellt und Medaillen gewonnen (vgl. auch die Biographien bei: *www.nytimes.com* und *www.hickoksports.com*, Stand: 28.07.2010). Ein weiteres von Fausto-Sterling angeführtes Beispiel ist der Marathonlauf: Während er bereits mit der Neubegründung der Olympischen Spiele im Jahr 1896 für Männer anerkannte sportliche Disziplin war, wurden Frauen bis in die 1960er Jahre zu offiziellen Marathon-Wettkämpfen nicht zugelassen. Trotz allgemeinen Startverbots erhielten einzelne Frauen ab 1964 ausnahmsweise eine Erlaubnis, später wurde eine allgemeine Teilnahme für Frauen möglich. Seitdem haben sich die Laufbestzeiten der besten «Männer» und besten «Frauen» stetig angenähert und nahezu angeglichen (Fausto-Sterling 1988 [engl. 1985]: 300ff). Konnten so 1964 noch Unterschiede von mehr als einer Stunde in den Laufzeiten gemessen – und als «natürliche» Geschlechterdifferenzen beschrieben – werden, so liegen diese Unterschiede heute bei etwa zehn Minuten.

Damit wird plastisch deutlich, was in den bisherigen Ausführungen mehr theoretisch erschien: Differenzen im Leistungsvermögen zwischen definierten Gruppen – hier zwischen Frauen und Männern im Spitzensport – sind gesellschaftlich bedingt. Frauen wurde zunächst generell abgesprochen, dass sie den Männern entsprechende oder bessere sportliche Leistungen erbringen könnten; einige Sportarten wurden für sie auch als gefährlicher angesehen. Entsprechend weniger wurden Mädchen zum Training in diesen Sportarten angehalten, und schließlich konnte man dann tatsächlich schlechtere Leistungen messen. Hingegen näherte sich mit sich angleichenden Lebens- und Trainingsbedingungen auch das Leistungsvermögen an. Der Ausschluss von Frauen von Sport-Wettbewerben gehört übrigens keineswegs einer grauen Vergangenheit an. So wurde das Frauen-Skispringen erst im Jahr 2009 als Wettbewerb in eine Weltmeisterschaft aufgenommen. Selbst Frauen-Fußball ist noch längst nicht mit dem Prestige und der Gage ausgestattet wie der Männer-Fußball, und seine gesellschaftliche Anerkennung bleibt weit hinter der des Männer-Fußballs zurück, was sich etwa in geringeren Zuschauer_innenzahlen und in deutlich weniger Präsenz in verbreiteten Fernsehprogrammen und in Sportsendungen zeigt. Die sportliche Förderung von Mädchen beginnt in vielen Disziplinen noch immer später als die von Jungen, Scouting (Talentsuche) ist weniger verbreitet, auch weil sich für Frauen in aller Regel keine Chance auf eine so lukrative Profikarriere ergibt, wie sie für Männer möglich ist.

Der Blick auf «Natürlichkeit» lohnt auch aus einer historisch und erkenntnistheoretisch motivierten Perspektive. Thomas Laqueur und Claudia Honegger haben hierfür interessante Arbeiten vorgelegt, die breit rezipiert wurden. Sie beschrieben, dass mit der Aufklärung und insbesondere seit dem ausgehenden 18. Jahrhundert Argumente der «Natürlichkeit» (hier nun in Bezug auf Natur, Biologie und nicht auf einen «Gott») in der gesellschaftlichen Begründung der Geschlechterordnung stark geworden seien.

Seit dem 18. Jahrhundert seien demnach vorrangig körperliche Merkmale bedeutsam gewesen, um Differenzen zwischen Frau und Mann auszuführen. Unterschiede seien für sämtliche Teile des Körpers – Organe, Knochen, Muskulatur etc. – beschrieben worden. Frau und Mann erschienen als radikal-different auf Grund von Anatomie, Physiologie – auf Grund «ihrer Natur». Unterschiede wurden insbesondere mit dem Zweck der Fortpflanzung begründet. Sie erschöpften sich aber keinesfalls im Zeugungsakt, den hierfür «zweckdienlichen» Organen und gegebenenfalls dem Tragen und Austragen des Embryos, sondern wurden als lebenslange Prinzipien Frauen und Männern zugeschrieben. Der Zweck der Frau sei das Gebären und das Umsorgen des Nachwuchses, ihre Sorgearbeit für die Familie sollte dem Mann den Rücken für öffentliche Betätigung und Denken sowie gegebenenfalls Erwerbsarbeit freihalten. An dieser Stelle soll zunächst an die von Laqueur und Honegger vertretene Sichtweise angeknüpft werden. Sie bietet einiges Potenzial, um sich den «modernen» Geschlechterordnungen (also denen ab dem beginnenden 18. Jahrhundert) anzunähern. Gleichwohl wird in der Folge dieses Buches klar werden, dass Ergänzungen nötig sind: So spielten in biologischen und medizinischen Betrachtungen zu Geschlecht nicht nur Differenzbeschreibungen zweier Geschlechter eine Rolle, sondern es hatten auch Ausführungen zu Gleichheit bezüglich des Geschlechts und zum Frau-und-Mann-Sein eines jeden Menschen einen zentralen Platz. Aber dazu später.

Ein bedeutender Gewährsmann für eine Geschlechterdifferenz betonende Ansicht ist Jean-Jacques Rousseau. Er wird noch heute als Autor betrachtet, der eine moderne Pädagogik begründete. Rousseau wandte sich dagegen, Kinder stets mit Dogmen und Verboten zu traktieren, da damit lediglich ihr Widerwillen geweckt werde. Stattdessen sprach er sich für eine Bildung aus, die die «natürlichen Anlagen» eines Kindes zur Ausprägung bringen sollte. Während er sich in seinem für die Pädagogik wichtigen Werk «Émile ou de l'éducation» (frz. 1762, dt.: «Emil oder Über die Erziehung») ausführlich männlichen Kindern widmete, deren individuelle, «natürlich» vorhandene Stärken zur Ausbildung gebracht werden müssten, wandte er sich der Erziehung von Mädchen und – bei ihm ausdrücklich auch – der Erziehung der Frau lediglich in einem Kapitel zu, das sich zudem im hinteren Teil des Buches findet. Dort führt er als Aufgaben von Mädchen/Frauen das Gebären und Großziehen der Kinder, das Umsorgen des Ehemannes und die Haushaltsführung auf. Insbesondere auf Grund ihrer wichtigen Stellung bei der Erziehung der Kinder müssten auch Mädchen/Frauen über ausreichend Bildung verfügen. Sie sollten ihren Geist um der Kinder und des Ehemannes willen bilden und auch, um die «Gefahren der Großstadt» erkennen und einem ausschweifenden Leben entgehen zu können.

Deutlich wird, dass Rousseau die Rolle von Mädchen/Frauen festlegt und begrenzt. Interessant sind hierbei die Verweise auf «natürliche Aufgaben» von Mädchen/Frauen; auch in seinen pädagogischen Ausführungen zu Jungen/Männern geht es darum, «natürliche Anlagen und Fähigkeiten» zur möglichst vollen Ausprägung zu bringen.

Spannend ist aber auch die Vehemenz, mit der Rousseau Bestrebungen entgegentritt, die auf Gleichheiten von Frau und Mann abzielen. So schreibt er u.a., dass es «töricht» sei, «über den Vorrang oder die Gleichberechtigung der Geschlechter zu streiten. Als ob nicht jedes von beiden, wenn es nach seiner Sonderveranlagung die naturbedingten Ziele anstrebt, vollkommener wäre, als wenn es dem anderen ähnlicher zu sein trachtete!» (Rousseau 1991 [frz. 1762]: 386) An anderer Stelle führt er aus: «Aus diesen Grundsätzen leitet sich neben dem moralischen Unterschied der Geschlechter ein neues Pflicht- und Anstandsmotiv ab, das den Frauen im besonderen vorschreibt, auf ihr Benehmen, ihre Sitten und ihre Haltung auf das gewissenhafteste zu achten. *Leichthin zu behaupten, daß die beiden Geschlechter einander gleich seien und dieselben Pflichten hätten, heißt sich in leeren Redensarten zu verlieren und überhaupt nichts zu sagen* […]» (Rousseau 1991 [frz. 1762]: 390; Hervorhebung HV).

Rousseau sah sich offenbar genötigt, auf Strömungen zu reagieren, die für die Gleichberechtigung von Frau und Mann stritten. Diese scheinen zumindest so stark gewesen zu sein, dass sie auch in Schriften, die sich gegen Emanzipationsbestrebungen von Frauen wandten, rezipiert werden mussten. Die nachdrückliche Abwehr von Emanzipationsbestrebungen der

Frauen wird sich in den folgenden Kapiteln wiederholt zeigen. Denn so wie Rousseaus Auffassung keine Einzelmeinung in der Zeit darstellte, sondern sich viele Frauen und Männer seinen Thesen anschlossen, so gab es auch intensive Bestrebungen, die die Gleichheiten von Frau und Mann betonten und sich für eine dementsprechende Geschlechterordnung einsetzen. Bei diesen werden wir sehen, dass sie auf *das Werden und die Veränderlichkeit* von Merkmalen (insbesondere von Verstand, Vernunft versus Unwissenheit) verwiesen, statt eine gesellschaftlich nicht beeinflussbare «Natürlichkeit» herbeizuzitieren.

Versus «Natürlichkeit» – Emanzipatorisches Streiten für Bildung von Frauen

Mädchen und Frauen sollten also auch nach Rousseau über einfache Bildung verfügen, damit sie Hüterinnen der eigenen Moral sein könnten und auf Grund ihrer wichtigen Funktion bei der Erziehung der Kinder. Allerdings erstreckten sich Rousseaus Forderungen allein auf einfache Bildung – höhere Bildung für Frauen und deren Konkurrieren mit Männern um Positionen in Staat, Wirtschaft, Kirche, Militär lehnte er strikt ab. Diese Ansicht war in aufgeklärten bürgerlichen Kreisen durchaus verbreitet: Man hielt an der binären Geschlechterordnung mit unterschiedlichen Aufgabenbereichen für Frauen und Männer als Basis für eine funktionierende Gesellschaft fest, setzte sich aber für eine begrenzte Bildung auch der Frauen ein, gerade um sie gegen Unmoral, wie sie beim Adel festgestellt wurde, zu wappnen. Diese Bildung sollte allerdings nicht über ein begrenztes Maß hinausgehen, sie sollte sich insbesondere auf Aufgabenbereiche beschränken, die für Frauen als «natürlich» angesehen wurden: auf Handarbeit, Haushaltsführung, Erziehung von Kindern.

Der Streit um die Bildung von Frauen währte zur Zeit von Rousseau schon lange. Wiederholt hatten sich Frauen und einige Männer gegen die gesellschaftlichen Beschränkungen gewandt, die Frauen auferlegt waren. Ihre Kritik setzte zunächst an der Übung der Verstandeskräfte an: Sie forderten für Mädchen eine ebenso gute Erziehung und Bildung, wie sie Jungen erhielten. Die Unwissenheit und Leichtgläubigkeit, die sie bei

Frauen zuweilen durchaus feststellten, führten sie auf die gesellschaftlichen Bedingungen zurück. (Erinnert sei hier noch einmal an Beauvoir: Nur weil real «Frauen» und «Männer» und Unterschiede zwischen ihnen festgestellt werden, heißt das nicht, dass sie vorgegeben sind und dass man in Gedanken des «Ewigweiblichen» oder «Ewigmännlichen» verfallen müsste.) Einige setzten sich nicht nur für eine gute Erziehung und Bildung der Frauen ein, sondern forderten auch, dass diese Zugang zu allen wichtigen Positionen in der Gesellschaft erhalten müssten.

Eine der bemerkenswerten Schriften, die mehr Möglichkeiten für Frauen einforderten, stammt von Christine de Pizan (ca. 1365–1430). Sie wies an der Wende vom 14. zum 15. Jahrhundert in der Auseinandersetzung mit zuvor erschienenen frauenfeindlichen Schriften die Auffassung zurück, dass Bildung Mädchen und Frauen schaden würde und lediglich Jungen und Männer zu höherer, wissenschaftlicher Bildung fähig seien. Mit analytischer Schärfe und begrifflicher Klarheit arbeitete Pizan gesellschaftliche Ungleichbehandlungen als Ursache für das beschränkte Wissen von Frauen heraus. Sie ging davon aus, dass jeder Mensch «natürliche Anlagen» zur Bildung habe – Menschen seien also gerade nicht durch «natürliche Anlagen» in ihrer Bildungsfähigkeit beschränkt. Auch die gesellschaftliche Ungleichbehandlung könnte diese Anlagen nicht vollständig verdecken. Pizan war aus finanziellen Gründen zum Schreiben gezwungen. Nach dem Tod ihres Vaters (1387) und des Ehemannes (1389) blieb sie mit drei Kindern in schlechter finanzieller Situation zurück. Um Geld zu verdienen, begann sie zu schreiben, hatte damit einigen Erfolg und fand einflussreiche Gönner.

In ihrem Werk «Livre de la Cité des Dames» (frz. 1405, dt.: «Das Buch über die Stadt der Frauen») äußerte sich Pizan in Dialogform zur Bildungsfähigkeit der Frauen: «‹Weißt du denn, weshalb Frauen weniger wissen?› ‹Nein, edle Frau – sagt es mir bitte.› ‹Ganz offensichtlich ist dies darauf zurückzuführen, daß Frauen sich nicht mit so vielen verschiedenen Dingen beschäftigen können, sondern sich in ihren Häusern aufhalten und sich damit begnügen, ihren Haushalt zu versehen. Nichts aber schult vernunftbegabte Wesen so sehr wie die Praxis, die konkrete

Erfahrung auf zahlreichen und verschiedenartigen Gebieten.› ‹Edle Herrin, wenn sie also über einen aufnahme- und lernfähigen Verstand verfügen: weshalb lernen sie dann nicht mehr?› Antwort: ‹Tochter, das hängt mit der Struktur der Gesellschaft zusammen, die es nicht erfordert, daß Frauen sich um das kümmern, was, wie ich dir zuvor erklärt habe, den Männern aufgetragen wurde. Es reicht, wenn sie den gewöhnlichen Pflichten, zu denen sie erschaffen wurden, nachkommen. Und so schließt man vom bloßen Augenschein, von der Beobachtung darauf, Frauen wüßten generell weniger als Männer und verfügten über eine geringere Intelligenz. Nun schau dir aber einmal die bäuerlichen Bewohner des Flachlandes oder die Bergbewohner an. In verschiedenen anderen Gegenden wirst du ebenfalls Wesen antreffen, die in ihrer Einfalt Tieren gleichen. Und dennoch kann es nicht den geringsten Zweifel geben: die Natur hat sie mit ebensovielen körperlichen und geistigen Gaben ausgestattet, wie die weisesten und erfahrensten Männer, die in den Städten und Kommunen leben. Dies alles ist jedoch mit mangelnder Bildung zu erklären, auch wenn ich dir gesagt habe, unter den Männern und den Frauen seien manche eben klüger als andere. Daß es sehr gelehrte und über die Maßen kluge Frauen gegeben hat, werde ich dir im folgenden darlegen, und zwar im Zusammenhang meiner These von der Ebenbürtigkeit weiblicher und männlicher Intelligenz.›» (Pizan 1990 [1405]: 95)

An späterer Stelle schloss sie an: «Nicht alle Männer, und am wenigsten die weisesten unter ihnen, sind also der zuvor zitierten Meinung, daß Bildung den Frauen schadet. Eins steht jedoch fest: zahlreiche Männer, die selbst nicht sonderlich klug sind, verbreiten dies, weil es ihnen mißfiele, wenn Frauen ihnen an Wissen überlegen wären. Dein eigener Vater, ein bedeutender Naturwissenschaftler und Philosoph, glaubte keineswegs, das Erlernen einer Wissenschaft gereiche einer Frau zum Schaden; wie du weißt, machte es ihm große Freude, als er deine Neigung für das Studium der Literatur erkannte. Aber die weibliche Meinung deiner Mutter, die dich, wie es für Frauen gemeinhin üblich ist, mit Handarbeiten beschäftigen wollte, stand dem entgegen, und so wurdest du daran gehindert, in deiner Kindheit weitere Fortschritte in den Wissenschaften zu machen. Wie lautet jedoch das bereits zitierte Sprichwort: ‹Niemand kann eine Eigenschaft verbergen, die ihm die Natur verliehen hat›; deshalb ist es deiner Mutter nicht gelungen, dein Gespür für die Wissenschaft so vollständig zu unterdrücken, daß du nicht wenigstens, dank deiner natürlichen Neigung, einige kleine Bruchstücke aufgenommen hättest. Und ich gehe wohl richtig in der Annahme, du dünkst dich deshalb nicht minderwertig, sondern betrachtest dies als einen großen Gewinn; jedenfalls hast du allen Grund dazu!» (Pizan 1990 [1405]: 185)

Wie bei Rousseau, so sind auch bei Pizan die Verweise auf «Natur» augenfällig, allerdings mit grundlegend anderer Intention. Bei Pizan stattet die «Natur» jeden Menschen, Mann und Frau (in Stadt und Land) mit Gaben wie Bildungsfähigkeit aus; erst Erziehung führe dazu, dass sich diese Gaben bei den einen ausprägen könnten, bei den anderen hingegen nicht. Für den individuellen Fall führt sie aus, dass eine Eigenschaft, die von «Natur» aus vorhanden sei, nicht vollends unterdrückt werden könne. Pizans Anliegen ist es, die «Ebenbürtigkeit weiblicher und männlicher Intelligenz» (Pizan 1990 [1405]: 95) darzulegen.

Ein weiteres Beispiel für Persönlichkeiten, die in ihren Schriften für das Recht der Frauen auf Bildung eintraten, ist Moderata Fonte (bzw. Modesta Pozzo d'i Zorzi, 1555–1592). Die Italienerin starb bei der Geburt des vierten Kindes – und ihre Schrift «Il Merito delle Donne» (ital. 1600, dt.: «Das Verdienst der Frauen») wurde erst einige Jahre nach ihrem Tod von ihrer Familie veröffentlicht, vermutlich als Reaktion auf eine im Jahr zuvor erschienene frauenfeindliche Schrift. Fonte betont Unterschiede zwischen Frauen und Männern, die unter anderem auf unterschiedliche Temperamente (ausgeführt entlang der Temperamentenlehre bzw. Humoralbiologie) zurückgehen würden. Während Männer auf Grund eines heißen und trockenen Temperaments von Wildheit beherrscht seien und daraus ihr Zorn, ihre Raserei und Wut resultierten, hätten Frauen ein kaltes und feuchtes Temperament, das sie leidenschaftlich, naiv, zart und leichtgläubig mache. Beschreibt Fonte damit sowohl weibliche als auch männliche «Natur» als problematisch, so appelliert sie explizit an Frauen, sich zu bilden und den Verstand zu üben, um diese problematischen «natürlichen» Eigenschaften selbst kontrollieren und zu einer Stärke entwickeln zu können: «[...] wo unsere natürliche Veranlagung fehlt, sollten wir uns mit Klugheit wappnen und uns mit der Fackel der Vernunft erhellen, um die Maskierten zu entlarven und uns vor ihnen zu schützen. Wir sollten ihnen ebensowenig Gehör und Vertrauen schenken, wie es das weise Schäfchen mit dem gierigen Wolf tat, als er es mit der Stimme der Mutter bedrängte, ihm die Tür zu öffnen.» (Fonte 2001 [1600]: 112) Frauen – wie Männer – erscheinen bei Fonte zu Klugheit und Vernunft fähig, Vernunft sieht sie als bedeutsam an, gerade um einer von ihr konstatierten und für Frauen wie Männer bedrohlichen Unmoral zu begegnen. Die Vernunft, aber auch körperliche Stärke, müssten durch Erziehung ausgebildet werden: «Denn wenn Frauen nicht zum Kämpfen taugen, dann liegt das nicht an ihnen, sondern ist die Schuld dessen, der sie erzieht. Das sieht man sehr genau an denen, die vor langer Zeit in dieser Disziplin ausgebildet wurden und dadurch über Mut und Geschick verfügten und eine besondere, den Frauen eigene, schnelle Entschlußkraft besaßen, mit der sie die Männer bei vielen Gelegenheiten übertroffen haben. Denkt nur an Camilla, Penthesilea, die Erfinderin der Axt, Hippolyte, Orythia und die vielen anderen kriegerischen Frauen, die selbst die von den Männern aufgeschriebene Geschichte nicht verschweigen konnte. Über die Schreibkunst brauchen wir keine Worte zu verlieren, da ganz offensichtlich eine Frau, Carmenta, ihre Erfinderin war […]» (Fonte 2001 [1600]: 130).

Auch Marie le Jars de Gournay (1565–1645), eine aus Paris stammende Zeitgenossin Fontes, wurde von der Mutter nur dazu angehalten, das für Frauen Notwendige zu erlernen, also lediglich Haushaltsführung und Handarbeiten. Sprachen und Kenntnisse in verschiedenen Wissensbereichen eignete sie sich selbst an. Bekannt wurde Gournay dafür, dass sie nach dem Tod von Michel Eyquem de Montaigne dessen «Essais» wiederholt herausgab. Dabei würdigte sie diese durchaus kritisch und ließ in die erste der von ihr vorgenommenen Neuausgaben (1595) auch kritische Bemerkungen zu den beschränkten gesellschaftlichen Möglichkeiten der Frauen mit eingehen. In eigenen Schriften aus den Jahren 1594 und insbesondere 1622 und 1626 – nachdem eine hitzige Debatte durch eine 1617 erschienene frauenfeindliche Schrift angeregt worden war – vertiefte sie diese Kritik. In «Grief des Dames» (frz. 1626, dt.: «Beschwerde der Frauen») führte sie aus – und schloss dabei an den Beginn des Vorwortes zu den «Essais» aus dem Jahr 1595 an: «Glücklich bist du Leser, wenn du nicht dem weiblichen Geschlecht angehörst, dem man alle Güter verbietet, indem man ihm die Freiheit versagt, ja dem man sogar fast alle Tugenden verbietet, indem man ihm alle Aufgaben, alle Rechte und Pflichten und öffentlichen Ämter verwehrt: in einem Wort, indem man es von der Macht ausschließt, in deren maßvollen Anwendung sich die Mehrzahl der Tugenden herausbilden, um ihm fortwährend als einziges Glück, als höchste und ausschließliche Tugenden zuzuschreiben: die Unwissenheit, die Unterwürfigkeit und die Gabe, sich als Törin darzustellen, wenn sie dieses Spiel mitmacht. Glücklich abermals, der du straflos gebildet sein kannst, da deine Eigenschaft als Mann dir in dem Maße jedes Handeln mit einem höheren Zweck, jedes erhabene Urteil und jede Äußerung auserlesener Theorie zugesteht, wie man dies den Frauen verwehrt.» (Gournay 1997 [frz. 1626]: 75)

Gournay kritisierte die schlechte Erziehung und Bildung, die Frauen erhielten, und ihre beschränkten gesellschaftlichen Möglichkeiten. Sie führte nicht in einer langen Reihe die Verdienste von Frauen in der Geschichte an, wie es beispielsweise Fonte getan hatte, sondern argumentierte von einer gesellschaftlichen Analyse ausgehend. Auch ließ sie keineswegs die geschlechtlichen Differenzen gelten, wie sie in der Arbeit Fontes hervortraten. Stattdessen betonte Gournay die Gleichheit der Geschlechter in allen Merkmalen und beließ lediglich einen geringfügen Unterschied, der der Fortpflanzung diene: «Genau genommen ist das menschliche Wesen übrigens weder männlich noch weiblich: das unterschiedliche Geschlecht ist nicht dazu da, einen Unterschied in der Ausprägung herauszubilden, sondern es dient lediglich der Fortpflanzung. Das einzige wesenhafte Merkmal besteht in der vernunftbegabten Seele. Und wenn es erlaubt ist, beiläufig einen kleinen Scherz zu machen, dann wäre hier wohl jene anzügliche Bemerkung nicht unpassend, die besagt: nichts ähnelt dem Kater auf einer Fensterbank mehr als – die Katze. Der Mensch wurde sowohl als Mann wie Frau geschaffen. Männer und Frauen sind eins.» (Gournay 1997 [frz. 1622]: 55)

Um die Rolle von Frauen (und Männern) in der Gesellschaft wurde gestritten. Schon im 15. und 16. Jahrhundert erschienen allein in Frankreich knapp 900 Schriften dazu, und auch im übrigen Europa gab es zahlreiche Veröffentlichungen zur Frage der Stellung der Frauen in der Gesellschaft. Auch danach ebbten die Debatten nicht ab, vielmehr wurden die Auseinandersetzungen virulent und erreichten immer neue Höhepunkte. Deutlich wurde bereits an den drei zitierten Beispielen schreibender Frauen, dass die Autorinnen fundiert argumentierten und sich bezüglich der Verstandeskräfte gegen «natürliche» Geschlechterdifferenzen aussprachen. Sie forderten Bildung ein, um einen gesellschaftlich verursachten Missstand zu beheben. Deutlich wird aber auch, dass die Schriften in mehr oder weniger direktem Zusammenhang mit explizit frauenfeindlichen Veröffentlichungen erschienen, die ebenfalls einen Bestandteil der Debatte bildeten. Diese Schriften werden hier bewusst als «frauenfeindlich» bezeichnet – sie wandten sich nicht etwa einfach gegen die Emanzipationsbestrebungen von Frauen, sondern würdigten herab, nutzten Beleidigungen, stellten Schimpftiraden dar. Aber solche Schriften stießen auf Gegenwehr, rasch und vehement – u.a. auf die Gegenwehr von Pizan, Fonte und Gournay.

Schriften für die Emanzipation von Frauen, die sich insbesondere gegen die schlechte Erziehung und Bildung von Mädchen wandten, stammten u.a. von Francois Poullain de La Barre (1670er Jahre, Frankreich), Mary Astell (1690er, England) und Benito Jerónimo Feijóo y Montenegro (1720/30er, Spanien). Die Auseinandersetzungen um die Geschlechterordnung erreichten einen Höhepunkt während der Französischen Revolution, die zunächst viele erwarten ließ, dass die revolutionären Forderungen für alle Menschen gelten sollten und damit auch die Gleichberechtigung von Frauen und Männern bringen würden. In der Hoffnung, die Französische Revolution in einem solchen Sinne beeinflussen zu können, veröffentlichte Mary Wollstonecraft 1792 «A vindication of the rights of woman», eine kämpferische Schrift u.a. für Mädchenbildung, die 1793 bereits in deutscher Sprache erschien («Ein Plädoyer für die Rechte der Frau»). Vielzitiert ist diesbezüglich auch die «Erklärung der Rechte der Frau und Bürgerin» (frz. 1791, «Déclaration des Droits de la Femme et de la Citoyenne») von Olympe de Gouges, die sie als Reaktion auf die «Allgemeine Erklärung der Menschen- und Bürgerrechte» (frz. 1789, «Déclaration des Droits de l'Homme et du Citoyen») vorlegte. Sie forderte damit gleiche Menschen- und Bürgerrechte für alle Männer und Frauen.

Die Ereignisse der Französischen Revolution befeuerten auch in den deutschen Staaten die schwelenden Debatten um die gesellschaftliche Stellung von Frau und Mann und unterstützten Forderungen zu deren Gleichberechtigung. Mary Wollstonecrafts Schrift war rasch in deutscher Sprache erschienen. Und auch Theodor Gottlieb (von) Hippel revidierte seine in den 1770er Jahren noch keinesfalls emanzipatorischen Ausführungen zur gesellschaftlichen Stellung der Geschlechter. In seiner Schrift «Über die bürgerliche Verbesserung der Weiber» aus dem Jahr 1793 trat er nun für die Gleichstellung von Frauen und Männern ein, und er forderte Bürgerrechte sowohl für Männer als auch für Frauen.

Wurden diese Forderungen durch die Französische Revolution auch nicht erfüllt und in der späteren Phase der Revolution einige insbesondere von Frauen erstrittene Möglichkeiten für Frauen sogar zurückgenommen, so hatte sich doch eine neue Qualität der Auseinandersetzungen um die Geschlechterordnung herausgebildet. Der Gedanke der Gleichheit aller Menschen und damit auch der Gleichheit von Frau und Mann war nun mit Vehemenz in die Utopie der Entwicklung einer künftigen besseren Gesellschaftsordnung eingegangen – und war nicht mehr wegzubekommen. Zahlreiche Schriften waren erschienen, die den Rahmen des theoretisch Denkbaren weiteten und den Grundstock auch für spätere Arbeiten zur Frauenemanzipation bildeten.

Vielleicht noch wichtiger als die Publikationen war das Agieren von Frauen in der Französischen Revolution. So waren Frauen maßgeblich an Massenprotesten und Hungerrevolten beteiligt. Am 5. Oktober 1789 zogen Tausende Frauen von Paris nach Versailles, nachdem sie am Morgen des 5. Oktober in den Bäckerläden erneute massive Preissteigerungen feststellen mussten. Sie forderten vom König stabile Preise für Getreide und Mehl, die er unter dem Druck der Massen auch zusicherte. Erfolgreich waren sie auch mit einer zweiten Forderung: So war der Monarch gezwungen, das Dekret über die Abschaffung der Feudalität zu unterzeichnen und die in der Nationalversammlung verabschiedete Menschenrechtserklärung anzuerkennen. Als Garantie für die Durchsetzung dieser Forderungen musste die königliche Familie mit nach Paris kommen. (Petersen 1990; Stübig 1990)

Exkurs 2: Kurze biographische Einblicke in die familiären Verhältnisse einiger der Genannten:

Christine de Pizan wurde 1365 geboren. Ihr Vater hatte in Venedig einen Lehrstuhl für Astrologie inne und bekleidete dort später ein einflussreiches politisches Amt. 1365 wurde Pizans Vater an den französischen Königshof nach Paris berufen, die Familie folgte 1368. In Paris wurde Pizan eine gute Bildung zuteil. Der Tod Karls V., 1387 der Tod des Vaters und 1389 der Tod des Ehemannes – mit dem sie im Alter von 15 Jahren verheiratet worden war – bedeuteten für Pizan aber, dass sie mit drei Kindern und in einer schlechten finanziellen Situation zurückblieb. Um Geld zu verdienen verlegte sie sich aufs Schreiben und konnte damit ihr Auskommen sichern.

Moderata Fonte wurde 1555 geboren. Ihr Vater war Jurist, die Mutter entstammte einer einflussreichen großbürgerlichen Familie. Allerdings starben ihre Eltern früh, und so kam sie zu Verwandten, später ins Kloster. Dort war sie sehr gelehrig. Im Alter von neun Jahren wurde sie erneut von ihren Verwandten aufgenommen. Sie bildete sich in Dichtung und lernte Latein, was durch die Familie – insbesondere ihren Onkel – gefördert wurde. Sie heiratete einen im Amtsdienst stehenden Mann und starb bei der Geburt des vierten gemeinsamen Kindes.

Marie le Jars de Gournay wurde 1565 in Paris geboren und wuchs in der Nähe der französischen Hauptstadt auf. Gournays Vater starb früh, und so war ihre Mutter gezwungen, Schulden aufzunehmen, so dass Gournay in verarmten adligen Verhältnissen lebte. Obgleich sie von ihrer Mutter lediglich das «für Frauen Notwendige» erlernen sollte, eignete sich Gournay Latein sowie weitere Sprachen und Wissensbereiche selbst an. Sie trat mit Montaigne in Kontakt, woraus sich ein freundschaftliches Verhältnis entwickelte. Nach dem Tod Montaignes gab sie wiederholt dessen «Essais» heraus.

Jean-Jacques Rousseau wurde 1712 in Genf geboren. Seine Mutter starb kurz nach seiner Geburt. Anfänglich wuchs Rousseau bei seinem Vater auf, später bei einem Onkel, der ihn zur Erziehung in eine Pfarrei gab. 1724 wurde Rousseau bei einem Gerichtsschreiber in die Lehre gegeben, aus der er kurze Zeit später entlassen wurde. Einer weiteren Lehre entfloh er. In Madame des Warens fand er eine Gönnerin, zu der er immer wieder zurückkehrte. Schließlich verband beide eine Liebesbeziehung, die sie 1738 löste. 1768 heiratete Rousseau die langjährige Gefährtin Thérèse Levasseur; mit ihr hatte er fünf Kinder, die alle in ein Findelhaus kamen. Nach anfänglichen musikwissenschaftlichen Interessen wandte sich Rousseau seit den 1760er Jahren gesellschaftlichen Anliegen zu. Seine hierzu veröffentlichten Schriften – u.a. «Der Gesellschaftsvertrag» (frz. 1762) – wurden bereits kurz nach ihrem Erscheinen in Frankreich verboten, «Emil oder Über die Erziehung» (frz. 1762) in Genf von Protestanten verbrannt. Während der Französischen Revolution wurde Rousseau posthum gefeiert.

Für biographische Übersichten zu Frauen und weiterführende Literatur vgl. u.a.: Meyer 1997 (1994) und *www.fembio.org*. Ein Blick lohnt auch auf *www.lesbengeschichte.de*.

Unterschiede als Produkt von Gesellschaft, der Mensch als gesellschaftliches Wesen

Mit den vorangegangenen Ausführungen liegt nun eine Gemengelage vor, die es zu entflechten und zu ordnen lohnt, damit greifbare und praktische Ableitungen möglich werden. Die folgenden Punkte sind hierfür interessant:

1) Mit den kurzen Betrachtungen zur Französischen Revolution wurde deutlich, dass aktives Streiten notwendig ist, um die Gesellschaft zu verändern, um bestehende gesellschaftliche Verhältnisse umzustürzen und durch gerechtere zu ersetzen. Maßgeblich für die Proteste waren ganz konkrete – äußerst schlechte – Lebensbedingungen vieler Menschen. Die Situation spitzte sich durch Missernten und Preiserhöhungen zu. Diejenigen, die Getreide und Mehl besaßen, horteten dies vielfach, weil sie auf weiter steigende Preise und Maximierung des Gewinns spekulierten. Die Lebensbedingungen der breiten Masse der Bevölkerung in den Blick zu nehmen ist auch für Betrachtungen zu «Geschlecht» erhellend. Es zeigt sich nämlich, dass sich Schriften wie die Rousseaus, aber auch solche, die die Verbesserung der gesellschaftlichen Situation von Frauen erreichen wollten, in der Regel an den privilegierten Schichten orientierten. Nur für diese wurde die deutliche Auftrennung männlicher und weiblicher Sphären in der Gesellschaft erarbeitet oder kritisiert. Sowohl Arbeiten zu den Lebensbedingungen als auch zu Fragen der Geschlechterordnung stammten von – meist männlichen, seltener weiblichen – Mitgliedern der privilegierten Schichten, die letztendlich auch für Ihresgleichen schrieben.

2) Gleichzeitig zeigten sich Schriften zur Verbesserung der gesellschaftlichen Situation von Frauen als Repertoire, aus dem für inhaltliche Fragen zur Ausgestaltung einer besseren künftigen Gesellschaft geschöpft werden konnte. So bot die Französische Revolution, in der Frauen eine wesentliche Rolle spielten, den Hintergrund für Veröffentlichungen, die die Gleichberechtigung von Frauen und Männern einforderten. Dies zeigt sich

deutlich an den Schriften von Gouges, Wollstonecraft und Hippel; alle drei nahmen direkt Bezug auf die Ereignisse der Französischen Revolution. Dieses Miteinander von Praxis und Theorie ist bedeutsam: Denken passiert – und Schriften entstehen – eben nicht außerhalb von Gesellschaft. Es ist Bestandteil von Gesellschaft, entwickelt sich vor dem Hintergrund gesellschaftlicher Bedingungen, gesellschaftliche Ereignisse gehen darin mit ein. Auch die ganz persönlichen Lebensbedingen wirken sich auf geistiges Schaffen aus. Dass Theoriebildung immer vor dem Hintergrund gesellschaftlicher Bedingungen erfolgt, wirkt selbstverständlich, geradezu banal – aber meist wird es nicht so gewürdigt. Laqueur und Honegger konnten beispielsweise ausführen, dass in der Biologie und Medizin seit dem ausgehenden 18. Jahrhundert (nahezu) ausschließlich Geschlechterdifferenz beschrieben worden sei. Aber wie sollte das möglich sein, wo doch in der Gesellschaft um die Rollen von Frau und Mann heftig gerungen wurde und zunehmend Forderungen nach Gleichheit laut wurden? Die Auseinandersetzungen mussten auch in biologisch-medizinische Wissenschaften eingehen – und sie taten es, wie sich noch zeigen wird.

3) Ebenso aufschlussreich ist ein Blick auf grundlegende Veränderungen in den wissenschaftlichen Theorien. Die Französische Revolution (und in geringerem Maße auch schon die englische Revolution im 17. Jahrhundert) zeigte, dass Gesellschaftsordnungen nicht von «Gott» gewollt und unveränderlich waren, sondern durch vernunftgeleitete Menschen verändert und gestaltet werden konnten. So wie Pizan, Fonte, Gournay und im Grunde auch Rousseau selbstverständlich davon ausgingen, dass Vernunft und Verstand sich durch gute Erziehung und Bildung entwickeln würden, so ging man auch in wissenschaftlichen Disziplinen von Theorien unveränderlicher Vorgegebenheit ab und zu *Entwicklungsgedanken* über. Veränderlichkeit, Neubildungen, das Wirken von Kräften wurden grundlegende Prinzipien. Ein Mensch wurde nicht mehr als in allen seinen Merkmalen vorgegeben betrachtet, sondern die gesellschaftlichen Bedingungen wurden als wirkmächtig für seine Entwicklung herausgestellt. Und die Bedeutung von Entwicklung blieb nicht mehr auf Vernunft oder Verstand beschränkt, sondern es wurden nun auch in Europa konsequent die übrigen Teile des Menschen – andere physische und physiologische – als sich

entwickelnd beschrieben. Es wird sich zeigen, wie das Entwicklungsdenken auch die Grundlage dafür darstellte und darstellt, Menschen nicht als geschlechtlich weiblich *oder* männlich zu beschreiben, sondern *jeden Menschen als weiblich und männlich zugleich*. In diesem Kapitel wird die entwicklungsgeschichtliche Basis gelegt, auf die die späteren Betrachtungen zu Geschlecht aufbauen.

Armut und die Beschränkung neuerer Geschlechterforschung auf privilegierte Schichten

Der neueren Geschlechterforschung stellt sich für geschichtliche Betrachtungen ein grundlegendes Problem, das sie mit jeder historischen Forschung teilt: Oftmals war es ausschließlich Menschen aus privilegierten Schichten möglich, zu schreiben und damit Aufzeichnungen zu hinterlassen, die heute ausgewertet werden können. Hintergrund ihres Schreibens sind die eigenen Erfahrungen, Interessen und Probleme und die der Schicht, aus der sie stammten. Interessen und Probleme anderer – armer – Schichten, waren ihnen lediglich durch die Brille der eigenen Sozialisation zugänglich. Selbst wenn sie sich in ihren Beschreibungen auch benachteiligten Menschen zuwandten, so gaben sie doch ihre eigene Perspektive auf diese wieder. Menschen aus ärmeren Schichten hinterließen uns wenig Material, denn zum einen fehlte ihnen zum Verfassen schriftlicher Aufzeichnungen häufig die Bildung, und zum anderen blieb ihnen – was noch bedeutsamer war – weder Geld für die notwendigen Schreibutensilien, noch hatten sie nach einem langen, harten Arbeitstag die Zeit zum Schreiben. Entsprechend sind Untersuchungen zu den Armen schwieriger, als es solche zu privilegierten Menschen sind. Dass die verfügbaren Quellen die Ansichten und Problembereiche privilegierter Menschen wiedergeben, zeigte sich bereits deutlich bei den Streitigkeiten um die Geschlechterordnung – bei Pizan, Fonte, Gournay, Rousseau; *vgl. für kurze biographische Einblicke Exkurs 2* –, und es wird grundlegend bei den noch folgenden Betrachtungen von biologisch-medizinischen Geschlechtertheorien zu berücksichtigen sein. Lediglich Menschen aus privilegierten Kreisen hatten die Möglichkeit, hieran mitzuwirken.

In diesem Sinne hielten sowohl Lily Braun (1979 [1901]) als auch später Simone de Beauvoir (2008 [1949]) fest, dass bürgerliche Frauen kaum einen Zugang zu den Problemlagen armer Frauen – also des Großteils der Bevölkerung – fanden. Braun schreibt mit Blick auf die Französische Revolution: «Die Frauen der Bourgeoisie schienen vor 1789 gegenüber den Leiden und Forderungen der Frauen des arbeitenden Volks mit Blindheit geschlagen; sie schwärmten für Freiheit und Gleichheit, für ein friedliches Leben in der Natur, für Brüderlichkeit und allenfalls für Gleichberechtigung ihres Geschlechts in Bezug auf Bildung und politische Rechte, aber sie waren, wie die gesamte Bourgeoisie jener Epoche, weit entfernt davon, über die Kluft, die sie vom Proletariat trennte, hinwegzuschreiten oder auch nur hinüberzusehen. Selbst die Memoiren der bedeutendsten unter ihnen enthalten keine Schilderung, ja nicht einmal einen Hinweis auf das Elend ihrer ärmsten Geschlechtsgenossinnen. So merkwürdig nun auch dieser Umstand erscheint, so wenig kann daraus auf bewusste Herzlosigkeit geschlossen werden. Wie es noch heute selbst vortrefflichen Menschen schwer fällt, den Kreis ihrer Gefühle so über die eigene Klasse auszudehnen, dass keinerlei Regung des Klassenegoismus mehr bei ihnen aufkommen kann, so war es vor hundertzehn Jahren, wo die inneren und äusseren Schranken zwischen den Ständen weit grössere waren noch viel schwerer.» (Braun 1979 [1901]: 77) Beauvoir geht in ihren neueren Ausführungen aus dem Jahr 1949 weiter und stellt bei bürgerlichen Frauen sogar ein Interesse fest, eben nicht die Solidarität mit ärmeren Frauen zu suchen, sondern sich selbst gegen die Emanzipation der Frauen zu wenden: «Die bürgerliche Frau hängt an ihren Ketten, weil sie an ihren Klassenprivilegien hängt. Man erklärt ihr unablässig und sie weiß, daß die Emanzipation der Frauen eine Schwächung der bürgerlichen Gesellschaft nach sich ziehen würde: vom Mann befreit, wäre sie zum Arbeiten verurteilt; sie mag bedauern, daß sie nur ihrem Mann nachgeordnete Rechte auf das Privateigentum hat, noch mehr würde ihr aber leid tun, wenn dieses Eigentum abgeschafft würde. Mit den Frauen der arbeitenden Klasse fühlt sie sich nicht solidarisch: sie steht ihrem Mann viel näher als den

Textilarbeiterinnen. Sie macht sich seine Interessen zu eigen.» (Beauvoir 2008 [1949]: 155)

Was können nun aber die besonderen Interessen proletarischer Frauen gewesen sein, die bürgerliche Frauen – und Männer – nicht verstanden, als Gefahr betrachteten oder beim Streit für die Emanzipation von Frauen nicht ausreichend berücksichtigten? Tatsächlich waren die Lebensbedingungen des größten Teils der Bevölkerung Ende des 18. Jahrhunderts schrecklich – und es ist wichtig, sich das vor Augen zu führen, gerade weil das neuerliche *meist sehr theoretische Sprechen* über Schriften und soziale Praxen kaum die Erfahrungen und Lebensrealitäten von Menschen als Bestandteil auch von Diskursen einbezieht, der sie aber selbstverständlich sind. Die folgenden Zitate zum Leben des Großteils der Bevölkerung im 18., 19. und beginnenden 20. Jahrhundert geben ein Bild davon, was unter «schrecklichen Lebensbedingungen» zu verstehen ist.

Die Massendemonstrationen insbesondere von Frauen im Oktober 1789 kamen nicht von ungefähr: «Zwanzig Jahre vor Ausbruch der Revolution zählte man 50000 Bettler in Frankreich; obwohl auf die Bettelei drei Jahre Galeerenstrafe stand, wuchs die Zahl der Bettler in den nächsten zehn Jahren bis auf 1 1/2 Millionen; in Lyon, dem Hauptsitz der Seidenindustrie, waren um 1787 30000 Arbeiter auf Almosen angewiesen, in Paris fanden sich auf 680000 Einwohner 116000 Bettler. Vielfach wurden die Frauen unter ihnen jahrelang in engen, schmutzigen Arbeitshäusern interniert, wo die grässlichsten Krankheiten nie aufhörten, und man die Armen, als ob sie nicht durch das eigene Unglück genug gegeisselt würden, mit Peitschenhieben züchtigte. Die grösste Not aber herrschte in den Pariser Proletariervierteln von St. Antoine und du Temple. Hier wuchs mit dem Elend der Hass empor, und er richtete sich nicht nur gegen den Absolutismus, die Feudalherrschaft und das Kirchenregiment, wie der Hass der Bourgeoisie, sondern in erhöhtem Masse gegen die Ausbeuter und Kornwucherer, die den politisch Rechtlosen auch noch um das tägliche Brot bestahlen oder es durch verdorbenes Mehl vergifteten, so dass Skorbut und Dysenterie besonders massenhaft die Kinder hinwegrafften.» (Braun 1979 [1901]: 76; Fußnoten Brauns mit weiterführenden Literaturhinweisen ausgelassen)

Die Französische Revolution richtete sich nicht «nur» auf eine gleichberechtigte politische Teilhabe, sondern es ging um existentielle Bedürfnisse großer Teile der Bevölkerung. Tausende Frauen zogen eben wegen leerer Bäckereien und erheblich gestiegener Preise für Grundnahrungsmittel nach Versailles und erreichten mit ihrem Massenprotest zumindest vorübergehend einiges: Preisbeschränkungen, aber auch eine Anerkennung politischer Rechte durch den König. Als sich die Bürgerlichen in der Revolution durchsetzten, verschlechterte sich die Situation der proletarischen Menschen wieder rapide. Die zuvor erlassenen Preisbeschränkungen wurden wieder aufgehoben, die Preise für Grundnahrungsmittel stiegen beträchtlich. Sich anschließende Hungerrevolten wurden – nun von den bürgerlichen Siegern der Revolution – blutig niedergeschlagen. (Petersen 1990; Stübig 1990)

Die bedrückte Situation der Armen nahm kein Ende. Auch das 19. Jahrhundert hindurch, und noch zu Beginn des 20. Jahrhunderts waren die Lebensbedingungen für große Teile der Bevölkerung in Frankreich, aber auch in den deutschen Staaten und in England schrecklich. «Wie oft kam die arme Arbeiterin am Ende der Woche nach Hause und hatte, trotz angestrengter Arbeit nichts, um den Hunger ihrer Kinder zu stillen. Vergebens wartete sie auf die Heimkehr des Mannes – er saß im Kramladen seines Chefs und ließ sich in Branntwein den Lohn auszahlen. Vielleicht brachte er noch einen Laib Brot nach Hause, – um den doppelten Preis als er ihn von seinem Geld hätte kaufen können! Das unverschleierte Trucksystem, d. h. die Auszahlung des Lohnes durch Waren, war um die Mitte des neunzehnten Jahrhunderts überall zu finden. Nach und nach versteckte es sich hinter den Thüren der Kaufläden, die der Fabrikherr oder seine Beamten hielten und in denen einzukaufen der arme Arbeiter gezwungen war, wenn er die Entlassung nicht fürchten wollte.» (Braun 1979 [1901]: 231)

«Die Folgen dieser Ausbeutung im einzelnen darzustellen, hieße ein Buch schreiben, dessen Bilder in seiner Grauenhaftigkeit die Phantasie eines Höllenbreughel weit hinter sich ließen. Blicken wir in die Wohnungen jener Sklaven der Industrie: In einem Arbeiterviertel Londons, einer ihrer Hochburgen, hausten 1844 in 1400 kleinen Häusern 12000 Personen, ganze Familien, ja ganze Generationen besaßen nur ein kleines Zimmer, in dem sie lebten und arbeiteten, oft fehlte jede Art von Einrichtung, ein Haufen Lumpen war das Bett aller. Und doch waren sie noch glücklich zu nennen, denn nicht weniger als 50000 Menschen besaßen überhaupt kein Obdach; sie drängten sich nachts, soweit es irgend ging, in den Logierhäusern zusammen – Männer, Weiber, Alte, Junge, Kranke und Gesunde, Nüchterne und Betrunkene, alle durcheinander, zu fünf und sechs in einem Bett...» (Braun 1979 [1901]: 231f)

«In derselben Verfassung waren die Arbeiterquartiere in Frankreich. Schmale Straßen, in denen kaum zwei Menschen nebeneinander gehen konnten, trennten in Lille die Häuser voneinander. In der Mitte befand sich ein stinkender Rinnstein, der alle Abwässer aufnahm; aus Sparsamkeitsgründen waren die Fenster der Zimmer nicht zum Oeffnen eingerichtet und in den überfüllten, nur mit Stroh und Lumpen eingerichteten Räumen herrschte ein pestilenzialischer Geruch. Greisenhafte Kinder mit geschwollenen Gliedern, zerfressen von Ungeziefer, starrten mit blöden Augen dem Fremden entgegen, der sich in diese Hölle verirrte. Welch ein Glück für sie, daß der Tod sie fast immer von der Verdammnis zum Leben erlöste, denn von 21000 Kindern starben 20700 vor dem fünften Jahr! Zwanzig Jahre später hatten sich die Verhältnisse noch um kein Haar gebessert!» (Braun 1979 [1901]: 232; Fußnoten Brauns mit weiterführenden Literaturhinweisen ausgelassen)

Lily Braun ist keineswegs die einzige, die in ihrer sozialkritischen Analyse aus dem Jahr 1901 die Lebenssituation großer Teile der Bevölkerung so eindringlich geschildert hat. Bettine von Arnim verbindet in ihrem Werk «Dies Buch gehört dem König» (1843) mit den Forderungen nach Geistesfreiheit und politischer Mitbestimmung des ganzen Volkes auch Schilderungen der erbärmlichen Lebenssituation der armen Weber. Das von Karl Marx und Friedrich Engels verfasste «Manifest der Kommunistischen Partei» (1848), August Bebels Buch «Die Frau und der Sozialismus» (1879) und die aktuelleren Aufarbeitungen Jürgen Kuczynskis (u.a. «Die Geschichte der Lage der Arbeiter in England» [1949] und «Die Geschichte der Lage der Arbeiter in Deutschland» [1947]) bieten uns aufschlussreiches Material – für das 18. und 19. Jahrhundert, bis hinein in die ersten Jahrzehnte des 20. Jahrhunderts. Hohe Kindersterblichkeitsraten von nicht selten über 50 Prozent bereits während des ersten Lebensjahres (und das auch noch zu Beginn des 20. Jahrhunderts), Krankheiten (noch zu Beginn des 20. Jahrhunderts waren 30 bis 50 Prozent der Kinder in London und Berlin rachitisch), unzureichende und schlechte Ernährung, hygienisch vollkommen unzureichendes Trinkwasser, schlechtes und beengtes Wohnen bzw. Obdachlosigkeit und eine damit verbundene Lebenserwartung von höchstens 25, 30 Jahren waren an der Tagesordnung.

Die Situation von Frauen war in diesen Verhältnissen noch schlechter. Sie trugen selbstverständlich zum Erwerb des Lebensunterhalts der Familie bei, wie es oft alle Familienangehörigen spätestens ab einem Alter von 12 Jahren, oft schon ab fünf, sechs und sieben Jahren taten. Mit zunehmender industrieller Entwicklung waren Frauen oft als Fabrikarbeiterin beschäftigt, ansonsten im Handel, im persönlichen Dienst (Dienstmädchen, Magd) oder in Heimarbeit. Die Löhne der Frauen waren noch weit geringer als die der Männer. Leisteten Frauen – in beengten Verhältnissen – Heimarbeit, erhielten sie noch weniger Geld. Jürgen Kuczynski stellte für England fest: «Die Löhne der Frauen und Kinder sind zum Teil bestenfalls als Taschengelder zu bezeichnen, und lagen auch bei den Frauen nicht selten um 50 bis 80 Prozent unter denen der Männer. Diese niedrigen Frauenlöhne sind ein Ausdruck der allgemeinen Position der Frauen, die in jeder Beziehung hinter den Männern zurückstehen mußten: in der Bezahlung wie in der Erziehung, in der Politik wie auf jedem anderen Gebiet des gesellschaftlichen Lebens.» (Kuczynski 1949: 102)

Nach diesen Betrachtungen zur Lebenssituation des Großteils der Bevölkerung im 18., 19. und beginnenden 20. Jahrhundert (für detailliertere Betrachtungen und weiterführende Literatur vgl. die lesenswerten zitierten und angegebenen Arbeiten) wird offensichtlich, dass einige Veränderungen an derzeit verbreiteten Geschichtsbildern notwendig sind. Michel Foucault hat für das ausgehende 18. Jahrhundert, spätestens aber für die Mitte des 19. Jahrhunderts eine «Sozialmedizin» ausgemacht, die in Form einer «Staats-, Urban- und Arbeitsmedizin» große Teile der Bevölkerung erreicht hätte. Wie ersichtlich wurde, ist das nicht der Fall. Die Lebensbedingungen der Masse der Bevölkerung blieben schlecht, die Kindersterblichkeit hoch und die Lebenserwartung gering. In schwierigen wirtschaftlichen Zeiten und mit ihnen verbundener hoher Arbeitslosigkeit, bei harten Wintern und schlechten Ernten verschlechterten sich die Lebensbedingungen noch über dieses Maß hinaus. Foucault versuchte zu verstehen, wie die heute beobachtete große Bedeutung der Medizin, geradezu eine «Medizinisierung» des Menschen, entstehen konnte. Er stützte sich dabei vielfach auf Beschreibungen des 18. und 19. Jahrhunderts und tatsächlich: In diesen wurden auch die Lebensbedingungen weiter Teile der Bevölkerung – der Armen – thematisiert, gerade weil ihre Krankheiten in einer zunehmend urbanen Lebenswelt auch Menschen privilegierter Kreise bedrohen konnten. Gleichzeitig erreichten diese Debatten zunächst gar nicht, dann nur sehr zögerlich den Bereich der praktischen Lebensbedingungen proletarischer Menschen. Diese hatten kaum das tägliche Essen und ein Obdach, an sauberem Trinkwasser mangelte es. Ärzte (und wenige Ärztinnen) konnten sie sich schlicht nicht leisten. Und so ist besonderes Gewicht auf die eingrenzende Aussage Foucaults zu legen, die er seinen Betrachtungen recht kurz hinzufügt: «Die Medizin der Armen, der Arbeitskraft oder des Arbeiters war nicht das erste, sondern das letzte Ziel der Sozialmedizin.» (Foucault 2003a [1974]: 292) In diesem Sinne ist es auch notwendig, sich von liebgewonnenen Gedanken zu lösen: Nicht das wachsende Mitleid der Unternehmer oder des Staates waren die treibenden Kräfte für Veränderungen, die auch Verbesserungen für große Teile der Bevölkerung mit sich brachten. Nicht einmal Ängste vor den Krankheiten der Armen scheinen ausreichend gewesen zu sein. Verbesserungen, wie etwa ein Rückgang der Kinderarbeit, gingen auf Veränderungen der Produktion zurück. Die Maschinen wurden Ende des 19. Jahrhunderts komplizierter, es ging zunehmend um intensivere Ausbeutung des einzelnen Arbeiters und der Arbeiterin. Dafür wurden auch besser angelernte Arbeitskräfte nötig (vgl. u.a. Kuczynski 1947: 134). Von Seiten des Staates spielte die Militärtauglichkeit junger Männer eine bedeutende Rolle. Anfang des 20. Jahrhunderts waren der gesundheitliche Zustand und die Ernährung oft so schlecht, dass junge Männer nicht zum Militärdienst herangezogen werden konnten (vgl. u.a. Bebel 1950 [1879]: 309f). Entscheidend für wirksame gesellschaftliche Veränderungen waren aber soziale Kämpfe wie diejenigen der Revolution von 1789, die der Revolution von 1848 und, expliziert für die deutschen Staaten, die sozialen Kämpfe der Sozialdemokratie, geschult am «Manifest der Kommunistischen Partei» (1848), und der proletarischen Frauenbewegung.

Als ersten wichtigen Punkt kann man also diesbezüglich festhalten, dass es nicht genügt, sich geschriebenes Wort anzusehen, sondern dass man die theoretischen Ausführungen auch stets mit den tatsächlichen Lebensbedingungen der Menschen in Beziehung setzen muss. Ein Mensch, der nur mit der mindesten Bildung – oder ganz ungebildet – täglich 12, 16 oder mehr Stunden arbeitet, um das wenige Essen zu bekommen, der stinkendes Wasser trinken muss, der zusieht, wie die eigenen Kinder reihenweise sterben, bis er schließlich auch in jungen Jahren stirbt, wird nicht die Möglichkeit haben, sich etwa schöngeistigen Beschäftigungen zuzuwenden. Damit gelangen wir zu einem zweiten Punkt mit besonderer Relevanz für die Geschlechterforschung: die Geschlechter- und Körpervorstellungen. Beispielsweise hat Barbara Duden in «Geschichte unter der Haut» aus Aufzeichnungen eines Arztes auf die Körperwahrnehmungen von Frauen zu Beginn des 18. Jahrhunderts geschlossen. Häufig ging es bei den Frauen, die sich an diesen Arzt wandten, um «Flüsse» und «Hitzewallungen». Gleichwohl erscheinen diese Beschreibungen als allgemeine, und Duden zitiert sie in diesem Sinne, um nachfolgend auszuführen, dass sich mit «der Moderne» und anderen – naturwissenschaftlichen, medizinischen – Begriffen auch die Wahrnehmung des Körpers gewandelt habe. Das sind wichtige und interessante Betrachtungen, allerdings beziehen sie sich – und das führt Duden nicht an – auf privilegierte Frauen. Sie konnten sich zumindest den Gang zum Arzt leisten. Die Schichtzugehörigkeit thematisiert Duden nicht, nur sehr am Rande merkt sie an: «zu einer genaueren sozialgeschichtlichen Untersuchung fehlen des weiteren stichhaltige Angaben zu Einkommen, Medikamententaxen, Geschenken» (Duden 1987: 84). Die Lebensbedingungen sind selbstverständlich auch für die «Wahrnehmungen des Körpers» entscheidend: «Hunger ist Hunger, aber Hunger, der sich durch gekochtes mit Gabeln und Messer gegeßnes Fleisch befriedigt, ist ein anderer Hunger als der rohes Fleisch mit Hilfe von Hand, Nagel und Zahn verschlingt.» (Marx 1953

[1857/58]: 13) Und die Befriedigung des Hungers mit Fleisch war im 18., 19. und beginnenden 20. Jahrhundert für arme Menschen ein seltenes Ereignis. Aus den ausführlicheren Beschreibungen der Lebensbedingungen ist offensichtlich, dass arbeitende Frauen vielfach andere Probleme als ihre «Flüsse» und «Hitzewallungen» gehabt haben werden. Bedeutsam ist es daher auch für die historischen Ausarbeitungen der Geschlechterforschung, auf die tatsächlichen und praktischen Lebensbedingungen der breiten Bevölkerung, und nicht nur der privilegierten Schichten, zu achten. Mit diesem Standpunkt ist an die geschriebenen Quellen heranzugehen, die, wie beschrieben, ganz überwiegend von Bessergestellten verfasst wurden und deren – durch ihre Schichtzugehörigkeit geprägten – Einsichten darstellen. Arme Menschen und ihre Krankheiten erschienen als das Andere, von dem man sich in privilegierten Schichten meist abzugrenzen suchte. In diesem Sinne sind also sämtliche historischen Ausarbeitungen zu begrenzen, so auch die vielzitierten von Thomas Laqueur und Claudia Honegger. Sie beziehen sich auf die Situation Privilegierter und nicht auf die großer Teile der Bevölkerung. So zu begrenzen sind entsprechend auch die theoretischen Ausführungen, die in diesem Buch bereits im vorangegangenen Kapitel zu Streitschriften um die Emanzipation von Frauen vorgenommen wurden, und zu den biologisch-medizinischen Beschreibungen, die noch folgen werden.

(Die Beschränkung auf geschriebene Quellen und ihre hohe Wichtung gegenüber bildlichen und mündlichen Überlieferungen bringt für erkenntnistheoretische Betrachtungen nicht nur in Bezug auf Schichtzugehörigkeit Probleme mit sich. Historisch können beispielsweise Wissenstraditionen aus Gesellschaften, die keine schriftlichen Traditionen pflegen oder in denen feucht-warme Witterungsbedingungen eine dauerhafte Überlieferung von Papierquellen erschweren oder unmöglich machen, nicht eingehen [vgl. beispielhaft: Brentjes 1963]. Und dort, wo Schriften vorhanden sind, ist zu bedenken, dass diese historisch lediglich einen Ausschnitt darstellen und dass andere Schriften – weil sie gegen vorherrschendes Denken, zum Beispiel religiöse Dogmen, verstießen oder weil sich Herrschaftsverhältnisse änderten – wenig oder keine Überlieferung gefunden haben werden. So kann man beispielsweise für antike griechische Gesellschaften die gesellschaftliche Bedeutung von «Geschlecht» nur anhand weniger Quellen aus einigen der «Stadtstaaten» erahnen. Ein weithin offenes und unerforschtes Themengebiet sind bezüglich «Geschlecht», in Hinblick auf die Rezeption im lateinischen Mittelalter und in der europäischen Moderne, die Quellen des arabisch-islamischen Mittelalters. Sie hatten weiten Einfluss auf die Entwicklung von Arbeiten der europäischen Aufklärung, die sich an der menschlichen Vernunft orientierten [vgl. einführend: Ley 1953; Brentjes 1972; Kügelgen 1994].)

Die Begrenzung der historischen Ausführungen ist für gründliche wissenschaftshistorische Untersuchungen Grundbedingung. Dabei kann eine Reflexion aber nicht stehenbleiben, sondern es muss auch die eigene Position in den Blick genommen werden, durch die die Perspektive immer schon beschränkt ist. So ist es nicht ausschließlich der Quellenlage geschuldet, dass arme Menschen kaum im Blick sind und dass beispielsweise die Ansicht verbreitet ist, seit «der Moderne» seien stets Theorien nur zweier Geschlechter vertreten worden. In dieser Behauptung spiegelt sich vielmehr die Perspektive von jetzt Forschenden, eingebunden in ihre Sozialisation und aktuelle gesellschaftliche Debatten. Durch die Reflexion aktueller Gesellschaft und der eigenen Position kann der Blick etwas geweitet werden und wird es für Betrachtungen möglich, andere aktuelle Sichtweisen zumindest ansatzweise einzubeziehen. Gleichzeitig kann man so dazu gelangen, die eigenen Ableitungen aus den Forschungen darauf zu prüfen, ob sie mit den tatsächlichen Erfahrungen und Lebensrealitäten von Menschen in Einklang stehen. Explizit für historische Betrachtungen kann so teilweise verhindert werden, dass Sichtweisen, die in der jetzigen Gesellschaft verbreitet und diskutiert sind, einfach auf andere Zeitabschnitte rückübertragen werden. Auch für die Reflexion aktueller Gesellschaft und der eigenen Position ist ein Blick auf arme und marginalisierte Menschen hilfreich, da diese auch heute wieder oft aus dem Blick geraten bzw. in Debatten, die in der Gesellschaft und ihrem Teilbereich Wissenschaft geführt werden, keine Stimme haben:

Aus den bisherigen Ausführungen in Erinnerung sind noch die besonders starken sozialen Barrieren, die u.a. die internationalen PISA-Studien für das aktuelle Bildungssystem der Bundesrepublik Deutschland feststellten. Erinnert sei auch an die Kritiken von Braun und Beauvoir an bürgerlichen Frauen, die ungewollt oder gewollt nicht in der Lage seien, sich für die Bedürfnisse proletarischer Frauen einzusetzen. Diese Kritik gilt nach wie vor. Die eigene Sozialisation und Erfahrung ist eben die eigene – und gilt nicht für andere Menschen. Sie ist für Erfahrungen und auch Betroffenheiten von einigen Menschen offener und anschlussfähiger als gegenüber jenen anderer Menschen.

Ein finanziell schlecht ausgestattetes Elternhaus und «Migrationshintergrund» sind heute in der Bundesrepublik Deutschland Hauptrisikofaktoren für das Erreichen guter Bildung und von gut dotierten und angesehenen Positionen in der Gesellschaft. Kinder von Flüchtlingen wurden in der Bundesrepublik Deutschland noch zu Beginn der 2000er Jahre im Alter von 16 Jahren von Polizei aus Schulklassen geholt, mit der Begründung, dass eine gute Bildung ihre Integration verbessern und eine Abschiebung erschweren würde.

Kaum nachvollziehbar sind für Menschen mit einem halbwegs geregelten Erwerbsleben die Ängste und Gefühle der Perspektivlosigkeit derer, die mit Hartz IV leben und von vielen Bereichen gesellschaftlichen Lebens ausgeschlossen werden. Ebenso wenig nachvollziehbar ist für Menschen mit halbwegs geregeltem Erwerbsleben und für solche, die Hartz IV beziehen, das Elend von Menschen, die als Flüchtlinge illegalisiert leben müssen, gefährliche und gesundheitlich bedrohliche Erwerbsarbeit aufnehmen, um «über die Runden zu kommen», bei dieser Erwerbsarbeit weitgehend entrechtet sind und keine gesundheitliche Versorgung in Anspruch nehmen können. Nicht zu schweigen ist von den Menschen, die ganz aktuell durch immer stärkere Abschottung der Europäischen Union – über die Drittstaatenregelung mit besonderem Verschulden durch die Bundesrepublik Deutschland erreicht – nicht einmal mehr die bereits restriktiv geregelten Asylverfahren erhalten, sondern deren überladene und überfahrtuntaugliche Boote oftmals vor der europäischen Küste abgedrängt und nach Nordafrika zurückgeschickt werden. Nicht wenige überleben diese Überfahrten nicht oder landen in Abschiebegefängnissen in Libyen, in denen die Zustände noch schlechter sind als in den EU-europäischen Auffanglagern.

Exkurs 3: «Die Marx-Saga»

Juan Goytisolo beschreibt in dem zuerst in Spanisch erschienenem Roman «Die Marx-Saga» ein anlandendes Flüchtlingsschiff. Die Reaktion der Badegäste soll als Illustration der Angst, der Abgrenzung dienen und die mangelnde Reflexion möglicher anderer (auch wissenschaftlicher) Perspektiven verdeutlichen.

«der Strand war mittlerweile voller Albaner in nasser Kleidung und mit Bocksgesicht, einige lächelten und küßten die Erde, näherten sich den entsetzten Familien und suchten eine tangentiale, semiologische Beziehung zu Kindern und Hunden, vor lauter Euphorie außerstande, die finsteren Mienen und mißbilligenden Blicke jener wohlgenährten und schlanken, exakt berechnete Mengen Proteine verbrauchenden Körper zu erfassen, verwundert über die hastige Flucht der Cleversten und die Beschimpfungen und Brüllereien des machtlosen, überrumpelten Strandpersonals, eine unkontrollierbare und entschieden explosive Situation, eine Katastrophe, stammelten diese, wirklich unerhört wann endlich die Ordnungskräfte eintrafen, vom Besitzer telefonisch benachrichtigt?

die Badegäste lauschten auf die Sirenen und atmeten erleichtert auf, als sich das Heulen zu einem ohrenbetäubenden Konzert hochschaukelte, eine Invasion war das, nicht mehr und nicht weniger als eine Invasion, der Staat sollte unverzüglich Abwehrmaßnahmen ergreifen, seine Bürger schützen, das Lumpengesindel einpferchen, verhaften und ausweisen, wofür hatte der gemeinschaftliche Lebensraum schließlich seine Gesetze und Statuten, oder war alles bloß Makulatur und man erließ sie zur reinen Zier?

(der Mann, der da aus vollem Halse brüllte, war ein angesehener, durch den gottgewollten Ausbruch des Balkankonflikts reich gewordener Waffenexporteur)

doch die Albaner schienen die Gefahr nicht zu erkennen und setzten ihre fruchtlosen Verbrüderungsversuche mit Familien, Müttern, Kleinkindern und Hunden unvermindert fort, lächelten jenen blöde ins Gesicht, die ihr unzivilisiertes Verhalten schalten, gestikulierten und sandten flehentliche

Blicke zur Theke, wo sich Erfrischungsgetränke und belegte Brötchen türmten, drei Tage hatten sie jämmerlich gefastet, mit den Augen verlangten sie Essen und Beistand, ohne sich zu trauen, die verlockende Auswahl des Lokals auch nur mit den Fingerspitzen zu berühren, allenfalls erbettelten sie mit ausdrucksvollen und demütigen Gesten ein Glas Wasser, um den brennenden Durst zu löschen

beim Einmarsch der Polizisten mit Helm und Knüppel fielen sie aus allen Wolken

kamen die, um sich ihrer anzunehmen und sie zu den Auffanglagern für Flüchtlinge zu bringen?

einige waren ihnen mit offenen Armen entgegengelaufen, doch angesichts der strengen Mienen und straffen Uniformen hatten sie es wieder aufgegeben und waren sichtlich verstört und in Gruppen auf Abstand gegangen, sie wollten von ihrer Odyssee erzählen und deuteten mit dem Finger auf den Ozeandampfer, der sie zusammengepfercht aus dem Land der Götzen und falschen Propheten hergebracht hatte, sie wetterten offenbar gegen den Kommunismus und reckten Medaillons mit dem Bild des Wüstenlöwen, vielleicht verwechselten sie die Adriaküste mit einer Ranch in Dallas, ihre geographischen Kenntnisse waren dunkel, einer hatte die aufgeweichte Kopie einer Dollarnote aus der Unterhose gezogen und wiederholte immer wieder ein fast unverständliches God bless America!

zur großen Erleichterung der Anwesenden ließen sie sich willig zu den Lastwagen führen, die Polizisten und Soldaten hatten auf Gewaltanwendung verzichtet, man hieß sie in Reihen antreten und eskortierte sie zu dem Parkgelände, wo aus allen Richtungen dröhnende Armeefahrzeuge eintrafen, Ruhe, Ruhe bitte! mahnte ein Dolmetscher über Megaphon, bald würden sie ein Dach über dem Kopf haben und Essen, der Flüchtlingsstatus würde ihnen zuerkannt und das Recht zuteil, mit Fleiß und ihrer Hände Arbeit all die Güter zu erwerben, die sie soeben auf dem auserwählten Strand erblickt hatten, sie würden ein Visum beantragen und sich in Texas niederlassen dürfen, süße Versprechen, rosenhonigsüß, mit denen man sie anschwindelte und besänftigte

die Mißtrauischsten und Cleversten hatten versucht, sich zu drücken und zu flüchten, doch Badende und beherzte

Familienoberhäupter packten sie bei ihrer abgewetzten Wäsche und hielten sie bis zum Eintreffen der Beamten zornig fest

allein der Erzherzog interessierte sich für sie, er hatte seine strammen Fleischwülste in einen prachtvollen Bademantel mit kaiserlichen Epauletten geschlungen und lockte zwei der jungen Burschen, mager zwar, doch drum nicht weniger kernig, zum Allerheiligsten seiner Kabine, die faßt mir keiner an, stellte er klar, die gehören mir, ab heute werden sie in meine erlauchten Dienste treten, während er den Mantel der Macht um sie legte und ihnen begehrlich in den feuchten Schritt schaute, als wollte er mit bloßem Auge ihre Attribute abschätzen, das Grundvolumen und Ausdehnungsvermögen ihrer Schwänze» (S.17ff)

Es geht nicht darum, in eine von Mitleid erfüllte Lethargie zu verfallen. Es geht auch nicht darum, einem Buch oder einem Aufsatz stets in bedrückenden Worten voranzustellen, dass man leider «einem privilegierten, weißen, bildungsbürgerlichen Umfeld» entstamme und in diesem oder jenem Geschlecht sozialisiert worden sei, um dann die eigenen Ausführungen anzuschließen, die keinen Bezug zu den tatsächlichen Realitäten von Menschen herstellen. Es geht vielmehr darum, sich überhaupt mit den tatsächlichen Lebensrealitäten von Menschen auseinanderzusetzen, die über andere Lebenserfahrungen verfügen als man selbst. Es geht darum, Perspektiven und Stimmen zuzulassen, die in wissenschaftlichen Texten bislang nicht oder nur als «Opfer» auftauchen. Es geht darum, Wissenschaft als Teil einer politischen Tätigkeit zu begreifen, die bislang meist auf die Bedürfnisse Privilegierter ausgerichtet war, Ab- und Ausgrenzungen vornahm – und Stimmen Marginalisierter nicht einmal zuließ und zulässt. Es geht darum, Wissenschaft nicht mehr als Ort vermeintlicher objektiver Erkenntnis zu verstehen, sondern sie als in gesellschaftliche Verhältnisse eingelagert zu erkennen. Es geht darum, sich selbst mit partialer Sicht und begrenzter Stimme zu äußern, aus der eine klare eigene Position ersichtlich wird, und zu versuchen, sich mit den Stimmen marginalisierter und unterworfener Menschen zu solidarisieren (vgl. Haraway 1995 [1988]).

Ob man es queer-feministisch nennen will, Dekonstruktion oder Intersektionalität, wichtig ist es – neben konkretem politischem Handeln –, zumindest zu versuchen, die eigenen wissenschaftlichen Aussagen mit möglichen anderen Perspektiven und tatsächlichen praktischen Lebensbedingungen in Einklang zu bringen, sich und die eigenen Veröffentlichungen immer wieder neu zu befragen und herauszufordern. Mit solch einem stets «neuen Sehen» im Ringen mit verschiedenen Positionen können auch – an den verschiedensten Ausarbeitungen und Betrachtungsweisen informierte – neue wissenschaftliche Sichtweisen aufkommen, die beispielsweise für «Geschlecht» durch das aktuelle stete Erleben zweier Geschlechter in der Bundesrepublik Deutschland schier unmöglich schienen.

Der Mensch als gesellschaftliches Wesen

Deutlich wurde bis hierhin, dass individuelle Eigenschaften von Menschen so wenig wie Bildung, Essen, Fühlen «natürlich» sind, sondern ein Produkt der gesellschaftlichen Verhältnisse. Sozialisation, Erziehung, Erfahrung; die Sorge um Familie, Zugang zu Essen, Trinken, Wohnmöglichkeiten; Zugang zu Bildung an Schulen und Universitäten, Perspektiven auf gesellschaftliche Anerkennung und Erfolg bei einem vernünftigen ökonomischen Auskommen beeinflussen die Möglichkeiten und bestimmen die Wirklichkeit eines jeden Menschen. Was ein Mensch wahrnimmt, wie er sich verhält, ist nicht von diesen Bedingungen ablösbar. Diese Sichtweise teilen viele Menschen in Bezug auf Verstandeskräfte ganz selbstverständlich: Wer nicht Lesen, Schreiben, Rechnen lernt, kann es auch nicht. Bei Merkmalen, wie «Fühlen», «Schmecken», «Lust-» und «Schmerzempfindung» fällt es einigen schon schwerer, die gesellschaftliche Prägung zu erkennen. Bei physischen und physiologischen Merkmalen wird auch von sich emanzipierenden Menschen die gesellschaftliche Prägung nicht selten in Zweifel gezogen. Sie werden dann selbst von diesen Menschen als «natürlich» angeführt; auch ohne Gesellschaft sollten sie sich ausbilden. Das ist eine voreilige Sicht.

Nichts den Menschen Umgebendes ist außergesellschaftlich, nichts für den Menschen Wahrnehmbares ist außerhalb gesellschaftlicher Verhältnisse und außerhalb gesellschaftlicher Prägung denkbar. Eine solche Sichtweise wird aktuell häufig als vermeintlich zu radikale, «konstruktivistische» abgetan. Aber für Arbeiten feministischer und marxistischer Prägung war es noch grundlegend, den Menschen stets als gesellschaftliches Wesen und in seinen Beziehungen zu anderen Menschen zu betrachten. Rousseau und – mit Fokus auf die Mädchenbildung und die gesellschaftlichen Möglichkeiten von Frauen – u.a. die betrachteten Pizan, Fonte und Gouges hatten für Verstandeskräfte herausgestellt, dass sich diese innerhalb von gesellschaftlichen Bedingungen ausprägen. Beauvoir sprach sich explizit gegen die Vorstellung eines «Ewigweiblichen» aus, das vorgegeben und überzeitlich sei. In «Das andere Geschlecht» versuchte Beauvoir, anhand der aktuellen wissenschaftlichen Erkenntnisse aus Natur- und Geschichtswissenschaften, aus Psychologie und Soziologie nachzuzeichnen, warum Frauen in der Gesellschaft eine solch untergeordnete Stellung einnehmen. Sie setzte dabei «Frauen» nicht als Konstante ein, genauso wenig wie sie wissenschaftliche Erkenntnisse als überzeitlich wahr auffasste, sondern sie stellte dar, wie innerhalb von konkreten gesellschaftlichen Bedingungen «Frauen» erst werden. Marx arbeitete in seinen frühen Schriften heraus und setzte es für die folgenden – u.a. im «Kapital» – als Basis, dass es sich bei den Verhältnissen des Menschen zur Welt stets schon um «menschliche» – also «gesellschaftliche» – handele. Das trifft, nach Marx, sowohl auf «Sehen», «Hören», «Riechen», Schmecken», «Fühlen» zu als auch auf «Denken», «Anschauen» und «Tätigsein» (Marx 1962 [1844]: 146).

Und selbstverständlich sind auch physische Merkmale nicht «natürlich»; sie sind ebenfalls als gesellschaftlich hergestellt zu betrachten. Das ist am deutlichsten in Bezug auf die Ernährung nachzuvollziehen: Die «wohlgenährten und schlanken, exakt berechnete Mengen Proteine verbrauchenden Körper» der westeuropäischen Badegäste in Juan Goytisolos Roman (*vgl. Exkurs 3*) blicken missbilligend auf jene ankommenden ausgehungerten Menschen, die kaum wagen, um «Erfrischungsgetränke» zu betteln. Unterernährung zeigt sich bei Kindern in Afrika in aufgeschwemmten Bäuchen, langsamer Gewichtszunahme in der Kindesentwicklung, in Anfälligkeit für und der Verbreitung von Krankheiten. Armut bei Kindern in der westlichen Welt zeigt sich, sofern zumindest noch geringe Sozialmittel zur

Verfügung stehen, nicht selten in Übergewicht, da die billigsten Nahrungsmittel fett- und zuckerreich und ausgleichende Freizeitangebote finanziell oft nicht erschwinglich sind. In jedem Fall unterscheiden sich hier die Körpermerkmale von den exakt berechneten wohlhabender Menschen, die darauf achten können, nicht zu viele Nährstoffe aufzunehmen, und die sich mit allerlei Pflegeprodukten und einem Fitnessprogramm Gutes tun. In den historischen Betrachtungen traten die direkten Auswirkungen der Lebenssituation u.a. durch häufige Rachitis bei proletarischen Kindern hervor, zurückzuführen auf Calcium- und Lichtmangel. Am drastischsten deutlich wird die Auswirkung der gesellschaftlichen Bedingungen auf die Entwicklung physischer und physiologischer Merkmale durch den durch Unterernährung und mangelnde medizinische Versorgung verursachten Tod von täglich mehreren Zehntausend Menschen.

August Bebel (1950 [1879]) war das Einschreiben der Lebensumstände in die physischen Merkmale von Menschen klar: «Woher kommt es, daß Kinder der bessersituierten Klassen sich in der Regel von Kindern armer Leute in der Gesichts- und Körperbildung und in gewissen geistigen Eigenschaften unterscheiden? Es kommt von der Verschiedenartigkeit der Lebens- und Erziehungsbedingungen.» (S.322) Auch Mary Wollstonecraft (1999 [1792]) war sich des Zusammenhangs zwischen der Lebensweise und der Ausprägung sowohl geistiger Fähigkeiten als auch physischer Merkmale sehr bewusst: «Um die Schönheit – die Zierde der Frauen! – zu erhalten, werden Glieder und Fähigkeiten schlimmer verkrüppelt als die Füße der Chinesinnen; Muskeln und Nerven werden geschwächt durch die bewegungsarme Lebensweise, zu der sie verdammt sind, während die Knaben an der frischen Luft toben.» (S.51) Aktuell gefasst sind diese Erkenntnisse mit Pierre Bourdieus «Habitus-Begriff» und mit Anne Fausto-Sterlings «Embodiment-Ansatz» zugänglich (*vgl. Exkurs 4*).

Bislang ist deutlich geworden, dass Lebensbedingungen, Erfahrung und Erziehung nicht nur Auswirkungen auf Verstandeskräfte haben, sondern sich ebenso in physische und physiologische Merkmale einprägen. Es gilt nun zu begründen, dass ein Mensch stets erst in Gesellschaft wird – dass alles, was ein Mensch wahrnimmt, schon gesellschaftlich ist. Es gibt keine

Exkurs 4:
Definitionen von «Habitus» und «Embodiment»

«Habitus-Begriff» nach Pierre Bourdieu: Mit der soziologischen Theorie des «Habitus» wird davon ausgegangen, dass die Lebensbedingungen, also u.a. der Rang, der Status und das Geschlecht das gesamte Auftreten, Fühlen und Wahrnehmen von Menschen prägen. Der «Habitus» eines Menschen gebe seine «geronnene Lebensgeschichte» wieder. Insbesondere soziale Herkunft und Geschlecht prägten den «Habitus» und spiegelten sich in der Sprache, in Werten und in kulturellen Codes. Der «Habitus» eines Menschen präge sich von früher Kindheit an durch Erfahrungs- und Lernprozesse ein. Dabei hätten u.a. die Größe oder Enge der Wohnung und ihre Einrichtung sowie der Umgang und die Lebensgewohnheiten der umgebenden Menschen Einfluss.

«Embodiment-Ansatz» nach Anne Fausto-Sterling: Bei diesem Ansatz, der insbesondere in kritischen Betrachtungen der Neurobiologie vertreten wird, wird davon ausgegangen, dass sich die Sozialisation, die Lebensbedingungen und Erfahrungen eines Menschen in seine psychischen, physischen und physiologischen Merkmale einschreiben. So resultierten beispielsweise aus dem frühen Erlernen einer Fremdsprache und dem synchronen Verwenden beider Hände zum Musizieren Veränderungen von Hirnstrukturen. Auch Ernährung, Training und der Zugang zu (vorsorgender) Medizin wirkten sich auf psychische, physische und physiologische Merkmale aus. Mit diesem Ansatz wird essentialistischen Vorstellungen widersprochen, die beispielsweise Unterschiede in der Gehirnstruktur als «natürlich» – angeboren und unabänderlich – betrachten.

«Natur», die im Denken und Anschauen des Menschen außergesellschaftlich denkbar wäre. Hierfür stellen die Schriften von Karl Marx eine frühe und vorzügliche Lektüre dar – und sie sollen daher für die folgenden Ausführungen besonders herangezogen werden.

Also: Einen Organismus losgelöst von ihn umgebenden Faktoren zu betrachten, einen Menschen ohne die ihn umgebenden

Einflüsse anderer Menschen zu sehen ist praktisch unmöglich. Bereits die Entwicklung eines Embryo verläuft nicht abgelöst in einem «leeren Raum», sondern sie ist ganz wesentlich von der Wirkung umgebender Signale aus dem mütterlichen Organismus abhängig, zu denen weitere Einflüsse (außerhalb des mütterlichen Organismus) kommen. Ohne diese Signale kann Embryonalentwicklung *nicht* stattfinden. Ein Neugeborenes kann nicht ohne das Zutun anderer Menschen überleben. Diese Menschen reagieren auf seine Signale, etwa das Geschrei, und ernähren es – und senden schon auf diese Weise Signale an das Neugeborene aus. Das Aussenden und das Empfangen von und das Reagieren auf Signale stellt Kommunikation dar. Das bedeutet aber auch, dass der junge Mensch nicht etwa von Anbeginn nur «Signal-Empfänger_in» wäre und damit einer abstrakten Gesellschaft gegenüberstehen und diese nur aufnehmen würde. Vielmehr nimmt der junge Mensch (aber auch zuvor ein sich entwickelnder Embryo) aktiv an Kommunikation teil und ist damit Akteur_in.

«Es ist vor allem zu vermeiden, die ‹Gesellschaft› wieder als Abstraktion dem Individuum gegenüber zu fixieren. Das Individuum *ist* das *gesellschaftliche Wesen.* Seine Lebensäußerung – erscheine sie auch nicht in der unmittelbaren Form einer *gemeinschaftlichen*, mit andern zugleich vollbrachten Lebensäußerung – *ist* daher eine Äußerung und Bestätigung des *gesellschaftlichen Lebens.*» (Marx 1962 [1844]: 144; Hervorhebungen im Original) Damit wird deutlich: Nicht nur wenn du und ich – also zwei Menschen – direkt zusammen sind und kommunizieren, sind wir gesellschaftlich, sondern auch wenn du oder ich allein sind, selbst wenn gar kein anderer Mensch mehr da ist, sind du oder ich schon gesellschaftlich. Das ist der Fall, weil dem jetzigen Zustand (des Alleinseins) die gesellschaftliche Wechselbeziehung mit anderen Menschen – zumindest und auf jeden Fall die mit dem mütterlichen Organismus – vorausging.

Nun sind Menschen von Geburt an in der Regel in Gemeinschaft, und so kann man die spezifischeren gesellschaftlichen Wechselwirkungen betrachten. Ein bedeutendes Mittel der Kommunikation zwischen Menschen ist die Sprache. «Der ‹Geist› hat von vornherein den Fluch an sich, mit der Materie ‹behaftet› zu sein, die hier in der Form von bewegten Luftschichten, Tönen, kurz der Sprache auftritt. Die Sprache ist so alt wie das Bewußtsein – die Sprache *ist* das praktische, auch für andre Menschen existierende, also auch für mich selbst erst existierende wirkliche Bewußtsein, und die Sprache entsteht, wie das Bewußtsein, erst aus dem Bedürfnis, der Notdurft des Verkehrs mit andern Menschen.» (Marx 1962 [1845]: 256f) Die Sprache ist gesellschaftliches Produkt der Menschen. Sie verweist bereits auf Traditionen, und sie beinhaltet ein Repertoire an Begriffen, die es ermöglichen, einige Dinge zu bezeichnen, andere zu umschreiben. Für wieder andere Dinge gibt es noch keine Begriffe, und so verbleiben sie unbenannt und meist außerhalb der Wahrnehmung. So wie Menschen Sprache als gesellschaftliche Kommunikationsform erlernen müssen, so sind auch die übrigen Wege der Signalwahrnehmung und -äußerung, aber auch die Wahrnehmung von Empfindungen und andere Lebensäußerungen durch Erlernen und Erfahrung geprägt. Es hängt etwa von der Art der Kommunikation mit anderen Menschen ab, ob und wie bedeutsam das Hören ist. Wenn man nicht hört, so erfährt man das lediglich durch die Reaktion anderer Menschen. Hört man, so hängt es von der Art der Umgebung ab, welche Geräusche man wahrnimmt und wie fein man sie unterscheidet. Für ein Geräusch, mit dem gesellschaftlich bestimmte Gefahren verbunden werden, wird man durch gesellschaftliches Lernen besonders sensibilisiert (vgl. Marx 1962 [1844]: 145f).

Das gesellschaftliche Werden von Möglichkeiten der Signalwahrnehmung und -äußerung eines Menschen und die große Bedeutung der Sprache mit ihren Traditionen, Bezeichnungen und Begrenzungen, machen deutlich, dass alle Wahrnehmungen eines Menschen schon gesellschaftliche sind. Ohne andere Menschen erhielte der Embryo keine Signale zur Entwicklung, bekäme das Kind kein Essen und Trinken. Ohne das gesellschaftliche Miteinander von Menschen wäre Sprache unsinnig. Ohne Kommunikation wäre keine gesellschaftliche Arbeitsteilung möglich.

Wie schon geschrieben, auch wenn du oder ich allein sind, sind du bzw. ich gesellschaftlich. So ist auch wissenschaftliches Nachdenken, das man allein vollzieht, eine gesellschaftliche Tätigkeit, die nicht vom Umgang mit anderen Menschen, vom Erlernten, von den Traditionen der Sprache etc. ablösbar ist: «Allein wenn ich *wissenschaftlich* etc. tätig bin, eine Tätigkeit, die ich selten in unmittelbarer Gemeinschaft mit andern ausführen kann, so bin ich *gesellschaftlich*, weil als Mensch tätig. Nicht nur das Material meiner Tätigkeit ist mir – wie selbst die Sprache, in der der Denker tätig ist – als gesellschaftliches Produkt gegeben, mein *eignes* Dasein *ist* gesellschaftliche Tätigkeit; darum das, was ich aus mir mache, ich aus mir für die Gesellschaft mache und mit dem Bewußtsein meiner als eines gesellschaftlichen Wesens.» (Marx 1962 [1844]: 144; Hervorhebungen im Original)

Eine solche Betrachtung des gesellschaftlichen Werdens eines jeden Menschen setzt Marx auch für seine ökonomischen Studien voraus. Er geht indes einen Schritt weiter und führt aus, dass sich Menschen unter kapitalistischen Bedingungen der Gesellschaftlichkeit ihres Tuns kaum bewusst werden. Ist Menschen in einer Produktionsweise, in der ihre Arbeit konkret auf die eigenen Bedürfnisse und diejenigen von Menschen ihrer Umgebung gerichtet ist, der Zusammenhang zwischen Arbeit, Schwitzen, Schmerz, Hunger, Freude, Lernen gut nachvollziehbar, so gilt das nicht in einer auf Verwertung zielenden spezialisierten Produktionsweise. Allen, die schon einmal Diskussionen um Marx'sche und marxistische Theorien mitbekommen haben, ist diesbezüglich der Begriff «Entfremdung» geläufig. «Entfremdung» ist dabei zunächst einmal nichts «Schlechtes»; vielmehr verwirklicht sich jede Arbeit in einer «Vergegenständlichung». Spricht ein Mensch einen Satz, so wird aus dem Akt des Sprechens etwas Gesprochenes, schafft er ein Kunstwerk, so gewinnt das Material eine vom Akt des umformenden Tätigseins ablösbare Bedeutung. Das gesprochene Wort bzw. das Kunstwerk tritt dem Menschen, der es geschaffen hat, als ein Gegenstand von eigenem Wert gegenüber. «Entfremdung» geschieht so gesehen stets, wenn Menschen tätig sind. Als problematisch wird sie jedoch von Marx für den Fall ausgearbeitet, der im Kapitalismus die Regel ist. Wenn nämlich jemand bei bearbeitetem Boden und einem gefertigten Gegenstand kommt und sagt: «Alles meins! Wenn ihr etwas abhaben wollt, müsst ihr weiter den Boden bearbeiten bzw. weitere Exemplare des Gegenstandes schaffen», dann verfügt dieser Mensch über die bewegende Tätigkeit – die Produktivkraft – derjenigen Menschen, die den Boden bearbeiten bzw. den Gegenstand fertigen. Unter diesen Produktionsverhältnissen werden die Arbeit und ihre Produkte den tätigen, umformenden Menschen in einem anderen, negativen Sinn fremd oder «abstrakt». Denn anstatt Gegenstände von «eigenem Wert» – d.h. von konkretem Wert – für sich und die Menschen ihrer Umgebung herzustellen, müssen sie nun, um sich erhalten (reproduzieren) zu können, «Wert» schaffen, den sich einige wenige Menschen aneignen. Vgl. für eine gute Einführung in die Theorien von Marx, u.a. auch zur «Entfremdung», den in der Reihe *theorie.org* erschienenen Band: Heinrich 2004.

Für Marx – der sich in seinen Frühschriften oft noch einer unhistorischen «rein philosophischen» Terminologie bedient – bedeutet das «praktische Erzeugen einer *gegenständlichen Welt* [...] die Bewährung des Menschen als eines bewußten Gattungswesens»; durch seine Produktion erscheine ihm «die Natur als *sein* Werk und seine Wirklichkeit» (Marx 1962 [1844]: 118f; Hervorhebungen im Original). Doch mit der Beschränkung auf nur eine Tätigkeit, der Herstellung von größeren Mengen nur eines Produkts, die gar nicht mehr selbst konsumiert werden können, geht der unmittelbare Bezug der Menschen, zu dem, was sie schaffen, verloren. Dabei wird vollends durch die Entlohnung in Geld, die im Zuge des Kapitalismus den – zunehmend ungleichen – Tausch der Produkte gegeneinander ersetzt, die Tätigkeit der Menschen mit der Variable «Wert» versehen, wodurch ihnen der Bezug zwischen eigener Tätigkeit (Lebenstätigkeit) und Geschaffenem aus dem Blick entschwindet: «Indem sie ihre verschiedenartigen *Produkte* einander im Austausch *als Werte* gleichsetzen, setzen sie ihre verschiednen Arbeiten einander als menschliche Arbeit gleich. Sie wissen das nicht, aber sie *tun* es. [...] Der Wert verwandelt [...] jedes Arbeitsprodukt in eine gesellschaftliche Hieroglyphe. Später suchen die Menschen den Sinn der Hieroglyphe zu entziffern, hinter das Geheimnis ihres eignen gesellschaftlichen Produkts zu kommen, denn die Bestimmung der Gebrauchsgegenstände *als Werte* ist ihr *gesellschaftliches Produkt* so gut wie die Sprache.» (Marx 1962 [1867]: 473; Hervorhebungen im Original)

Aber eben diese Gesellschaftlichkeit wird im Kapitalismus unsichtbar. Der Abstand zwischen ökonomischer Produktion und tatsächlicher Lebenswelt der Menschen vergrößert sich noch mit steigender Produktivität bei nicht «äquivalenter» Lohnentwicklung. Gewiss trifft heute für einen lohnabhängig beschäftigten Menschen zu, dass «die Macht seines *Geldes* fällt grade im umgekehrten Verhältnis als die Masse der Produktion [...] wächst», und oft kann er sich das selbst hergestellte Produkt finanziell nicht einmal leisten. (Vgl. Marx 1962 [1844]: 155; Hervorhebung im Original) Bekanntlich bleibt Marx in seiner Analyse der «Entfremdung» nicht bei der arbeitsteiligen Produktion stehen. Mit Friedrich Engels spottet er bald über die Philosophen, die sich die «Individuen, die nicht mehr unter die Teilung der Arbeit subsumiert werden, [...] als Ideal unter dem Namen ‹der Mensch› vorgestellt» und die historische Entwicklung «als Selbstentfremdungsprozeß ‹des Menschen› gefaßt» haben (Marx 1962 [1845]: 304). Demgegenüber verweisen Marx und Engels auf den bestimmenden Widerspruch zwischen der sich entwickelnden Produktivkraft und den überkommenen Produktionsverhältnissen, die eine Zweiteilung der Gesellschaft bedingen: Den Eigentümern von Produktionsmitteln stehen die Menschen gegenüber, die, um sich reproduzieren zu können, für sie arbeiten müssen. Solange Letzteren dies nicht klar wird – sie kein «Klassenbewusstsein» haben –, gilt: «Die soziale Macht, d.h. die vervielfachte Produktionskraft, die durch das in der Teilung der Arbeit bedingte Zusammenwirken der verschiedenen Individuen entsteht, erscheint diesen Individuen, weil das Zusammenwirken selbst nicht freiwillig, sondern naturwüchsig ist, nicht als ihre eigne, vereinte Macht, sondern als eine fremde, außer ihnen stehende Gewalt, von der sie nicht wissen, woher und wohin, die sie also nicht mehr beherrschen können, die im Gegenteil nun eine eigentümliche vom Wollen und Laufen der Menschen unabhängige, ja dies Wollen und Laufen erst dirigierende Reihenfolge von Phasen und Entwicklungsstufen durchläuft.» (Marx 1962 [1845]: 261)

Doch auch die Menschen, die in kapitalistischer Produktionsweise aus der Arbeit vieler Menschen Gewinn ziehen und zum Beispiel am Finanzmarkt wetten, stehen der sie umgebenden Lebenswelt nicht näher, da ihnen der Zusammenhang der konsumierten Produkte mit einer eigenen Tätigkeit fehlt. (Vgl. u.a. Marx 1962 [1844]; Marx, K. (1953 [1857/58]: Einleitung.)

Dem Menschen fällt es damit schwer, einen Zusammenhang zwischen eigener Lebenstätigkeit und der ihn umgebenden Welt herzustellen. Er nimmt Dinge wahr, konsumiert Dinge, die ihm bereits als geschaffene Dinge gegenüberstehen. (Schon allein auf Grund der Konsumtion ist der konkrete Mensch dabei selbstverständlich keineswegs «passives Opfer», sondern «aktive Akteur_in».) Der direkte Zusammenhang, wie ihn der junge Mensch durch auf Aktionen erfolgende Reaktionen erfährt – Schreien ermöglicht es, an Nahrung zu kommen etc. –, ist ihm bei einem gekauften Sessel, einer benutzten Eisenbahn und betrachteten Kunstwerken kaum nachvollziehbar. Was für die Produktionsweise von Gebrauchsgütern gilt, trifft gleichermaßen auf übrige gesellschaftliche Bereiche zu: «Religion, Familie, Staat, Recht, Moral, Wissenschaft, Kunst etc. sind nur *besondre* Weisen der Produktion und fallen unter ihr allgemeines Gesetz». (Marx 1962 [1844]: 142; Hervorhebung im Original) Ihr gesellschaftliches Gewordensein ist dem Einzelnen nicht unmittelbar zugänglich. Der Mensch nimmt sie als gegeben an und wirkt über Konsumtion und Produktion an ihrem Bestand und ihrer Entwicklung mit: Er beteiligt sich an Religion, Familie, Staat etc., er fügt sich ein, nimmt auf, wiederholt, verändert.

Die Betrachtungsweise eines Menschen, Dinge nur als in einer vorgegebenen Ordnung «da seiend» zu erleben, ist selbstverständlich besonders anschlussfähig an Sichtweisen, die «Unabänderliches», «Natürliches» behaupten. Der Mensch steht beeindruckt und machtlos einem Etwas gegenüber. Statt es begreifen zu können und zu wollen, wird es als «natürlich» oder sogar als «heilig» erklärt. Die Abtrennung einer «Natur» von einer «Kultur», eines «Körpers» von einem «Geist», einer «Materie» von einer «Idee» sind nur die offensichtlichsten Resultate dieser Machtlosigkeit. Werden und Veränderung – also Entwicklung –, der Einfluss von Gesellschaft, das eigene Wirken des gesellschaftlichen Menschen sind für den so Sozialisierten nur schwer nachvollziehbar.

Festzuhalten ist also: 1) Jeder Mensch wird in Gesellschaft – er ist immer schon in Gesellschaft, und die Gesellschaft ist in ihm. Der Mensch ist damit stets schon gesellschaftliches Wesen, und seine Wahrnehmung stets schon gesellschaftlich. 2) Die «negative Entfremdung» hat wichtigen Anteil daran, dass der Mensch das – 1) – nur *schwer versteht.*

Was Marx hervorragend für ökonomische Produktionsweisen ausführte und auch kurz auf «Religion, Familie, Staat, Recht,

Moral, Wissenschaft, Kunst etc.» bezog, gilt selbstverständlich auch für Geschlecht. Geschlecht ist innerhalb der westlichen Gesellschaft eine bedeutende Kategorie, nach der Menschen differenziert werden. Es ist institutionalisiert in Religion, Familie, Staat, Recht, Moral, Wissenschaft, Kunst etc. Die Unterscheidung nach Geschlecht erscheint als «natürlich», weil sie stets schon im gesellschaftlichen Werden eines jeden Menschen stattfindet. Die gesellschaftliche Herstellung von Geschlecht ist somit kaum nachvollziehbar, da Geschlecht für dich und mich immer schon da ist. Du und ich zitieren aus dem gesellschaftlich erlernten Repertoire von Merkmalen und Bedeutungen von Geschlecht. Wir interpretieren diese Merkmale, wiederholen sie und setzen durch die Interpretation eigene hinzu. Wie wir uns auch verhalten, selbst wenn wir die binäre geschlechtliche Einordnung von Menschen ablehnen, so beziehen wir uns doch stets auf das gesellschaftliche Repertoire bezüglich Geschlecht und tragen es damit weiter. Damit kommen wir wieder bei den Betrachtungen von Beauvoir an: Sie stellte die aktuelle gesellschaftliche Realität von Geschlecht – weiblich, männlich – fest. Sie vollzog nach, dass in der Gesellschaft Ungleichbehandlungen, Diskriminierungen und Gewalt entlang der Kategorie Geschlecht stattfinden und dass Frauen häufiger benachteiligt sind als Männer und auch öfter direkte physische Gewalt erfahren. Befreiung bedeutet, konkret etwas gegen die Gewalt, die Ungleichbehandlungen und Diskriminierungen zu tun. Dass bedeutet aber nicht, dass man Frauen und Männer zu Ewigkeiten erklären müsste. So wie aus den Analysen von Marx zu Produktionsweisen Folgerungen für eine bessere Gesellschaft mit einem guten Leben für alle Menschen gezogen werden (sollten), so sollten auch die Kategorie «Geschlecht» einer genauen Analyse unterzogen und Ableitungen für Veränderung erarbeitet werden, die ein gutes Leben für alle Menschen ermöglichen. Die gesellschaftliche Entwicklung des einen wie des anderen bedeutet einen langen Weg, deshalb sollte man sich aber nicht bei dem einen mehr als bei dem anderen hinter derzeitige Denkschranken zurückziehen und sich vermeintlicher Alternativlosigkeit ergeben.

Und Simone de Beauvoir dachte Produktions- und Geschlechterverhältnisse eng zusammen. So heißt es in den Schlusssätzen von «Das andere Geschlecht» mit Bezug zu Karl Marx: «‹Das unmittelbare, natürliche, notwendige Verhältnis des Menschen zum Menschen ist das *Verhältnis* des *Mannes* zum *Weibe*›, schreibt Marx. ‹Aus dem Charakter dieses Verhältnisses folgt, inwieweit der *Mensch* als *Gattungswesen*, als *Mensch* sich geworden ist und erfaßt hat; das Verhältnis des Mannes zum Weibe ist das *natürlichste* Verhältnis des Menschen zum Menschen. In ihm zeigt sich also, inwieweit das *natürliche* Verhalten des Menschen *menschlich* oder inwieweit das *menschliche* Wesen ihm zum natürlichen Wesen, inwieweit seine *menschliche Natur* ihm zur *Natur* geworden ist.› Besser kann man es nicht sagen. Es ist Aufgabe des Menschen, dem Reich der Freiheit inmitten der gegebenen Welt zum Durchbruch zu verhelfen. Damit dieser höchste Sieg errungen werden kann, ist es unter anderem notwendig, daß Männer und Frauen über ihre natürlichen Unterschiede hinaus rückhaltlos geschwisterlich zueinander finden.» (Beauvoir 2008 [1949]: 899f; Hervorhebungen: *kursiv* im Original, die unterstrichene Passage ist entnommen aus der hier eher der Intention Beauvoirs entsprechenden Erstübersetzung, nach: Beauvoir 1989 [1949, dt. 1951]: Bd. II, 454; Der Begriff «natürlich» wird im Zitat in einem anderen als dem sonst üblichen Verständnis verwendet, – er bezeichnet hier nicht Vorgegebenes und Unabänderliches, sondern sagt aus, dass die «Natur» des Menschen *das Gesellschaftliche* ist.) Dass Beauvoir mit den «natürlichen Unterschieden» von Frau und Mann nicht biologische Vorgegebenheiten eines «Ewigweiblichen» und «Ewigmännlichen» meint, hat sie stets betont, und das wurde bereits am Anfang dieses Buches dargestellt. Frauen und Männer, wie sie in der aktuellen Gesellschaft tatsächlich anzutreffen sind, sollen *geschwisterlich, also menschlich (= gesellschaftlich = natürlich)* zusammenfinden. Das Verhältnis von Frau und Mann zueinander, der Umgang mit Geschlecht in der Gesellschaft ist nach Beauvoir erster Hinweisgeber dafür, dass 1) die «negative Entfremdung» aufgehoben ist *und* dass 2) der Mensch sich selbst zum Menschen geworden ist. Beauvoir macht in «Das andere Geschlecht» mit dem wiederholten und expliziten Bezug zu Marx deutlich, dass die Befreiung von patriarchaler und kapitalistischer Unterdrückung nur zusammen geht. Und die Aufhebung der Unterdrückung geschieht nicht von selbst, sondern es ist dafür ein dauerhaftes und stetes *Gestalten der Gesellschaft* erforderlich.

Während man Betrachtungen zur gesellschaftlichen Bestimmtheit von Geschlecht bei Karl Marx weitgehend nur zu seinen Darlegungen zu ökonomischen Produktionsweisen analogisieren kann, weil er diese fokussierte, erhält man erste – exzellent – ausgeführte Ansätze für entsprechende Betrachtungen zu Geschlecht in den Arbeiten von Simone de Beauvoir und – aktueller als bei Beauvoir und mit direkter Kritik an Zweigeschlechtlichkeit – Judith Butler. Butler wandte sich ausführlich gegen einen vermeintlichen festen, «natürlichen» – vorgegebenen und unabänderlichen – Kern von Geschlecht, der nicht von der Gesellschaft beeinflusst sei.

Mit der zunehmenden Verbreitung von Vererbungsdenken seit etwa 1900, mit der Fokussierung einfacher Konzepte von Geschlechtlichkeit in der Biologie – insbesondere seit dem deutschen Faschismus (die Tradition komplexer Geschlechtertheorien war auch durch die Verfolgung und Ermordung ihrer Protagonist_innen unter dem Naziregime abgeschnitten worden; vgl. Satzinger 2009) – und mit den durch die Beschreibung der Struktur der DNA-Doppelhelix in den 1950er Jahren sich weithin verbindenden Erwartungen, mit «Erbmaterial» nun den Schlüssel zum Leben zu haben, hatte es sich zunächst auch für feministisches Streiten als sinnvoll erwiesen, sich nicht an einem «natürlichen» Kern von Geschlecht abzukämpfen. Vielmehr führten an der Emanzipation von Frauen Interessierte etwa seit den 1960er/70er Jahren aus, dass die gesellschaftlich schlechtere Position von Frauen gegenüber derjenigen der Männer, unabhängig von etwaigen «natürlichen», vorgegebenen Faktoren, auf gesellschaftliche Ungleichbehandlungen zurückzuführen sei. Auch wenn es «natürlich» einen Unterschied zweier Geschlechter gebe, so könne dieser nicht herangezogen werden, eine Diskriminierung von Frauen in der Gesellschaft zu rechtfertigen. Diese Argumentationsweise, für die man auch Ansätze in «Das andere Geschlecht» von Beauvoir findet, wurde in Verbindung mit den Begriffen «biologisches Geschlecht, engl. *sex*» und «gesellschaftliches Geschlecht, engl. *gender*» bekannt.

Seit den 1980er Jahren geriet biologisches Geschlecht – also der vermeintlich gesellschaftlich unbeeinflusste «natürliche» Rest – wieder in den Blick feministischen Streitens. Lynda Birke, Ruth Bleier, Ruth Hubbard, Evelyn Fox Keller, Londa

Schiebinger, Thomas Laqueur, Anne Fausto-Sterling und Donna Haraway sind einige der Wissenschaftler_innen, die Anfang und Mitte der 1980er Jahre Androzentrismus und Parteilichkeit historischer und aktueller biologischer Forschung bezüglich Geschlecht herausstellten und die Auswirkungen auf die Forschungsergebnisse beschrieben (vgl. einführend: Palm 2010, Voß 2008). In Kenntnis auch dieser neuerlichen Debatten arbeitete Judith Butler nach, wie neben gesellschaftlichem Geschlecht *gender* auch biologisches Geschlecht *sex* erst in Gesellschaft hergestellt wird. Sie führte aus, dass auch körperliche Merkmale des Geschlechts erst innerhalb von Gesellschaft gelesen und interpretiert werden und eine Bedeutung erlangen. Durch ständige Wiederholung, Zitierung, unablässiges Selbstaneignen und Verwerfen erhalten sie ihre Bedeutungen. Jeder Mensch in der Gesellschaft nimmt aktiv an diesem Prozess teil (vgl. Butler 1997 [1993]; auch: Butler 1991 [1990]; Jagose 2001).

Diese Betrachtungen sollten keineswegs zum Stehenbleiben verleiten. Vielmehr haben die benannten und weitere Wissenschaftler_innen sowie insbesondere die intensiven Debatten um die Schriften Butlers eine Denkstarre aufgebrochen, die sich bezüglich Geschlecht ausgebildet hatte – und die noch nicht überwunden ist. Es gilt nun weiterzudenken: So erscheinen bei Butler zum Beispiel «Hoden», «Penis», «Vagina», «Klitoris», «Eierstöcke» und «Gebärmutter» noch als gesellschaftliche Bezeichnungen für vermeintlich tatsächlich vorhandene Organe, bei denen sich gar eine binäre geschlechtliche Auftrennung anbieten würde. Dem ist zu widersprechen. Mit entwicklungsgeschichtlichen Sichtweisen, wie sie beispielsweise Marx für seine Betrachtungen ökonomischer Produktionsweisen zu Grunde legte und wie sie für aufgeklärtes naturwissenschaftliches Denken u.a. in Geographie, Physik und Biologie grundlegend sind, wird auch die geschlechtlich unterscheidende Bezeichnung dieser Organe in Zweifel gezogen. Das Gewicht wird bei solchen Betrachtungen auf Entwicklung, auf Differenzierung und Prozesshaftigkeit gelegt. Der Prozess ist dabei stets offen für Einflüsse aller Art, die Einflüsse unterscheiden sich individuell, das Ergebnis ist nicht vorausgesetzt.

Bevor dieser Ansatz direkt an biologischen Geschlechtertheorien weiterverfolgt und expliziert wird und mit ihm andere als binäre Denkweisen bezüglich Geschlecht vorgeschlagen werden, ist noch eine letzte Vorarbeit nötig: das kurze Eingehen auf die Herausbildung und Bedeutung entwicklungsgeschichtlicher Denkweisen.

Entwicklungsgeschichtliche Denkweisen und ihr Potenzial für gesellschaftliche Veränderung

*E*ntwicklungsgeschichtliche Betrachtungsweisen stellten um 1800 eine der bedeutendsten Neuerungen in der Wissenschaft, aber auch in der gesamten Gesellschaft dar. So ist auffällig, dass sich rund um die Revolutionsjahre sowohl in geistes- als auch in naturwissenschaftlichen Untersuchungen vermehrt Theorien der *Entwicklung* durchsetzen konnten. Ob Gotthold Ephraim Lessing, Johann Wolfgang von Goethe, Johann Gottfried Herder, Georg Friedrich Wilhelm Hegel, Friedrich Wilhelm Joseph Schelling – all diese bekannt gewordenen Männer folgten einem Entwicklungsdenken. Sie folgten sogar den Theorien von Baruch de Spinoza, einem Denker aus dem 17. Jahrhundert – seinen Lehren anzuhängen bedeutete noch zu Beginn des 18. Jahrhunderts, als Feind von Religion und Staat zu gelten, und hieß oft, Stadt und Land verlassen zu müssen. Spinoza hatte in einem «Gott» keinen Schöpfer gesehen, der in einem einmaligen Schöpfungsakt alles Seiende geschaffen habe. Für ihn ist «Gott» allem Sein immanent – als treibende, produktive Kraft der Entwicklung von einem jetzigen in einen späteren Zustand. Auch eine überdauernde «ewige Seele» sollte es nicht neben «vergänglicher Materie» geben – vielmehr seien «Seele» und «Körper» zwei «Wesenseigenschaften» der «einen Substanz» und eingebunden in Entwicklung (Theorie des Monismus). Diese Betrachtungen knüpften an Arbeiten des arabisch-islamischen Mittelalters an – und auch das würdigten Gelehrte um 1800. So betrieb beispielsweise Johann Wolfgang von Goethe extensive Islamstudien, und Bettine von Arnim widmete eine ihrer Schriften ausdrücklich dem «Geist des Islam».

Um die Bedeutung von Entwicklungsdenken nachvollziehen zu können, muss man sich nur vor Augen führen, dass bis weit in das 18. Jahrhundert hinein selbst die Gesellschaftsordnung

– mit Monarchen, Kirche, Standesunterschieden, einer die Bevölkerung ausplündernden Feudal- und Fronordnung – als von «Gott» gewollt und geschaffen und somit unabänderlich betrachtet wurde. Die Französische Revolution zeigte nun, dass die Gesellschaftsordnung nicht unveränderlich und vorgegeben war, sondern dass sie durch vernunftgeleitete Menschen gestaltet werden konnte. Man machte sich Gedanken über die Entwicklung von Gesellschaft und wie diese verlaufen würde. So arbeitete Karl Marx im 19. Jahrhundert die Entwicklung und Prozesshaftigkeit der ökonomischen Produktionsweisen aus. Der Widerspruch zwischen Produktivkraft und Produktionsverhältnissen, d.h. der aus dem Klassengegensatz resultierende Klassenkampf, seien hier die treibenden Kräfte. Zur Erläuterung: Während es auch heute die Produktivkraft bereits zuließe, dass alle Menschen mit ausreichend Nahrungsmitteln und Medizin versorgt werden könnten, stehen die kapitalistischen Produktionsverhältnisse dem entgegen; sie verhindern die Versorgung aller Menschen mit (ausreichend) Nahrung und Medizin – andere, nicht auf Gewinnmaximierung ausgerichtete Produktionsverhältnisse könnten diese Versorgung sicherstellen. Marx stellte also heraus, dass Gesellschaftsordnung nicht vorgegeben und unabänderlich ist, und erarbeitete ein Konzept gesellschaftlicher Entwicklung. Auch der Widerspruch von Produktivkraft und Produktionsverhältnissen würde nicht «einfach so» zu Veränderungen führen, vielmehr müssten diese durch praktisches Handeln, Aufbegehren, Revolution erlangt werden. (Eine solche Entwicklung würde damit nicht langsam und stetig wie in den Evolutionstheorien nach Charles Darwin verlaufen, sondern sie wäre dialektisch, also sprunghaft, eine revolutionäre Entwicklung, ausgelöst durch den Widerspruch, gekennzeichnet durch ein «Abbrechen der Allmählichkeit», das Umschlagen der Quantität in die Qualität.)

In seinen Schriften stellte Marx vielfältig naturwissenschaftliche – auch biologische – Bezüge her: «Die Erdschöpfung hat einen gewaltigen Stoß erhalten durch die Geognosie, d.h. durch die Wissenschaft, welche die Erdbildung, das Werden der Erde, als einen Prozeß, als Selbsterzeugung darstellt. Die generatio aequivoca [d.h. die spontane Neubildung bzw. Selbstbildung von Organismen aus anorganischen Bestandteilen; Anm. HV] ist die einzige praktische Widerlegung der Schöpfungstheorie.» (Marx 1962 [1844]: 152) Entwicklungsgedanken finden sich also sowohl in naturwissenschaftlichen als auch in gesellschaftlichen Theorien. Das weist auf einen wichtigen Punkt hin, der nicht ausgespart bleiben soll: Naturwissenschaftliche Ergebnisse stehen der gesellschaftlichen Entwicklung, die auf eine bessere Gesellschaft abzielt, keinesfalls im Wege, wie manchmal behauptet wird. Es heißt also nicht etwa: «böse», beschränkende Biologie, die stets zwei Geschlechter diktiere, versus Gesellschaftswissenschaften, die per se gegen eine Zweigeschlechterordnung rebellieren würden (zitiert nach: Katrin Kämpf, «L.MAG – Das Magazin für Lesben», 7/8, 2010: 76). Vielmehr finden sich hier wie dort Konzepte, die strikte Zweigeschlechtlichkeit voraussetzen, und solche, die eine Abkehr davon ermöglichen. Die Anschlussmöglichkeiten für einen Ausbruch aus vorausgesetzter Zweigeschlechtlichkeit sind bei entwicklungsgeschichtlichen Ansätzen besonders groß, wie am Ende dieses Buches deutlich geworden sein wird.

Theorien der Entstehung der Erde durch Abkühlung über einen langen Zeitraum, der Neuentstehung von Arten und Organen, der Entwicklung und Differenzierung von Organismen etc. erlangten seit 1800 zunehmend Verbreitung. (Diese Theorien waren nicht gänzlich neu, sie waren bisher aber wissenschaftlich und gesellschaftlich marginalisiert geblieben.) Sie gingen mit Vorstellungen zusammen, in denen kleine und kleinste Bestandteile als Grundlage sämtlicher Dinge angesehen (Atomismus, Chemismus) und wirkende Kräfte als Grundlage von Veränderungen herausgearbeitet wurden. Solche wirkenden Kräfte wurden u.a. in Theorien der Elektrizität, des Magnetismus und der Gravitation beschrieben. Auch die Entwicklung des Organismus und seiner Organe wurde in die Betrachtungen einbezogen. So ging man davon aus, dass bei der Entwicklung des Embryos zunächst ungeformte Materie (in heutiger Vorstellung: ein kleiner undifferenzierter Zellhaufen) vorliegen würde, aus der durch einwirkende Kräfte und durch sie verursachte Entwicklungs- und Differenzierungsprozesse ein geformter und differenzierter Organismus entstünde. Die Entwicklung würde auch nach der Geburt weitergehen und sich u.a. in der Veränderung von Organen und in den Möglichkeiten der Wundheilung äußern; auch schulische und weiterführende Ausbildung, das Erlernen und Ausführen von Tätigkeiten sind hier anschließbar – auch sie stellen eine Entwicklung des Menschen dar.

Das Entwicklungsdenken prägte mannigfach Theorien im 19. Jahrhundert. «Entwicklung» war dabei für verschiedenste Einflüsse offen. Auch die Argumentationen für die Emanzipation der Frauen fanden wichtige Ansatzpunkte. Bereits in frühen Veröffentlichungen – hier thematisiert wurden Pizan, Fonte, Gournay – war die Ausbildung von Verstandeskräften als gesellschaftlich bedingt ausgewiesen und damit einer alles bestimmenden vorgebenden Macht entzogen worden. So wie die gesellschaftlichen Verhältnisse die geistige Entwicklung bei vielen Menschen verhinderten, so konnten sie auch in einer solchen Art gestaltet werden, dass sie die Ausprägung von Verstandeskräften bei allen Menschen ermöglichten. An solche Auffassungen knüpften Debatten darüber an, auf welche Merkmale man Entwicklungsfähigkeit beziehen konnte und welche eher als vorgegeben und fest zu betrachten seien. Rousseau nahm, wie dargestellt, die Entwicklungsfähigkeit der Verstandeskräfte und weiterer Merkmale insbesondere bei Jungen/Männern in den Blick. Beispielsweise Wollstonecraft thematisierte Entwicklungsfähigkeit in diesem Sinne auch für Mädchen/Frauen und für Menschen unterer Schichten. Menschlichen Eigenschaften, Merkmalen wurde mit dem Entwicklungsdenken ihre «Vorgegebenheit» entzogen; sie waren nun in ihrer Veränderbarkeit denkbar – und wurden praktisch veränderbar.

Historische biologische Geschlechtertheorien – Theorien von zwei und mehr Geschlechtern

*I*n den bisherigen Betrachtungen wurde deutlich, dass der Mensch nicht abgelöst von Gesellschaft betrachtet werden kann – denn er ist stets schon gesellschaftlich: Er ist in Gesellschaft und die Gesellschaft in ihm. Folglich kann es eine für den Menschen wahrnehmbare von Gesellschaft unabhängige «Natürlichkeit» nicht geben. Einflüsse anderer Menschen wirken schon im Embryonalstadium auf die Entwicklung eines Menschen ein; von Geburt an wächst ein Mensch stets in Gesellschaft auf. Und auch biologische Theorien über Geschlecht sind eben Theorien, die – wie alle Wissenschaft – vor dem Hintergrund einer gesellschaftlichen Ordnung gewonnen werden. Diese bietet in westlichen Gesellschaften in langer Tradition zwei differente Geschlechter an. Sie werden untereinander hierarchisiert, Männer und Frauen haben unterschiedliche Möglichkeiten in der Gesellschaft. Auch Menschen, die ökonomisch die Gelegenheit zum Forschen haben, sind in diese gesellschaftliche zweigeschlechtliche Realität eingebunden; sie müssen sich in Untersuchungen zu Geschlecht stets schon mit zwei Geschlechtern auseinandersetzen. Selbst Darlegungen, die nicht der derzeit häufig angenommenen Differenz zweier Geschlechter folgen, haben sich an der gesellschaftlichen Realität different gelebter Geschlechter – mit unterschiedlichen Möglichkeiten innerhalb der Gesellschaft – abzuarbeiten und stoßen bereits bei der Sprache auf Barrieren, aus binären geschlechtlichen Beschreibungen und Denkweisen auszubrechen.

Damit kann auch der Kurzschluss entstehen, den beispielsweise Andrea Trumann in dem Band «Feministische Theorie» (*theorie.org*) äußerte. Dort schreibt sie: «Der natürliche Geschlechtsunterschied wurde bis zum Ende des 20. Jahrhunderts von niemandem in Frage gestellt [...]» (Trumann 2002: 107). Dass dieser Eindruck falsch ist, wurde bereits aus den gesellschaftlichen Betrachtungen der vorigen Abschnitte deutlich. Marx und Beauvoir hatten den Menschen als gesellschaftliches Gattungswesen beschrieben. Wären die Versklavung der Menschheit durch den Kapitalismus und die Versklavung der Frauen durch die Männer abgeschafft, würde sich das menschliche = geschwisterliche Verhältnis untereinander als eigentliche Gattungseigenschaft des Menschen zeigen. Weder bei Beauvoir noch bei Marx erschienen Geschlecht und Zweigeschlechtlichkeit als vorgegebene, überzeitliche oder außergesellschaftliche Größen.

Im Folgenden stehen nun explizit biologische Geschlechtertheorien im Fokus. Sie werden darauf untersucht, wie «der natürliche Geschlechtsunterschied» thematisiert und gegebenenfalls zurückgewiesen wurde. Auch für die biologischen Theorien ist zu erwarten, dass sich vielfältige Diskussionen um Geschlecht und die Gleichwertigkeit oder Differenz von Frau und Mann zeigen werden, weil auch die biologische Wissenschaft und die dort Forschenden selbst innerhalb der gesellschaftlichen Ordnung lebten und in die vehementen Streitigkeiten um die Stellung der Geschlechter, insbesondere die Stellung der Frau, in der Gesellschaft eingebunden waren.

Mit dem Blick auf die auch in der Biologie geführten Diskussionen sind derzeit verbreitete Auffassungen der neueren Geschlechterforschung – an diese knüpfte Trumann an – als zu kurzschlüssig und zu einfach zu verwerfen. Im Folgenden wird zunächst summarisch der Forschungsstand dargestellt. Es schließen sich *für die Moderne ausführlichere Betrachtungen* an, in denen die Differenziertheit der biologischen Geschlechtertheorien und der dazu geführten Diskussionen herausgearbeitet wird.

Zu einfach: der Forschungsstand der neueren Geschlechterforschung bezüglich biologischer Geschlechtertheorien

*D*ie Geschlechterforschung, insbesondere in den Sozial- und den Kulturwissenschaften, folgt weitgehend den wenigen Arbeiten, die sich eingehender mit der Genese der biologisch-medizinischen Geschlechterdifferenz beschäftigt haben. Gewissermaßen kanonisch sind die Untersuchungen von Thomas Laqueur (1986; 2003 [1990]), Claudia Honegger (1991) und Londa Schiebinger (1986; 1993 [1989]).

Besonders einflussreich ist die Studie von Thomas Laqueur, die einem «Ein-Geschlechter-Modell» der Antike das uns bekannte «Zwei-Geschlechter-Modell» gegenüberstellt, das sich erst mit der Aufklärung entwickelt habe. Die antiken Gesellschaften hätten Geschlecht und daran gekoppelte Geschlechterrollen weitgehend als gesellschaftlich bestimmt verstanden, da Naturphilosophie und Naturforschung von einem einheitlichen Modell des Menschen ausgegangen seien, das sich lediglich durch den Grad an Vollkommenheit differenziert habe: Der Mann habe als Modell des Menschen schlechthin gegolten, die Frau als unvollkommene Version des Menschen/Mannes. Dieser Auffassung vermochte Laqueur von der Antike bis in die Renaissance nachzuspüren, dann sei sie durch das «Zwei-Geschlechter-Modell» unserer Zeit abgelöst worden.

Claudia Honegger und Londa Schiebinger unterstützen diese Ausführungen Laqueurs und wenden sich in ihren Arbeiten besonders den sich konstituierenden «modernen» biologisch-medizinischen Wissenschaften zu. Im 18. Jahrhundert sei das «Ein-Geschlechter-Modell» durch das Konzept zweier physischer und physiologischer Geschlechter verdrängt worden. Anatomie und Physiologie hätten den Nachweis über die Ungleichheit der Körper (von Männern und Frauen) geliefert und daraus ein gesellschaftlich wirksames Modell für einen geschlechtlich differenzierten Umgang (der Ungleichheit) entwickelt. Seit dem frühen 19. Jahrhundert habe dieses biologische Konzept einer Zweigeschlechtlichkeit wissenschaftlich-rationale Argumente geliefert, um die Stellung des Mannes bei der Formierung einer bürgerlichen und industriellen Welt zu stabilisieren bzw. das Eindringen der Frau in bislang männlich dominierte Bereiche am Ende des 19. Jahrhunderts abzuwehren. Sehr verkürzt geht die bisherige Forschung davon aus, dass Biologie und Medizin die Argumente für eine männliche Vorherrschaft in der Gesellschaft abgesichert hätten. Am prägnantesten bringt dies die These von der «Sonderanthropologie der Frau» auf den Punkt, mit der die Naturalisierung der minderwertigen Position der Frau im bürgerlichen Gesellschaftskonzept charakterisiert wurde (Honegger 1991: u.a. 6, 126ff).

Dem empirischen Kern dieser These ist gelegentlich widersprochen worden. Katherine Park, Robert A. Nye (1991) und Michael Stolberg (2003) haben gezeigt, dass es bereits im 16.

Jahrhundert deutlich zweigeschlechtliche Unterscheidungen gegeben habe. In der BRD äußerte sich früh Brita Rang (1986) kritisch zu Thesen der Herausbildung der Geschlechtscharaktere im 18. und 19. Jahrhundert.

Korrekt ist – und hierzu haben Laqueur, Honegger und Schiebinger Wichtiges beigetragen –, dass auch Biologie und Medizin und ihre Geschlechtertheorien grundsätzlich als in Gesellschaft eingebunden zu betrachten sind. Die Genannten arbeiteten das Primat von Gesellschaft auch über solche Theoriebildung prägnant heraus. Anders ausgedrückt: In Gesellschaft gelebte Geschlechterverhältnisse spiegeln sich auch in den biologischen und medizinischen Geschlechtertheorien. Das heißt aber auch, dass die Debatten um die Stellung von Frau und Mann in der Gesellschaft auch in die Biologie und Medizin eingegangen sind. Die Diskussionen in Biologie und Medizin gilt es wahrzunehmen und zu untersuchen. Es ist zu prüfen, ob und wie einige Theorien für emanzipatorisches Streiten anschlussfähig waren und sind. In jedem Fall wird sich im Folgenden zeigen, dass die Einteilung in ein «Ein-» und ein «Zwei-Geschlechter-Modell» – und in Bezug auf ihre zeitliche Verbreitung ein radikaler Bruch zwischen ihnen –, nicht haltbar ist. Ein «Ein-Geschlechter-Modell», wie es Laqueur für die Antike im Sinne der Vollkommenheit bzw. der Unvollkommenheit mit relativen Differenzen zwischen zwei Geschlechtern ausführte, lässt sich auch für «die Moderne» als bedeutsam und wirkmächtig beschreiben.

Antike – «Ein-Geschlechter-Modell» und «Zwei-Geschlechter-Modell»

Laqueurs These eines antiken «Ein-Geschlechter-Modells» geht insbesondere auf Beschreibungen der Genitalien zurück. Diese wurden u.a. von dem Arzt Galenos von Pergamon im 2. Jahrhundert unserer Zeit als bei Frau und Mann im wesentlichen identisch und nur in der Lage verschieden angesehen. Während die Genitalien bei den Männern nach außen gekehrt seien, würden sie bei Frauen im Körperinneren verbleiben. Vagina, Gebärmutterhals, (weibliche) Hoden, Gebärmutter seien die im

Körperinneren verbliebenen Entsprechungen von Vorhaut, Penis, (männlichen) Hoden und Hodensack. Als ursächlich für die unterschiedliche Lage der Genitalien wurde «Hitze» angenommen, die am ehesten im Sinne eines physiologischen Elements verstanden werden kann. Der Mann verfüge über mehr «Hitze» als die Frau, er sei damit vollkommener als sie.

Die Vollkommenheit erstrecke sich dabei nicht nur auf die Lage der Genitalien, sondern sie wurde bei einigen antiken Naturphilosophen auch mit Wirkung für die Zeugungsbeiträge und die Stellung von Frau und Mann in der Gesellschaft beschrieben. So ging beispielsweise Aristoteles – er lebte im 4. Jahrhundert vor unserer Zeit – davon aus, dass die Frau nicht dazu in der Lage sei, selbst mit Samen zur Zeugung beizutragen. Vielmehr sollte sie nur über eine Vorstufe des Samens (so genannte Katamenien) verfügen. Erst beim Zusammenkommen des männlichen Samens und der weiblichen Katamenien würden Letztere durch die vom Mann beigesteuerte «Hitze» zu Samen umgewandelt werden. Erst in dieser Form könnten sie an der Zeugung teilnehmen – und auch dann sei ihr Zeugungsbeitrag beschränkt, würden sie lediglich mit einem stofflichen Beitrag zur Zeugung beitragen, während der Mann das als bedeutsam betrachtete bewegende Prinzip beisteuere. Aristoteles beschrieb diese Vorstellung sehr bildlich: Der Zeugungsbeitrag der Frau stelle einen rohen Felsblock dar (daher *stofflich*), der männliche Beitrag führe dazu, dass der Felsblock von einem Bildhauer zu einer Skulptur geformt werde (deshalb *bewegendes Prinzip*). Nach Aristoteles sei der Mann als «vollkommen» zu betrachten und drücke sich «Vollkommenheit» in der Ähnlichkeit mit dem Mann aus. Die Frau betrachtete er als erste «Missbildung» des Menschen. Geringere «Hitze» verwehre es ihr nicht nur, Genitalien nach außen zu kehren und einen vollwertigen Samen zu bilden. Vielmehr betrachtete Aristoteles die Frau auch als leichtfertig und anfällig für unmoralisches Handeln und begründete damit die Notwendigkeit, dass Frauen stets Vormündern unterstellt werden müssten.

Andere antike Naturphilosophen beschrieben für Frau und Mann einen grundsätzlich gleichen Samenbeitrag, der zur Zeugung zur Verfügung stehen würde. In dieser Weise argumentierten u.a. die Hippokratischen Schriften, die im Zeitraum vom 4. Jahrhundert vor unserer Zeit bis zum 1. Jahrhundert unserer

Zeit entstanden. Zwar wurde auch in ihnen darüber diskutiert, ob der Samen der Frau genauso gut sei wie der Samen des Mannes, aber ein «Samen» der Frau wurde nicht in Zweifel gezogen. Auch Galenos von Pergamon schloss sich der Auffassung von Samenbeiträgen von Frau und Mann an, die beide zur Zeugung von Nachwuchs beitrügen, allerdings beschrieb er den Samen der Frau als «kälter» und «feuchter», und er sei damit unvollkommener als der des Mannes. (Vgl. für ausführlichere Betrachtungen und eine Differenzierung der Samenauffassungen: Lesky 1950.)

Diese Auffassungen als «Ein-Geschlechter-Modell» zu bezeichnen versperrt schon den Blick auf die teilweise sehr unterschiedlichen naturphilosophischen Geschlechterbetrachtungen, die antike Autoren angestellt haben und die sich u.a. mit der Vorstellung von «Hitze» verbanden und hier nur angedeutet werden konnten. Gar nicht Rechnung getragen wird Ausführungen aus der Antike, die Geschlechterdifferenzen zwischen Frau und Mann postulierten. So schrieb Galenos beispielsweise den männlichen Hoden vermännlichende Kraft zu; ihre Entfernung bedeute, dass der Mann «entmannt» werde. Das entstehende «Produkt» sah Galenos in Ähnlichkeit zur Frau bzw. führte er an anderer Stelle aus, dass etwas Drittes neben Frau und Mann entstehe. Weitere Geschlechtsunterschiede beschrieb Galenos für Brust, Blutgefäße und das Fleisch. Aristoteles hob physische und physiologische Unterschiede hervor. Sie beträfen die Sehnigkeit, Gegliedertheit und Behaarung des Körpers; sie zeigten sich in «feuchterem Fleisch» und einem kleineren Gehirn beim weiblichen Geschlecht. Mit dem Begriff «Ein-Geschlechter-Modell» sind auch die zahlreichen antiken Schriften zu vermeintlichen «Frauenkrankheiten» nicht zu fassen, zu denen sich keine entsprechenden Texte für männliches Geschlecht finden. So wurde in diesen Schriften insbesondere die Gebärmutter als ursächlich für «Frauenkrankheiten» beschrieben – eine Auffassung, die sich nicht erläutern lässt, wenn man antike Betrachtungen zu Geschlecht allein auf das Nach-innen- oder Nach-außen-Kehren der Genitalien reduziert. Dann müssten sich auch zum Hodensack, der nach außen gekehrten männlichen Entsprechung der Gebärmutter, analoge Betrachtungen besonderer krankheitsverursachender Wirkung finden – was nicht der Fall ist.

Also sind auch antike naturphilosophische Betrachtungen zu Geschlecht als differenziert wahrzunehmen. Es fanden in jener Zeit Diskussionen statt, beispielsweise darüber, ob Frau und Mann gleichermaßen über Samen verfügten und wie aus diesen Samen schließlich der Embryo gebildet werde. Diese Theorien sind vor dem Hintergrund einer herrschaftlich – einige Menschen privilegierenden – und patriarchalisch geprägten Gesellschaft zu sehen, und sie werden von dieser gesellschaftlich gelebten Geschlechterordnung geprägt gewesen sein. So sind beispielsweise lediglich naturphilosophische Schriften zu Geschlechterfragen überliefert, die von Männern verfasst wurden.

Mittelalter – nicht nur rezipierend, sondern kreativ

*I*n vielen Geschichtsschreibungen galt das Mittelalter als ein Zeitabschnitt, in dem Europa «dahindämmerte». Auch in den Beschreibungen von Thomas Laqueur erscheint das Mittelalter in diesem Sinne. Er führt aus, dass die naturphilosophischen Geschlechtervorstellungen der Antike bis in die Renaissance, ja sogar bis ins 18. Jahrhundert ungebrochen fortgewirkt hätten – über einen Zeitraum von mehr als 1500 Jahren, der von zahlreichen gesellschaftlichen Änderungen geprägt war.

Es verhält sich anders: So wurden insbesondere im arabisch-islamischen Mittelalter bedeutende Synthesen bis dahin bekannten Wissens vorgenommen und diese durch eigene Beobachtungen ergänzt. Dabei flossen nicht nur antike Traditionen ein, sondern auch weitere Wissensbestände, beispielsweise indische und persische. Diese Systematisierungen wurden auch für das lateinische Mittelalter bedeutsam. So wurden selbst Schriften antiker Autoren nicht aus den griechischen oder lateinischen Originalen rezipiert, sondern aus arabischen Übertragungen und Synthesen.

Für Geschlechtertheorien – auch für naturphilosophische – sind diese Arbeiten aus dem arabisch-islamischen Raum mit ihrer Wirkung für das lateinische Europa allerdings bis heute kaum erschlossen, doch deutet sich zumindest an, dass sie auch für Geschlechterbetrachtungen bedeutsam sind. So gilt etwa der persische Arzt und Philosoph Ibn Sīnā (latinisiert: Avicenna) aus dem 10./11. Jahrhundert als Vollender der galenischen Humoralbiologie, und von ihm sind auch naturphilosophische Schriften zu Geschlecht und Sexualität bekannt. Nach einer ersten Sichtung der in lateinischer Fassung überlieferten Texte, die Eberhard Kirsch mit «Avicennas Lehren von der Sexualmedizin» (2005 [1964]) leistete, wird ersichtlich, dass Ibn Sīnā keineswegs nur übersetzte und zusammenführte, sondern dass er beispielsweise bei den Samenlehren grundlegende neue Konzeptionen vorlegte.

Während Ibn Sīnā von zwei Samen – dem des Mannes und dem der Frau – ausging, zu deren Erklärung er verschiedene Auffassungen miteinander verband, und auch die Vorstellung des Nach-innen- bzw. Nach-außen-Kehrens der Genitalien teilte, beschrieb er auch einige explizite anatomische Differenzen zwischen Frau und Mann. Aus den folgenden kurzen Passagen werden einige Auffassungen Ibn Sīnās deutlicher. «Ich sage, dass das Organ der Zeugung bei den Frauen die Gebärmutter ist, die in der ursprünglichen Bildung dem Zeugungsorgan bei den Männern analog ist, d.h. dem Gliede und den anhängenden Teilen; aber das eine von diesen Organen ist vollendet und nach außen gekehrt, während das andere unvollendet, im Innern des Körpers zurückgehalten und sozusagen die Umstülpung des Organes der Männer ist. Der Hodensack ist gleichsam die Membran der Gebärmutter, das Glied der Hals der Gebärmutter. Zwei Testikel finden sich bei den Frauen wie bei den Männern, aber bei den Männern sind sie groß, außen gelegen und länglich, während sie bei den Frauen klein, rund, stark abgeplattet und in der Umgebung der Gebärmutter gelegen sind.» (Ibn Sīnā, Übersetzung nach: Kirsch 2005 [1964]: 60) «Bei den Männern beträgt die Zahl der Hodenmuskeln vier. Sie sind dazu bestimmt die Hoden zu schützen und sie nach oben zu ziehen, um ihre Erschlaffung zu verhindern. Jeder Hoden besitzt ein Paar davon. Bei den Frauen genügt ein einziges Paar, ein Muskel für jeden Testikel, weil ihre Hoden nicht am Äußeren des Körpers aufgehängt sind wie die Hoden der Männer.» (Ibn Sīnā, Übersetzung nach: Kirsch 2005 [1964]: 100)

Die anatomisch differente Beschreibung der «weiblichen» und «männlichen» Hoden, einmal als «klein, rund, stark abgeplattet» und im anderen Fall als «außen gelegen und länglich», sowie die unterschiedliche Zahl der «Hodenmuskeln» sind Motive, die sich ab Ende des 17. Jahrhunderts wiederholt in medizinischen Texten des lateinischen Europas finden werden. Während Ibn Sīnā insbesondere die Analogie hervorhebt und die Differenzen als äußerlich und unbedeutend erscheinen, wird es im 17. Jahrhundert darum gehen, zwischen Bildungsorten von «Eiern» und von «Samen» – «Eierstöcken» und «Hoden» – zu unterscheiden und Differenzen zu betonen. Auch sprachlich wird dann differenziert und nicht mehr von weiblichen und männlichen «Hoden» geschrieben. Hier intensivere Forschungsarbeiten anzuschließen, Traditionen und Veränderungen von Gleichheits- und Differenzbeschreibungen bezüglich des Geschlechts zu untersuchen, das erscheint äußerst lohnenswert. (Vgl. weiterführend zunächst auch: Cadden 1993; Thomasset 1993.)

Humoralbiologie und die Lehre von den Temperamenten

Bereits bei Moderata Fonte kam die Sprache auf die Humoralbiologie und auf die Temperamentenlehre. In ihrer Schrift «Das Verdienst der Frauen» thematisierte Fonte damit Unterschiede zwischen Frauen und Männern und regte an, die Verstandeskräfte zu stärken, um Nachteile des Temperaments ausgleichen zu können. Explizit heißt es in einem Dialog aus Fontes Schrift: «‹Sagt mir doch, liebe, süße Corinna, woher es kommt, daß wir, wie Leonora gerade sagte, naiver und leichtgläubiger als Männer sind?› bat Helena. ‹Ich meine›, antwortete diese, ‹daß es mit unserer natürlichen Veranlagung und unserem Temperament zu erklären ist, welches kalt und phlegmatisch ist, wie alle Gelehrten bestätigen; daher sind wir ruhiger, schwächer und von Natur aus aufnahmebereiter als die Männer; und wir sind leichtgläubiger und fügsamer als sie, so daß wir, wenn sich uns ein schöner und doch täuschender Anblick bietet, wie etwa eine falsche Perle, wir das falsche Bild sofort in uns aufnehmen, als sei es wahr.› [...] ‹Das leuchtet mir ein›, sagte Helena, ‹daß in unserem Wesen keine Wildheit herrscht, da Galle und Blut nur eine kleine Rolle bei unserem Temperament spielen. Und das macht uns menschlicher und sanfter als Männer und verleitet uns weniger dazu, unseren Leidenschaften zu folgen. Ihr Temperament hingegen ist heiß und trocken; von der Galle beherrscht, sind alle Männer ganz Feuer und Flamme und lassen sich eher dazu verleiten, Fehler zu begehen, und können sich ihrer ausschweifenden Begierden kaum enthalten. Daher rühren ihr Zorn, ihr Ungestüm und ihre Raserei in ihrer Wut, und daher kommt ihre unmäßige Ungeduld, wenn es um ihre zügellosen und glühenden Gelüste geht›...» (Fonte 2001 [1600]: 112f).

Die Humoralbiologie (bzw. Humoralpathologie) bezeichnet die Lehre von den Säften («humores») im Körper. Ausgeführt findet sie sich in den Hippokratischen Schriften. Es wurden vier Säfte unterschieden: Blut, Schleim, gelbe und schwarze Galle. Jedem der vier Säfte sind zwei der Primärqualitäten «warm», «kalt», «feucht» und «trocken» zugeordnet: Blut ist «warm» und «feucht»; gelbe Galle ist «warm» und «trocken»; schwarze Galle ist «kalt» und «trocken»; Schleim ist «kalt» und «feucht» *(vgl. Abbildung 1)*. Weiterhin wurden zugeordnet: Blut – Frühling; gelbe Galle – Sommer; schwarze Galle – Herbst; Schleim – Winter. Von dieser medizinisch orientierten Lehre wurde eine naturphilosophische des Makrokosmos unterschieden, in der den vier Elementen – Luft, Feuer, Erde und Wasser – ebenfalls zwei der Primärqualitäten zugeordnet wurden. Galenos verband beide Lehren miteinander und führte aus, dass die Elemente des Makrokosmos im Körper durch die Säfte repräsentiert würden (vgl. Thomasset 1993; Jahn 2004 [1998]: 54f, 64).

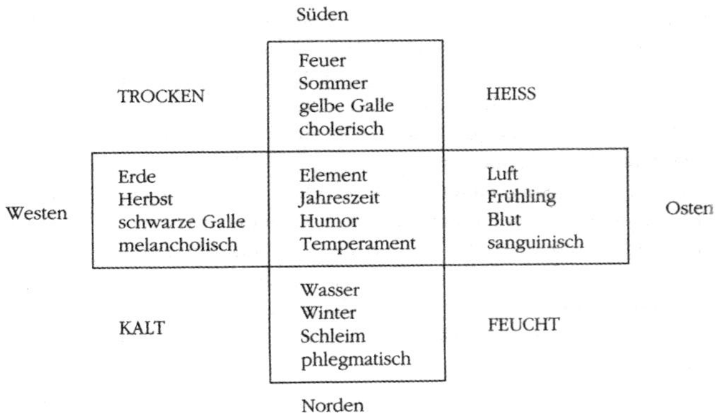

Abb. 1: Die Humoralbiologie und Temperamentenlehre eingeordnet in eine komplexe viergliedrige Weltsicht bei Galenos von Pergamon (entnommen aus: Thomasset 1993: 62).

Im Anschluss an die von Galenos vorgenommene Kontextualisierung ergab sich eine komplexe Weltsicht, in die alle «Dinge» – im Makrokosmos wie im menschlichen Körper – eingeordnet waren, auch Speisen und Getränke und die Lebensalter. Auf diesem System aufbauend wurde eine komplexe Medizin entwickelt, die Ratschläge für die Gesunderhaltung und die Behandlung von Krankheiten bereitstellte. Von den Behandlungsmethoden noch heute am bekanntesten sind der Aderlass und diätetische Ratschläge. Das Gleichgewicht der Säfte, die Ernährung, die Lebensweise – eingebunden in Jahreszeit und Lebensalter – galten als entscheidend auch für das «Temperament», also quasi die Charaktereigenschaften, eines Menschen. Hier wurden das sanguinische, das cholerische, das melancholische und das phlegmatische Temperament unterschieden.

Die geschlechtlich unterschiedliche Zuweisung von «Hitze» («Wärme») und auch von «Feuchte» bzw. «Trockenheit» an Frau und Mann wurde aus den Betrachtungen zur Antike bereits ersichtlich. Eingebunden in die Humoralbiologie/Temperamentenlehre wurden (auch) geschlechtsspezifische Ratschläge zur Gesunderhaltung getroffen. So finden sich bereits unter den Hippokratischen Schriften einige, die sich explizit den «Krankheiten von Frauen» widmeten und sich dabei insbesondere an der Humoralbiologie orientieren.

Im lateinischen Mittelalter hatte die Humoralbiologie/Temperamentenlehre, im Anschluss an Überlieferungen und Bearbeitungen galenischen Wissens im arabisch-islamischen Kontext, weiten Einfluss. Sie war auf Grund der angebotenen allumfassenden Weltsicht überzeugend. Mit ihr ließen sich individuelle Fähigkeiten genauso mühelos erklären, wie Arzneien, Speisen, Getränke individuell abgestimmt kreiert und zugeordnet werden konnten. Unter anderem die christliche Theologin, Natur- und Heilkundige Hildegard von Bingen (1098–1179) räumte der Temperamentenlehre in ihren Schriften viel Raum ein. Ihre Arbeiten sind für Differenz betonende Geschlechterbetrachtungen lesenswert.

Auch im 16., 17. und 18. Jahrhundert hatte die Temperamentenlehre weiten Einfluss. Deutlich wurde ein Bezug auf sie bereits in der zitierten Passage von Fonte. Während Fonte davon ausging, dass Frauen (und Männer) mit Vernunft «ihre Natur» im Zaum halten könnten, hielten einige Autor_innen lediglich die sich aus den geschlechterdifferenten Temperamenten ergebenden Eigenschaften fest und sahen durch diese die Möglichkeiten von Frauen, beispielsweise zu Bildung und zu gesellschaftlicher Teilhabe, beschränkt. Andere Autor_innen widersprachen hingegen der Annahme geschlechtsspezifischer Temperamente. So wies die Ärztin Dorothea Christiane Leporin in der Schrift «Gründliche Untersuchung der Ursachen, die das weibliche Geschlecht vom Studiren abhalten» (1742) explizit und deutlich die Annahme zurück, dass es ein Temperament gebe, das allein Frauen vorbehalten sei und sie vom Studieren abhalte. Ein solch «schlechtes» Temperament gebe es bei Frauen *und* Männern, genauso wie es auch «gute» Temperamente bei Frauen *und* Männern gebe. Aber selbst ein solch «schlechtes» Temperament habe Männer bislang nicht vom Studieren abgehalten, so dass es nicht einzusehen sei, warum nicht auch Frauen mit diesem «schlechten» Temperament studieren sollten.

Präformationstheorien im 17. Jahrhundert – Beschreibungen von Geschlechterdifferenz

*Z*eugungs- und Vererbungsauffassungen waren für naturphilosophische und biologische Betrachtungen zu Geschlecht bedeutsam. Das zeigte sich bereits in den kurzen Ausführungen zur Antike. In Zeugungsauffassungen wurde darüber verhandelt, wie Frau und Mann zur Zeugung beitragen würden. Die Frage war u.a., ob Frau und Mann über gleichwertige Zeugungsbeiträge verfügten oder ob sich ihre Zeugungsbeiträge voneinander unterschieden. Die Möglichkeit der Vererbung von Merkmalen war gerade daher relevant, weil Ähnlichkeit eines Kindes (zum Vater) als ein Merkmal der Legitimität des Nachwuchses galt. Zeugungs- und Vererbungsauffassungen unterlagen dabei starken Wandlungen und zeigten sich als mehr oder weniger anschlussfähig für Theorien der Geschlechterdifferenz oder der Geschlechtergleichheit.

Ende des 17. Jahrhunderts erlangten so genannte «Präformationstheorien» als Zeugungsauffassungen Bedeutung. In ihnen wurde davon ausgegangen, dass das Individuum in entweder Ei (das nahmen die danach benannten Ovisten an; ovo [lat.]

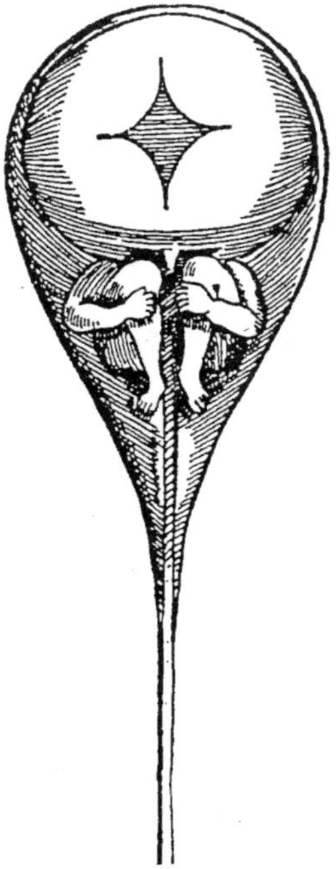

Abb. 2: Die Präformation im männlichen Samen, nach Nicolas Hartsoeker. Der Mensch sei im Samen bereits vollständig vorgebildet – klar ersichtlich sind hier Kopf, Arme und Beine. (entnommen von: http://www.hps.cam.ac.uk/visibleembryos/s1_4.html [Stand: 16.09.2010]).

= Ei) oder Samen (das nahmen die Animalkulisten an; animalculi [lat.] = Samen, Samentier) bereits vollständig vorgebildet war. In Ei oder Samen sollte also zusammengekauert ein kleiner Mensch sitzen, der über alle Körperteile in Miniatur verfügen würde. In der Embryonalentwicklung und in der späteren Entwicklung des Menschen würde lediglich ein Größenwachstum bis zur Reife stattfinden; «Entwicklung» ist hier also besser als «Auswickeln» zu bezeichnen. In *Abbildung 2* ist diese Vorstellung der Präformation für den männlichen Samen nach Nicolas Hartsoeker wiedergegeben.

Die Präformationstheorien passten gut in die vorherrschenden christlich-kirchlichen Lehren, nach denen ein «Gott» den Menschen geschaffen habe. So wurden die vorgebildeten Individuen zu Adam, alternativ zu Eva zurückverfolgt. Adam oder Eva sollten in Samen bzw. Ei die Menschen aller folgenden Generationen ineinander geschachtelt enthalten haben. Man kann sich das etwa als Matrjoschka-Modell vorstellen, bei dem eine riesige Matrjoschka eine sehr große Zahl – zumindest einige Millionen – Matrjoschkas ineinander geschachtelt beinhaltet.

Würde man sich diese Modelle als Frau und Mann gleichberechtigt berücksichtigend vorstellen, in dem Sinne, dass einmal der weibliche und einmal der männliche Zeugungsbeitrag höher gewichtet wurde, so irrte man sich. Sowohl von den Ovisten als auch von den Animalkulisten wurde der weibliche Zeugungsbeitrag geschmälert. Während die Ovisten, die das weibliche Ei fokussierten, davon ausgingen, dass der männliche Beitrag daher so bedeutend sei, weil er das initiierende, tätige Prinzip enthalte, ohne das die Auswicklung des Individuums nicht möglich sei, so wurde bei den Animalkulisten der weibliche Zeugungsbeitrag noch weiter eingegrenzt. Nach ihnen würde die Frau den Embryo lediglich tragen und ernähren. Auch diese Auffassungen stimmten gut mit dem christlich-kirchlichen Verständnis der Zeit zusammen: «Gott» habe Frau und Mann in vollständiger Perfektion einander zugeordnet geschaffen. So seien die Zeugungsteile und -beiträge beider verschieden, doch zueinander passend.

Eine solche Zeugungsauffassung war nun keineswegs neu, sondern konnte auf Traditionen zurückgreifen. So wurde in der antiken Pangenesislehre davon ausgegangen, dass alle Körperteile die besten Bestandteile extrahieren würden und dass so der männliche Samen und der weibliche Samen (!) bereits die vollständig ausgebildeten Körperteile, nur in äußerst kleinem Maße, enthielten. Allerdings gingen Anhänger der Pangenesislehre davon aus, dass Extrakte der Körperteile von beiden, also sowohl von dem Mann als auch von der Frau, zur Zeugung notwendig sind. Entsprechend wurde angenommen, dass Frau und Mann gleichermaßen einen «Vererbungsbeitrag» zur Zeugung leisten würden (und der «Samen» beider wurde lediglich in seiner Qualität unterschieden; vgl. ausführlich: Lesky 1950). Hier wird also ein bedeutender Unterschied ersichtlich: Mit den Präformationstheorien des 17. Jahrhunderts wurde weitreichend zwischen dem weiblichen und dem männlichen Zeugungsbeitrag unterschieden. Es wurden selbst unterschiedliche Bezeichnungen – «Ei» und «Samen» – eingeführt und nicht mehr gleichermaßen von «Samen» sowohl für den männlichen als auch den weiblichen Zeugungsbeitrag geschrieben.

Unterschiedliche Zeugungsstoffe – Ei und Samen – führten nun auch dazu, dass Differenzbeschreibungen für weitere körperliche Merkmale erfolgten. Die Zeugungsstoffe benötigten einen unterschiedlichen Ort, an dem sie im Organismus eingelagert seien; zudem konnten sich zuleitende und ableitende Gefäße unterscheiden. So wurden jetzt als Orte der Lagerung von Ei und Samen weibliche «Eierstöcke» von männlichen «Hoden» unterschieden – bis zum Ende des 17. Jahrhunderts war eine solche begriffliche Differenzierung nicht vorgenommen worden, wenngleich einzelne Differenzen beschrieben wurden. Zudem wurden Unterschiede nun für die Eierstöcke und Hoden versorgenden Blutgefäße und für die die Eier und Samen ableitenden Gefäße formuliert. Weitere Beschreibungen fokussierten Becken und Brüste, die von «Gott» in Perfektion bei Frau und Mann in unterschiedlicher Größe und Funktion geschaffen seien.

Die Präformationstheorien gingen auf empirische Untersuchungen zurück. Den ovistischen Beschreibungen lagen Beobachtungen an Vögeln zu Grunde, die analog auf den Menschen übertragen wurden. Die Animalkulisten hatten durch Mikroskope geschaut und dort in Samen die vorgebildeten Individuen erblickt. So amüsant vielen diese Vorstellungen eines kleinen in Ei oder Samen sitzenden Menschen heute auch anmuten mögen, so waren sie doch *Ergebnisse empirischer Forschung und des eigenen Sehens*. Exemplarisch und besonders anschaulich wird hier deutlich, *dass das gesellschaftlich Erwartete und Passende dann auch «ganz objektiv» beobachtet wird*. Auch heute finden Präformations-Auffassungen ihre, wenn auch abgewandelte, Entsprechung, die allerdings selten so bezeichnet wird. So wird in der Genetik davon ausgegangen, dass kleinste molekulare Strukturen bereits die vollständigen Informationen zur Ausbildung eines Merkmals beinhalten würden und diese die Zelle und den Organismus nur noch informieren müssten, damit sich das Merkmal ausprägt. In der Genetik werden die Bestandteile des Organismus also als in «Genen» präformiert angenommen. Zu genaueren Betrachtungen der aktuellen Theorien und ihren historischen Anschlüssen wird später in diesem Buch noch Gelegenheit sein.

Übergang zu Entwicklungsdenken (die Epigenese) – Gleichheitsbeschreibungen können sich anschließen

*D*ie Präformationstheorien wurden im 18. Jahrhundert kritisiert. Unter anderem war es mit ihnen nicht oder nur über Umwege möglich, Ähnlichkeiten eines Kindes zu beiden Eltern zu begründen. Zugleich war Regeneration (Wundheilung) damit schlecht zu erklären. So wurde in Experimenten mit Polypen («einfach gebaute» vielzellige Tiere, die zum Stamm der Nesseltiere gehören) eine bemerkenswerte Regenerationsfähigkeit festgestellt. Zertrennte man sie in der Mitte, so bildeten sich aus den Hälften zwei vollständige Individuen. Das war mit der Vorstellung der ineinander geschachtelten vollständig ausgebildeten Individuen, die «Gott» in einem einmaligen Akt geschaffen habe, nicht vereinbar.

Unter anderem diese Betrachtungen führten dazu, dass Präformationstheorien diskutiert und von einigen Forschenden zurückgewiesen wurden. Zugleich gab es Traditionslinien, an die angeschlossen werden konnte: So hatte Aristoteles eine von der oben erwähnten Pangenesislehre abweichende Auffassung der Bildung des Samens beschrieben. Er ging nicht davon aus, dass sich im Samen die wertvollsten Extrakte aller Körperteile vereinigt finden würden, wie es in der Pangenesislehre beschrieben wurde. Vielmehr führte er aus, dass Samen durch die Umbildung aus Blut entstehe («hämatogene Samenlehre»). Blut würde unter Einwirkung des physiologischen Elements «Hitze» zu Samen aufbereitet werden und damit zur Zeugung zur Verfügung stehen. Diese hämatogene Samenlehre ging also nicht von vorgebildeten Merkmalen aus, sondern beschrieb einen Prozess der Entwicklung, gekoppelt an das physiologische Element «Hitze».

An solches *Prozess- und Entwicklungsdenken* wurde seit der zweiten Hälfte des 18. Jahrhunderts verstärkt angeknüpft. Wichtige Arbeiten stammen hierbei von dem mit mikroskopischen Methoden naturwissenschaftlich arbeitenden Theologen John Tuberville Needham und dem Naturgeschichtler Georges Louis Leclerc de Buffon. Buffon hatte nicht nur – die bereits erwähnte – Entstehung der Erde durch Abkühlung über einen langen Zeitraum beschrieben, sondern sich auch gegen die Präformationstheorien gewandt. Er ging von zwei Samen aus (einem weiblichen und einem männlichen) und führte aus, dass diese aus organischer Materie bestünden. *Die Organisation der Materie nehme bei der Embryonalentwicklung zu.* Der Mediziner Caspar Friedrich Wolff legte mit seiner Dissertationsschrift 1759 eine erste ausgearbeitete Theorie der «Epigenese» vor. In dieser zeigte er, dass bei der Embryonalentwicklung *aus zunächst ungeformter Materie über Entwicklungs- und Differenzierungsvorgänge geformte Materie und schließlich der ausgebildete Organismus* entstehe. Das ist ein bedeutsamer Punkt:

Bei der «Epigenese» wurde nicht mehr davon ausgegangen, dass in Ei oder Samen bereits ein vollständig vorgebildeter Organismus vorhanden sei, vielmehr sollte der Organismus mit seinen einzelnen Körperteilen und Organen aus zunächst *ungeformter Materie* durch Entwicklungsprozesse entstehen.

Hier scheinen auch weitere Anknüpfungsmöglichkeiten zu den bereits betrachteten gesellschaftlichen und (natur)wissenschaftlichen Entwicklungstheorien auf, die um 1800 aufkamen. So geht die Theorie der Epigenese gut mit dem neuen, an die Arbeiten Baruch de Spinozas anknüpfenden Gottesbild zusammen, in dem Gott nicht als «Schöpfer», sondern als Kraft und Tätigkeit in allem Sein beschrieben wurde (vgl. S. 64); auch passt sie gut mit den physikalischen Beschreibungen von Energie und Elektrizität zusammen. An diese Arbeiten anschließend, konnte in der Epigenese ausgeführt werden, dass sich zunächst ungeformte Materie über einwirkende Kraft, Tätigkeit, Energie, Elektrizität entwickle und differenziere. Der Göttinger Mediziner Johann Friedrich Blumenbach, der auf Grund seiner in der Folge vielzitierten rassistischen Einteilung von Menschen heute als problematisch zu bewerten ist, bezeichnete diese die Entwicklung des Organismus initiierende und vorantreibende Tätigkeit als «Bildungstrieb». Nach Blumenbach sei der «Bildungstrieb» allein belebter Materie vorbehalten – und nicht allen materiellen Körpern innewohnend, wie es Wolff in seiner Theorie für die die Entwicklung bewirkende «wesentliche Kraft» angenommen hatte. In dieser Ausformung war die Epigenese nun überzeugend für zahlreiche Zeitgenossen – und sie wurde um 1800 die bestimmende Theorie in der Naturphilosophie und der Biologie. Noch heute ist sie eine wichtige Grundlage der Entwicklungsbiologie.

Bedeutsam für die Betrachtungen zum Geschlecht ist zum einen, dass mit der Epigenese Merkmale nicht als grundsätzlich vorgegeben angenommen wurden, sondern dass sie sich entwickeln sollten und dass dabei verschiedene Einflüsse wirksam werden konnten. Ebenso wichtig ist zum anderen, dass nun nicht mehr von weitreichend differenten Zeugungsstoffen von Frau und Mann – Ei oder Samen – ausgegangen wurde, sondern dass sie weitgehend als gleich beschrieben wurden. Entsprechend verwendeten zahlreiche der Gelehrten, die die Epigenese vertraten, für weiblichen und männlichen Zeugungsstoff dieselbe Bezeichnung: «Samen». Aber selbst wenn eine differenzierende Bezeichnungsweise – «Ei» und «Samen» – gewählt wurde und sie sich später durchsetzte, so galt der Zeugungsbeitrag dennoch als (weitgehend) gleichwertig. Beschrieb einer der Forschenden Unterschiede zwischen weiblichem und männlichem Samen, so bewegte sich die Beschreibung im Rahmen eines «Mehr» oder «Weniger», aber nicht eines grundsätzlich Verschiedenen.

So wie die Differenzbeschreibungen der Präformationstheorien solche von Unterschieden in den Bildungsorten der Zeugungsstoffe, in den zu- und ableitenden Gefäßen und in weiteren Körpermerkmalen nach sich zogen, so konnten sich nun an die Ausführung gleicher Zeugungsstoffe weitere Gleichheitsbetrachtungen anschließen. So ist auffällig, dass um 1800 zahlreiche Schriften erschienen, die *Ähnlichkeit, Entsprechung, Gleichheit der Zeugungsstoffe und der inneren und äußeren Geschlechtsmerkmale zwischen Frau und Mann* beschrieben. In die entwicklungsbiologischen Betrachtungen des 19. Jahrhunderts gingen diese Annahmen durchaus dominant ein.

Entsprechung und Gleichheit anknüpfend an Entwicklungstheorien

An die Epigenese-Theorie und die Annahme weitgehender Gleichheit weiblicher und männlicher Zeugungsstoffe schlossen sich weitere Gleichheitsbeschreibungen des Genitaltraktes an. So schrieb der in Theologie und Medizin ausgebildete Naturphilosoph und Naturgeschichtler Gotthilf Heinrich von Schubert: «So ist denn nichts was dem einem Geschlecht vor dem andern einzig eigen wäre, und jene Meynung, dass in den Individuen der verschiedenen Geschlechter ganz entgegengesetzte Kräfte, entgegengesetzte Organe und Bestrebungen wären, scheint nirgends statt zu finden. […] Weise und behutsam war daher der Ausdruck der Physiker des vergangenen Jahrhunderts, welche jenen Unterschied, der zwischen den Dingen von verschiedenem Geschlecht statt findet, in ein Mehr oder Minder, + und – derselben Kraft, derselben Eigenschaften setzte.» (Schubert 1806: 208f) An einer weiteren Stelle schreibt Schubert: «… und es war einigen grossen Zergliederern der vorigen Zeiten kein blosser Scherz, wenn sie dem Weibe diesselben Theile als dem Manne, nur inwendig verborgen zugestanden.» (Schubert 1806: 199) Schubert wandte sich damit gegen Vorstellungen, die «weiblich» und «männlich» als grundsätzlich verschieden ausführten, wie in den Präformationstheorien geschehen. Er hob hervor, dass es nichts gebe, was ein Geschlecht dem anderen vollends voraus hätte. Diese Auffassung bezog er auf die Geschlechtsteile, erstreckte sie aber auch, bei Tieren, auf Gefieder und Geweihe. Auch Brüste mit Milchdrüsen und die Menstruation seien nicht ausschließlich einem Geschlecht vorbehalten.

Mit seinem Verweis auf vorangegangene Jahrhunderte bezieht sich Schubert auf die oben angeführte Tradition, in der «Hitze» als bedeutsames physiologisches Element angenommen und die Genitalien als grundsätzlich gleich betrachtet wurden, nur einmal im Inneren des Körpers verblieben und einmal nach außen gekehrt. In einer solchen Tradition tritt der Unterschied zwischen zwei Geschlechtern nicht als grundsätzlicher hervor (wie es mit «Ei» und «Samen» in den Präformationstheorien aufschien), sondern im Sinne eines «Mehr» und «Weniger», also eines *Relativen*. Schubert stellt in diesem Sinne *relative* Geschlechtsunterschiede zwischen «weiblich» und «männlich» fest. Diese Unterschiede prägten sich erst nach der Geburt aus, und sie müssten nicht stets deutlich sein: «Es scheint der eigentliche Geschlechtsgegensatz [im Sinne von Geschlechtsunterschied, Anm. HV] erst nach Geburt deutlicher hervorzutreten, und die Fälle sind nicht unbekannt, in denen die Natur gleichsam auf halben Wege, oder im Mittel zwischen beyden stehen geblieben.» (Schubert 1806: 201)

Eine ähnliche Perspektive nimmt der Mediziner und Naturphilosoph Ignaz Döllinger ein. Auch er betont, dass sich zunächst keine Geschlechtsunterschiede finden ließen und sich diese erst später ausbildeten. Als wichtigste Unterschiede bezeichnet er «Hoden» und «Eierstöcke», die allerdings einander vergleichbar seien. Bei einigen Menschen – er erwähnt Hermaphroditen – bleibe die geschlechtliche Uneindeutigkeit erhalten. So schreibt er in einem Aufsatz aus dem Jahr 1816: «9) [...] So wie der Embryo nur Mensch, nicht Weib und nicht Mann seyn kann, so haben auch seine keimenden Genitalien keinen Geschlechtscharakter. Im Hermaphroditen [Menschen uneindeutigen Geschlechts, Anm. HV] ist diese Indifferenz fixiert. 10) Die menschlichen Geschlechtstheile sind nicht absolut männlich, sondern männlichweiblich, und nicht absolut weiblich, sondern weiblichmännlich, daher die Harmonie ihres Baues, und die Möglichkeit einer Uebergangsbildung. 11) Die Geschlechtsteile des Mannes sind die Prostata und die Hoden, die des Weibes die Gebärmutter und die Eierstöcke. [...] Das die Prostata dem Uterus, der Hode dem Eierstock parallel sind, ist für sich klar; [...].» (Döllinger 1816: 390)

Mit diesen Auffassungen stehen Schubert und Döllinger zu Beginn des 19. Jahrhunderts keineswegs allein, vielmehr lassen sich viele ähnliche Beschreibungen finden. Sie bleiben auch keinesfalls auf romantische Naturforschung und spekulative Naturphilosophie beschränkt, denen Schubert und Döllinger zuzuordnen sind, sondern finden sich ebenso in empirisch orientierten Arbeiten. So schreibt der Mediziner, Anatomieprofessor und Anhänger eines chemischen Standpunktes, Jacob Fidelis Ackermann 1805: «In jedem Individuum sind der Möglichkeit nach die Zeugungsteile [Geschlechtsteile] beider Geschlechter vorhanden», und er führt an anderer Stelle der Schrift detaillierter aus: «Aus den dargelegten Beschreibungen der Zeugungsteile [Geschlechtsteile] wird offenbar, dass in jedem Individuum beiderlei Geschlechtsorgane [in Anlage] vorhanden sind, dass aber nur ein Geschlecht gänzlich zum Vorschein kommt und dass der Penis der Klitoris, die Prostata dem Uterus, die Harnröhre der Vagina, der Hoden dem Eierstock, Ductus deferens [Ausführungsgang] den Tuben [lat. Tuba Fallopiae: Fallopische Röhren, Eileiter, Anm. HV], der Hodensack den äußeren Schamlippen analog sind.» (Ackermann [1805], Übersetzung aus dem Lat. nach: Voß 2010: 136) Wie Schubert stellt auch Ackermann fest, dass sich diese Entsprechungen zwischen weiblichen und männlichen Merkmalen nicht auf die Embryonalentwicklung beschränken müssten, sondern dass es Menschen gebe, bei denen auch nach der Geburt und im Erwachsenenalter weibliche und männliche Merkmale gemeinsam aufträten. Das gelte für die Geschlechtsteile, aber auch für weitere Merkmale. In der deutschsprachigen Fassung seiner Dissertation, in der er sich insbesondere mit Skelett und Knochenbau befasste, führte Ackermann aus: «Indessen bleibt doch immer wahr, und ich halte es für nothwendig zu erinnern, daß selbst die einzelnen Glieder jedes Geschlechts wieder von einander abweichen; ja man findet männliche Körper, die offenbar in ihrem Bau dem weiblichen, und umgekehrt weibliche, die dem männlichen näher treten.» (Ackermann 1788: 5) Als Ursache für Unterschiede sieht Ackermann u.a. die Lebensweise, die Männer zu körperlicher Arbeit tauglich mache. Hingegen befähige die mehr sitzende Lebensart (er ging von Privilegierten aus) Frauen zu wissenschaftlichen Tätigkeiten (Ackermann 1788: 148f).

Der Mediziner Johann Christian Rosenmüller gibt Ackermann in dem Aufsatz «Analogie der männlichen und weiblichen Geschlechtstheile» aus dem Jahr 1810 Recht, «dass in der frühesten Periode der Entwickelung die Geschlechtstheile weder männlich noch weiblich sind» (Rosenmüller 1810: 47). Zur Überprüfung der These untersucht er weibliche und männliche Geschlechtsteile auf Ähnlichkeiten; er kann zahlreiche finden und regt zu weiteren diesbezüglichen Untersuchungen an. Als begriffliche Erläuterung sei kurz angemerkt, dass «analog» bei Ackermann und «Analogie» in der Überschrift des Aufsatzes von Rosenmüller im Sinne der heutigen Verwendung von «homolog» zu verstehen sind – die begriffliche Unterscheidung zwischen «analog» und «homolog» wurde um 1800 nicht vorgenommen.

Entsprechende Betrachtungen, die eine Gleichheit der Geschlechtsteile in frühen Perioden der Embryonalentwicklung feststellen, finden sich im gesamten 19. Jahrhundert. So schreibt der Mediziner und Naturgeschichtler Heinrich Rathke 1825: «Bei den Säugethieren sind nicht blos die innern, sondern auch die äussern Geschlechtstheile bei allen Individuen einer und derselben Species einander in den frühesten Entwicklungsperioden vollkommen gleich.» (Rathke 1825: 136) Auch der Mediziner Rudolf Leuckart, der wie Rathke insbesondere zu Anatomie und Entwicklungsgeschichte arbeitete, führt diese These um die Mitte des 19. Jahrhunderts in verschiedenen Schriften aus, u.a. an dieser Stelle: «Eine unbefangene und vorurtheilsfreie Naturbetrachtung zeigt uns zwischen männlichen und weiblichen Geschlechtstheilen keinen anderen Gegensatz, als überhaupt zwischen zweien Organen und Organgruppen, die sich in ihren Leistungen gegenseitig unterstützen und ergänzen.» (Leuckart 1853: 742f)

Weite Verbreitung konnten schließlich die Betrachtungen des Mediziners Heinrich Wilhelm Gottfried Waldeyer finden. Er diskutierte *zwei unterschiedliche Theorien einer gleichen geschlechtlichen Anlage,* verwarf die Theorie, die geschlechtliche Neutralität der embryonalen Anlage postulierte, und folgte derjenigen, wonach die Anlage hermaphroditisch sei – dass also in frühen Perioden weibliche und männliche Merkmale nebeneinander vorliegen und sich im Regelfall nur eine davon fortentwickeln würde. Er schloss: Es «folgt aus dem Beobachteten mit Gewissheit […], *dass die Uranlage der einzelnen Individuen auch bei den höchsten Vertebraten* [Wirbeltieren, Anm. HV] *eine hermaphroditische ist*. Man hat bis jetzt vielfach das eigenthümliche Verhalten der Geschlechtsorgane bei der ersten Entwicklung so zu deuten gesucht, dass ein neutraler gemeinsamer, gewissermaassen indifferenter Urzustand vorhanden sei, aus welchem heraus entweder nach der einen oder der anderen Seite hin die Entwicklung vorschreite, so dass bald ein männliches, bald ein weibliches Individuum entstehe. Aber man hat sich da zu viel auf das Verhalten mehr nebensächlicher Dinge gestützt, z.B. auf das der äusseren Geschlechtsorgane. Hier gibt es in der That einen indifferenten, gewissermaassen neutralen Urzustand, der sich dann entweder nach der männlichen oder der weiblichen Seite hin weiter ausprägt. Das kann aber nicht befremden, da wir ja in den äusseren Genitalien sowohl beim Manne als beim Weibe in der That anatomisch dieselben Gebilde vor uns haben, die nur nach verschiedenen Richtungen hin sich bei den verschiedenen Individuen ausbilden. […] Geht man aber auf die Entwicklung derjenigen Gebilde ein, welche das Wesen der beiden Geschlechter ausmachen, der beiden Keimdrüsen [Keimdrüsen werden bislang differenziert in und sind bekannter als: «Hoden» und «Eierstöcke», Anm. HV], so ist eine indifferente, gleichsam neutrale Uranlage schwer denkbar. […]; mit anderen Worten, jedes Individuum ist auf einer gewissen Stufe seiner Entwicklung wahrer Hermaphrodit.» (Waldeyer 1870: 152f; Hervorhebung im Original)

Die Betrachtungen zu einer gleichen geschlechtlichen Anlage bei allen Individuen, die nicht in «weiblich» und «männlich» zu unterscheiden sei, waren eine dominante Sichtweise in biologischen Schriften des 19. Jahrhunderts. Bei Waldeyer wird gar deutlich, dass unterschiedliche Theorien für eine solche gleiche geschlechtliche Anlage erarbeitet wurden und dass sie konträr diskutiert wurden. Diese Theorien sollen kurz differenziert werden:

1) Als erste Möglichkeit führt Waldeyer eine Anlage an, in der ein «neutraler gemeinsamer, gewissermaassen indifferenter Urzustand» vorliege – eine *indifferente geschlechtliche Anlage*. In dieser Theorie wurde also davon ausgegangen, dass im Embryo zunächst kein Geschlecht vorliegen würde, sondern dass sich erst mit der Entwicklung des Embryos Geschlecht und geschlechtliche Differenzen ausprägten *(vgl. Abbildung 3)*.
Je nachdem wie früh man den Punkt ansetzte, ab dem eine differente geschlechtliche Entwicklung erfolgen sollte, konnten die sich ausbildenden Geschlechtsteile ähnlicher oder differenter beschrieben werden. Einige Autoren führten auch für die vollständig ausgebildeten Merkmale bei erwachsenen Menschen Ähnlichkeit aus, beispielsweise seien die «Hoden» den «Eierstöcken», die «Prostata» der «Gebärmutter» entsprechend. Andere Forschende hielten dagegen, dass die Anlage zwar zunächst indifferent sei, sich Geschlechterdifferenz aber bereits ab den ersten Entwicklungsschritten ausbilden würde.

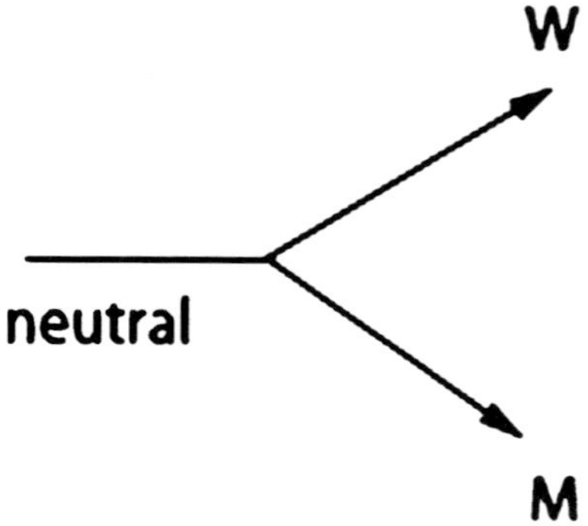

Abb. 3: Schema der geschlechtlichen Entwicklung von einem ungeschlechtlichen, neutralen Ausgangspunkt in Richtung eines «weiblichen» (W) oder «männlichen» (M) Genitaltraktes.

2) Als zweite Möglichkeit beschreibt Waldeyer die Theorie einer *hermaphroditischen geschlechtlichen Anlage*. In dieser Theorie, die er auch selbst vertritt, wird davon ausgegangen, dass

in frühen embryonalen Stadien zwar zwischen weiblicher und männlicher geschlechtlicher Anlage zu unterscheiden sei, alle Individuen aber sowohl über die weibliche als auch über die männliche Anlage verfügten. In der weiteren Entwicklung würde sich in der Regel eine der beiden Anlagen fortentwickeln und schließlich vollständig zur Geltung gelangen. Die andere Anlage würde aber nicht verlorengehen, sondern in unentwickelter Form erhalten bleiben. In einigen Fällen könnte sich auch diese andere Anlage weiterentwickeln, so dass sich auch die aus ihr resultierenden Geschlechtsteile bei einem Menschen deutlich zeigen könnten (*Vgl. Abbildung 4*).

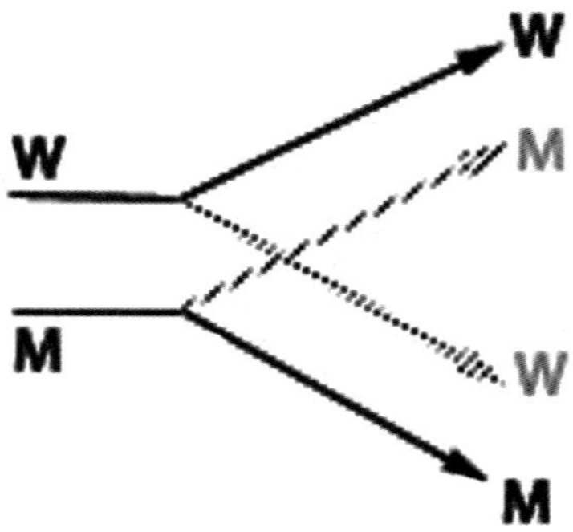

Abb. 4: Schema der geschlechtlichen Entwicklung, ausgehend von einer geschlechtlichen Anlage die immer «weibliche» (W) und «männliche» (M) Merkmale enthält; in der folgenden Entwicklung würde sich eine Anlage eindeutig ausprägen (fett gedruckt), die andere würde unentwickelt bleiben, aber nicht verschwinden (schwach gedruckt).

3) Neben diesen beiden Auffassungen gab es eine dritte, die von Anbeginn der Embryonalentwicklung *die geschlechtliche Anlage als different* beschrieb. Deren Vertreter nahmen an, dass in den ersten Embryonalstadien zwar Indifferenz, also ein geschlechtsloser Zustand, wahrgenommen werde, eindeutige Geschlechtlichkeit – weiblich *oder* männlich – aber bereits vorliegen würde (*vgl. Abbildung 5*). Ein Vertreter dieser Theorie ist der Mediziner, Physiologe und Anatom Theodor Ludwig Wilhelm von Bischoff, der die Geschlechtsunterschiede zwischen

Frau und Mann als zu tiefgreifend einschätzte, als dass man von einer geschlechtslosen, indifferenten Anlage ausgehen könne (und der insbesondere dafür bekannt wurde, dass er sich mit einer Vehemenz, die auch für diese Zeit beachtlich war, gegen das Medizinstudium von Frauen wandte).

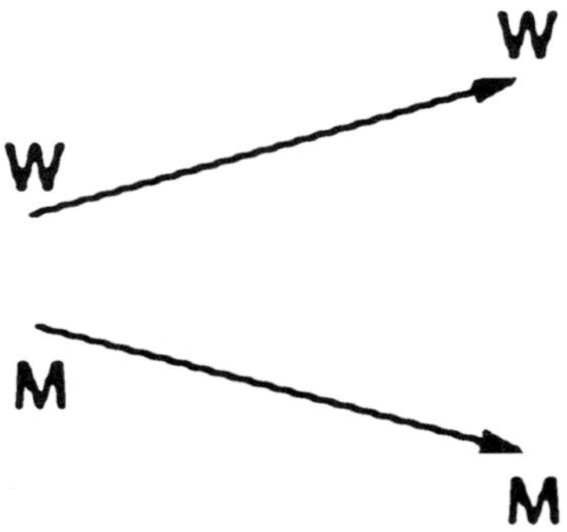

Abb. 5: Schema der geschlechtlichen Entwicklung, ausgehend von einer von Anbeginn differenten Anlage. Die Anlage sei entweder «weiblich» (W) oder «männlich» (M); der Genitaltrakt würde sich eindeutig und eingeschlechtlich ausbilden.

Die Auffassung einer *differenten geschlechtlichen Anlage* wurde allerdings nicht die dominierende Theorie. Vielmehr überwog die Ansicht, dass der Embryo zumindest in den ersten Phasen seiner Entwicklung das organische Potenzial besitze, sowohl weibliche als auch männliche Geschlechtsteile auszubilden. Auch aktuell stellt dies die dominierende Sicht in den biologischen und medizinischen Forschungen und Schriften zur Geschlechtsentwicklung dar.

Deutlich wird, dass es unterschiedliche Positionen innerhalb der Biologie zur Ähnlichkeit und Differenz von Geschlechtsteilen gab. Dabei spielten auch im 19. Jahrhundert Gedanken von Ähnlichkeit, Entsprechung und Gleichheit durchaus eine größere Rolle. Bei einigen der Forschenden hatten sie grundlegende Bedeutung. Zahlreiche Autoren gingen davon aus, dass die Anlage der Geschlechtsteile die Möglichkeit beinhalte, sich sowohl weiblich als auch männlich zu entwickeln. Die ausgebildeten Merkmale würden damit keinen grundsätzlichen Gegensatz darstellen, sondern zeitlich bedingte relative Unterschiede repräsentieren. Auch nach der Geburt und bei ausgewachsenen Menschen müssten Merkmale nicht eindeutig «weiblich» oder «männlich» sein, sondern es könne beides mehr oder weniger ausgeprägt nebeneinander vorliegen.

Jeder Mensch in sich ein Paar – «Weiblichmännlich-» und «Männlichweiblich-Sein» auch bei ausgewachsenen Menschen

In einer weiteren Theorie-Tradition wurde *jeder Mensch* – auch nach der Geburt und als erwachsener Mensch – als weiblich und männlich zugleich beschrieben. So führte beispielsweise Wilhelm von Humboldt, der für seine sprachtheoretischen Schriften bekannt ist und maßgeblich in die Reform der Bildung in Preußen involviert war – nach ihm ist heute die HU Berlin benannt, die er mitbegründete –, zwar deutliche Unterschiede zwischen «weiblich» und «männlich» aus. Dies tat er aber in seinen Schriften zum einen stets in einem würdigenden Sinn und sah andererseits «weiblich» und «männlich» eher als *idealtypische Prinzipien*, die einander bedingten und die nur zusammen zur Vollkommenheit gelangten. Gleichzeitig bezweifelte Humboldt die Vorstellung, dass es in der Realität überhaupt Menschen geben würde, in denen sich Merkmale nur eines Geschlechts zeigten. Vielmehr sei jeder Mensch eine Mischung aus «weiblich» und «männlich». Es würden die Merkmale eines Geschlechts vorherrschen, die des anderen Geschlechts allerdings nicht vollends entbehrt werden. Humboldt schreibt in seinem 1795 in den «Horen» erschienenen Aufsatz «Ueber die männliche und weibliche Form»: «Aber die höchste und vollendete Schönheit erfordert nicht bloß Vereinigung, sondern *das genaueste Gleichgewicht* der Form und des Stoffes, der Kunstmässigkeit und der Freyheit, der geistigen und sinnlichen Einheit, und dieses erhält man nur, wenn man das Charakteristische beyder Geschlechter in Gedanken zusammenschmelzt, und aus dem innigsten Bunde der reinen Männlichkeit und der reinen Weiblichkeit die Menschlichkeit bildet. Aber eine solche reine Männlichkeit und Weiblichkeit auch nur aufzufinden, ist unendlich schwer, und in der Erfahrung schlechterdings unmöglich. [...]» (Humboldt 1959b [1795]: 81; Hervorhebung im Original) An anderer Stelle setzt er fort: «Von diesen beyden charakteristischen Merkmalen der menschlichen Gestalt, deren eigenthümliche Verschiedenheit in der Einheit des Ideals verschwindet, herrscht in jedem Geschlecht eins vorzugsweise, indes das andere nur nicht vermißt wird.» (Humboldt 1959b [1795]: 102) Humboldts Auffassungen waren durch naturphilosophische Vorlesungen geprägt worden, die er zum Zeitpunkt des Entstehens seiner Aufsätze «Ueber den Geschlechtsunterschied und dessen Einfluß auf die organische Natur» und «Ueber die männliche und weibliche Form» in Jena besucht hatte (vgl. Rosenstrauch 2009: 107ff).

Gleichzeitig lagen für solche Sichtweisen lange geistesgeschichtliche Traditionen vor, sie gehen womöglich auf sehr alte Quellen zurück. So gibt es beispielsweise in den chinesischen Beschreibungen des «Yin und Yang» Vorstellungen von «weiblich» und «männlich», die zugleich in ein und demselben Menschen verbunden auftreten. In der griechischen Antike finden sich in der Rede des Aristophanes in Platons «Gastmahl» «Kugelmenschen», in denen zunächst «weiblich» und «männlich» verbunden gewesen seien. Nach der Teilung der «Kugelmenschen» in zwei Hälften sei jeder der beiden Menschen (also jede «Kugelmenschen»-Hälfte) auf der Suche nach der individuellen verlorengegangenen Hälfte. (Vgl. zu geistesgeschichtlichen Traditionen: Römer 1903; Neuer Berliner Kunstverein 1986.)

Mit den Theorien einer gemeinsamen embryonalen Anlage, die geschlechtlich indifferent sei, konnte auf naturwissenschaftlicher Basis an solche geistesgeschichtlichen Vorstellungen weiblicher und männlicher Merkmale in jedem Menschen bzw. des Frau-und-Mann-Seins eines jeden Menschen angeschlossen werden. Wurde verbreitet beschrieben und liegt es auch der heutigen Entwicklungsbiologie zu Grunde, dass embryonal die Geschlechtsteile des Individuums indifferent seien, so gingen einige Forschende weiter: *Jeder Mensch* sollte auch nach der Geburt und selbst als erwachsener Mensch weiblich-und-männlich zugleich sein, also sowohl weibliche als auch männliche Merkmale in sich vereinen.

Neuere wissenschaftliche Forschungen zu historischen Betrachtungen des Frau-und-Mann-Seins eines jeden Menschen wurden insbesondere für die Zeit um 1900 durchgeführt. Um 1900 wurden solche Theorien oft mit den Termini «konstitutionelle Bisexualität» und «Zwischenstufentheorie» belegt. Vertreter wie Otto Weininger, Wilhelm Fließ, Magnus Hirschfeld und Sigmund Freud standen vielfach im Blick der Forschung, die sich um 1900 darstellenden Prioritätsstreitigkeiten um die Theorie der «konstitutionellen Bisexualität» wurden in wissenschaftlichen Arbeiten untersucht. Die Ausführungen von Weininger, Fließ und Hirschfeld gingen sowohl für physische als auch für psychische Merkmale in eine Richtung, idealisierte Typen «weiblich» und «männlich», «Frau» und «Mann» zu beschreiben, die allerdings niemals (oder selten – u.a. Hirschfelds Betrachtungen kann man hierzu verschieden interpretieren) in Reinform auftreten würden. Jeder Mensch sollte eine Mischung aus weiblichen und männlichen Anteilen in je spezifischer Quantität darstellen. Die «Zwischenstufentheorie» fasste dies in dem Sinne, dass es zwischen den (extremen) Typen «weiblich» und «männlich», die selten oder gar nicht in der Realität vorkämen, unendlich viele oder zumindest sehr viele «Zwischenstufen» gebe (Hirschfeld errechnet 43.046.721 Möglichkeiten; vgl. Hirschfeld 1926-30: Bd. I, S.595f), bei denen sich einige Merkmale «weiblich», andere «männlich» zeigten. Freud beschränkte sich bei seinen Betrachtungen weitgehend auf die Ausführung psychischer bisexueller Konstitution.

Für entsprechende Theorien vor 1900 gibt es hingegen noch kaum Forschungen. Dies ist sicherlich auch der Fall, weil in der neueren Geschlechterforschung stets davon ausgegangen wurde, dass im 19. Jahrhundert lediglich Geschlechterdifferenz beschrieben worden sei – und sich damit keine weitergehenden Fragen stellten. Dass es auch im 19. Jahrhundert solche Gleichheitsbetrachtungen gab, darauf weisen Anmerkungen bei Magnus Hirschfeld und Otto Weininger hin, in denen die Theorie des Frau-und-Mann-Seins eines jeden Menschen als historisch alte und verbreitete Tradition markiert wurde. Manfred Herzer hat im Zuge einer Debatte mit J. Edgar Bauer einige Vorarbeiten für diesbezügliche Forschungen zum 19. Jahrhundert unternommen. Er verweist darauf, dass um 1900 die Auffassung einer «konstitutionellen Bisexualität» im Bildungsbürgertum verbreitet war. Herzer nimmt dafür eine Tradition im 19. Jahrhundert an, die auch bis zur Zeit um 1800 zurückreiche;

mit den oben angeführten Belegen von Humboldt findet diese These zusätzliche Bestätigung. Unter anderem bei Karl Heinrich Ulrichs finden sich weitere Belegstellen für das 19. Jahrhundert. So schrieb dieser 1862 in einem Brief, der 1899 im «Jahrbuch für sexuelle Zwischenstufen» veröffentlicht wurde, bezogen sowohl auf embryonale Stadien als auch – in je unterschiedlichem Grade – auf alle erwachsenen Menschen: «Der geschlechtliche Dualismus, welcher ausnahmslos in jedem menschlichen Individuum im Keim vorhanden ist, kommt in Zwittern und Uraniern *nur in höherem Grade* zum Ausdruck als im gewöhnlichen Mann und im gewöhnlichen Weib. Im Uranier kommt er ferner nur in einer anderen Weise zum Ausdruck als im Zwitter.» (Ulrichs [1862], nach: Herzer 1998; Hervorhebung HV; vgl. Ulrichs 1994 [1862]) In dem Zitat von Ulrichs bezeichnet «Zwitter» Menschen mit sowohl weiblichen als auch männlichen physischen Merkmalen, insbesondere Geschlechtsteilen; «Uranier» bezeichnet Menschen, die gleichgeschlechtlich begehren und gleichgeschlechtlichen Sex haben.

Die Betrachtungen einer indifferenten bzw. hermaphroditischen geschlechtlichen Anlage und die Auffassung des Frau-und-Mann-Seins eines jeden Menschen waren anschlussfähig für Emanzipationsbewegungen. Ulrichs selbst engagierte sich für die Straflosigkeit von gleichgeschlechtlichem Sex und gilt als wichtige Person bei der Begründung der Sexualreformbewegung. Er bekannte sich selbst als gleichgeschlechtlich begehrend und argumentierte, dass es sich bei gleichgeschlechtlichem Begehren um eine «natürliche» und nicht krankhafte Veranlagung eines Menschen handele. Jeder Mensch trage – wie oben angeführt – weibliche und männliche Merkmale in sich, bei «Uraniern» und «Zwittern» werde lediglich ein ausgeglicheneres Verhältnis der weiblichen und männlichen Anteile erreicht, als es bei übrigen «Frauen» und «Männern» der Fall sei. Während sich bei «Zwittern» die Mischung insbesondere auf physische Merkmale erstrecke, zeige sich bei «Uraniern» die psychische Konstitution in einem anderen Geschlecht geprägt als die Physis – Stichworte bei Ulrichs: «weibliche Triebe im männlichen Körper» bzw. «männliche Triebe im weiblichen Körper» (Ulrichs 1994 [1862]). Auch Magnus Hirschfelds Schriften eignen sich als wichtiger und oft angeführter Beleg dafür, dass aus Richtung emanzipatorischer Reformbewegungen – auch hier speziell der Sexualreformbewegung – auf biologisch-medizinische Argumentationen der indifferenten bzw. hermaphroditischen embryonalen Anlage und des Frau-und-Mann-Seins eines jeden Menschen Bezug genommen wurde. J. Edgar Bauer (2002) führt hierzu aus: «Damit wird erneut deutlich, daß der von seinen Kommentatoren so oft beanstandete Biologismus Hirschfelds letztlich darauf abzielte, aus der wissenschaftlich erschlossenen Natur theoretische Mittel abzuleiten, die zur Auflösung der ideologischen Fixierungen des vorgeblich Natürlichen beitragen könnten. Die begründete Einsicht in die unendliche Fülle der Natur führt so zur Aufhebung sowohl der sexualdimorphistischen Kategorialität als auch der Einteilung der menschlichen Gattung in Rassen.» (Bauer 2002)

Verweise auf einige der biologisch-medizinischen Erkenntnisse fanden um 1900 nicht nur summarisch als Schlagworte in Texten Anwendung, die auf Emanzipation orientierten, vielmehr wurden solche Erkenntnisse zumindest in einigen dieser Schriften *substantiell* aufgegriffen und weiterentwickelt. Das zeigt sich auch in Publikationen, die auf die Emanzipation von Frauen zielten. Johanna Elberskirchen beispielsweise führt in ihrem Aufsatz «Feminismus und Wissenschaft» (1903) zunächst die Theorie einer indifferenten oder hermaphroditischen embryonalen Anlage an, um dann weitergehende Ableitungen für physische Merkmale zu treffen: «Es gibt keinen wesentlichen Unterschied, es gibt in der Anlage kein prinzipiell männliches und prinzipiell weibliches Geschlecht. [...] Mann und Weib haben also genau dieselben Geschlechtsorgane in der Anlage. Später erst tritt eine geschlechtliche Differenzierung ein in der Weise, daß sich beim Weibe bezw. beim Manne die spezifisch weiblichen bezw. spezifisch männlichen Organe entwickeln, während die spezifisch männlichen bezw. weiblichen in der Norm, in der Entwicklung stehen bleiben oder sich zurückbilden. So z.B. die Gebärmutter des Weibes, die beim Manne allerdings sich nicht weiter entwickelt, aber bei ihm als ‹uterus masculinus› erhalten ist. Der Mann besitzt also auch eine Gebärmutter!» (Elberskirchen 1903: 9f) Nachdem Elberskirchen den Forschungsstand rezipiert hatte, wies sie diese Organe als «Hilfsorgane» aus. Sie seien nicht die geschlechtlichen «Hauptorgane» und hätten somit keine prinzipielle Bedeutung. Mit den geschlechtlichen «Hauptorganen» – Keimdrüsen (Hoden bzw. Eierstöcke), sie wurden in der Zeit vielfach als bedeutsamste geschlechtliche Merkmale betrachtet – setzt sie sich wie folgt auseinander: «Die Keimdrüse nun, also das Wesentliche des männlichen und weiblichen Sexualapparates, ist in der Anlage *einheitlich, unisexuell, nicht bisexuell*. Es gibt in der Anlage keine spezifisch weibliche Sexualdrüse, die sich wie die Hülfsorgane nur beim Weibe bezw. beim Manne entwickelt und beim andern Geschlecht rudimentär bleibt oder sich zurückbildet. Die Keimdrüse ist das, und zwar das einzige Organ der Sexualanlage, das sich bei Mann und Weib entwickelt, *das bei beiden Geschlechtern ein und dasselbe ist und bleibt und bei beiden Geschlechtern in Funktion tritt* [...]» (Elberskirchen 1903; Hervorhebung im Original).

Johanna Elberskirchen, eine engagierte Sozialdemokratin, die zunächst ein Medizinstudium begonnen hatte, dann auch publizistisch tätig war und sich in der Sexualreformbewegung und der Frauenbewegung engagierte (vgl. www.fembio.org), begründete ihre emanzipatorischen Forderungen auch über biologisch-medizinische Argumentationen der Entsprechung und Gleichheit bezüglich als geschlechtlich gedachter Merkmale und des Frau-und-Mann-Seins eines jeden Menschen. Das weist darauf hin, dass einige damals aktuelle biologisch-medizinische Theorien durchaus anschlussfähig für emanzipatorisches Streiten waren. Andere hingegen taugten hierfür gewiss nicht, sondern in ihnen wurde die eindeutige und nicht überwindbare «Natürlichkeit» von zwei Geschlechtern begründet, mit unterschiedlichen Fähigkeiten und entsprechend unterschiedlichen Positionen in der Gesellschaft.

«Tätigkeit», «Fortentwicklung», «Zurückbleiben» – Beschreibungen von Geschlechterdifferenz, die sich an Entwicklungstheorien anschließen

So wie aus einer indifferenten bzw. hermaphroditischen geschlechtlichen Anlage von einigen Forschenden gefolgert wurde, dass eigentlich alle Menschen weibliche und männliche Merkmale zugleich an sich tragen würden und damit eine binäre Unterscheidung als zu einfach hinfällig werden konnte, so ließen sich an eine solche Anlage aber auch Ausführungen weitreichender Geschlechterdifferenz anschließen. Aus einem geschlechtlich zunächst gleichen Zustand würden sich die einen Individuen in eine eindeutig weibliche, die anderen in eine eindeutig männliche Richtung entwickeln. Darauf konnten dann weitreichende Differenzen aufgebaut werden, die eine unterschiedliche körperliche Konstitution ausführten und aus dieser unterschiedliche Möglichkeiten von Frauen und Männern in der Gesellschaft ableiteten. Individuen, bei denen sich diese eindeutige Geschlechtlichkeit nicht einstellte, sollten in einem Sinne nicht normgerechter Entwicklung eingeordnet und pathologisiert werden.

So schloss sich Georg Wilhelm Friedrich Hegel in seinen naturphilosophischen Schriften den Ausführungen Schuberts und Ackermanns an, dass es zunächst eine gleiche geschlechtliche Anlage im Embryo gebe, um im Folgenden stärker Geschlechterdifferenzen zu betonen: «Den weiblichen Uterus an den männlichen Teilen zu entdecken hat die meiste Schwierigkeit gemacht. Ungeschickterweise hat man den Hodensack dafür genommen [hier verweist Hegel in einer Fußnote auf Schubert, Anm. HV], da doch eben die Testikel sich bestimmt als das dem weiblichen Eierstock Entsprechende ankündigen. Dem weiblichen Uterus entspricht vielmehr im Manne die Prostata; der Uterus sinkt im Manne zur Drüse, zur gleichgültigen Allgemeinheit herunter. Dies hat Ackermann sehr gut an seinem Hermaphroditen gezeigt, der einen Uterus bei sonstigen männlichen Formationen hat; […] Wie im Manne der Uterus zur bloßen Drüse herabsinkt, so bleibt dagegen der männliche Testikel beim Weibe im Eierstocke eingeschlossen, tritt nicht heraus in den Gegensatz […] Der Mann ist also durch diesen Unterschied das Tätige; das Weib aber ist das Empfangende, weil sie in ihrer unentwickelten Einheit bleibt.» (Hegel 1983 (1830): 518f) Weniger ausführlich hatte Hegel diese Auffassung bereits 1805/06 vorgetragen. Aus diesen Darstellungen wird klar ersichtlich, dass und wie auch mit Entwicklungsauffassungen auf Geschlechterdifferenz geschlossen werden konnte. Es geht um «Fortentwicklung» und «Tätigkeit», um das Individuelle – und so auch das Geschlechtliche – zu erlangen. Mit der Fortentwicklung entferne sich das Individuum von der Gattung und finde erst durch die Fortpflanzung wieder zu dieser zurück. Um zur Gattung zu finden, bedürften Frau und Mann einander, ihre Differenz gehe damit unter. Was Hegel hier naturphilosophisch ausführt, erstreckt er in seinen Schriften zur Gesellschaft auf das Zusammenleben von Frau und Mann. Sie würden auch hier einander bedürfen und dabei unterschiedliche Funktionen einnehmen – die Frauen eine familiäre und sittliche, während die Männer Tätigkeiten in Wissenschaft und Politik ausüben müssten.

Während es bei Hegel noch relativ vage erscheint, welches der beiden Geschlechter sich bei welchem Merkmal von dem Zustand der Allgemeinheit entfernt – *fortentwickelt* –, wird durch weitere Forschende hier ein markantes und in der Folge bedeutsames Merkmal der Differenzierung der beiden Geschlechter etabliert. Der Mann wird als das Geschlecht ausgewiesen, das mehr Tätigkeit und Aktivität zeige und sich damit weg von der Gattung, hin zu mehr Individualität entwickle. Hingegen bildet sich eine Auffassung heraus, die bei der Frau geringere Fortentwicklung ausmacht und daraus deren größere Verbundenheit mit der Gattung und die geringere Möglichkeit zu individueller Entfaltung folgert. «Weibliches Geschlecht» und «Frau» wird im Vergleich zu «männlichem Geschlecht» und «Mann» als «niedrigere Entwicklungsstufe» gesehen.

So geht beispielsweise der Gynäkologe Dietrich Wilhelm Heinrich Busch im ersten Band von «Das Geschlechtsleben des Weibes in physiologischer, pathologischer und therapeutischer Hinsicht» (1839) von einer sich geschlechtlich nicht unterscheidenden Anlage aus und beschreibt weitreichende Geschlechterdifferenzen, die sich bei der Frau jeweils in einem Zurückbleiben der Entwicklung im Vergleich zum Mann zeigten. Er führt aus: «Der Körper des Weibes erscheint somit im Allgemeinen weniger kräftig gebildet, als der des Mannes, bei welchem die äusseren Formen mehr ausgeprägt sind und eine bedeutende Kraft anzeigen. *Indem aber das Weib in physischer Beziehung dem Manne nachstehet und alle Gewebe desselben auf einer niedrigeren Stufe der Entwicklung sich befinden*, so vermag es zwar nicht dieselben Kraftanstrengungen wie der Mann hervorzubringen, aber es zeigt *gleich den niederen Thieren* eine grössere Ausdauer in den seinem Baue entsprechenden Anstrengungen und ersetzt die erlittenen Verluste leichter.» (Busch 1839: 46f; Hervorhebungen HV)

In der Entwicklung stehe die Frau auf einer niedrigeren Stufe als der Mann. In Bezug auf die Geschlechtsteile wird dies von einigen Forschenden in der Richtung interpretiert, dass es sich bei der ursprünglichen indifferenten geschlechtlichen Anlage eigentlich um eine weibliche Anlage handeln müsse. Von dieser – weiblichen – Basis aus würden sich dann die männlichen Geschlechtsteile fortentwickeln. So schrieb unter anderem der Anatom, Zoologe und Arzt Friedrich Tiedemann in «Anatomie der kopflosen Missgeburten» (1813), «dass alle Embryonen des Menschen in den ersten Monaten der Schwangerschaft nur weibliche Geschlechtstheile haben» (Tiedemann 1813: 80). An späterer Stelle setzte er fort: «Wenn man den Bau des Mannes und des Weibes mit dem des Foetus vergleicht, so findet man, dass offenbar das Weib dem Foetus bei weitem mehr als der Mann ähnlich ist, und dass folglich das Weib auf einer niederen Bildungsstufe steht als der Mann.» (Tiedemann 1813: 87) Mit dieser Auffassung stand Tiedemann nicht allein, sondern sie wurde von weiteren Forschenden geteilt, so unter anderem von Johann Friedrich Meckel (dem Jüngeren), Lorenz Oken und Johannes Japetus Smith Steenstrup. Andere Forschende, wie die bereits erwähnten Heinrich Rathke und Rudolf Leuckart, wandten sich gegen diese Sicht.

In der Folge fand allerdings die These einer geringeren Entwicklung der Frau im Vergleich zum Mann eine breite Anhängerschaft. So wurde es in der Hirnforschung verbreitetes Motiv, Kinder- und Frauenschädel und -gehirne als einander ähnlich zu beschreiben, wogegen sich Schädel und Gehirn des Mannes deutlich von der kindlichen Form fortentwickelt hätten. Charles Darwin führte in seiner Evolutionstheorie, die auf der Veränderlichkeit von Arten gründete, an, dass stets männliche Individuen miteinander in Konkurrenz gestanden hätten, um sich mit weiblichen Individuen paaren zu können. Daher hätten sich bei ihnen bestimmte Merkmale fortentwickelt, hätten sich mehr Muskeln, kräftigere Hauer, mehr Farbenpracht gebildet. Prägnant ersichtlich wird diese Auffassung in dem Buch «Das Weib als Verbrecherin und Prostituierte» (1894 [1893]), verfasst von Cesare Lombroso, der als Begründer der Kriminalanthropologie gilt, und seinem späteren Schwiegersohn, dem Rechtsgeschichtler und Sozialisten Guglielmo Ferrero. Die Autoren stellen dort fest: «Das Männchen ist also nichts als ein vollkommenes, in Folge besonderer Entwickelung der sekundären Geschlechtscharaktere variabler gewordenes Weibchen.» (Lombroso 1894 [1893]: 14) Für die Ausbildung physischer und physiologischer Merkmale folgern sie: «Aber eben diese Inferiorität, dieses Verharren des Weibes auf einer kindlichen Stufe, die wir in Bezug auf Körpergrösse, Gewicht, Schädel- und Gehirnbildung nachgewiesen haben, findet sich nun auch in den Körperfunktionen; so im Pulse [...]» (Lombroso 1894 [1893]: 40) Schließlich führen Lombroso und Ferrero auch die «Inferiorität der weiblichen Intelligenz» aus und wehren sich gegen die Annahme, dass diese lediglich auf soziale Faktoren zurückzuführen sei (Lombroso 1894 [1893]: 170f).

In einer solchen Argumentationsweise wurden auch rassistische Abwertungen von Menschen anderer Kontinente und anderer Länder als des eigenen, in Europa liegenden Landes vorgenommen. Es wurde in «fortgeschrittene», «zivilisierte» und «rückschrittliche», «unzivilisierte» Kulturen unterschieden. Während sich bei den Ersteren eine größere Geschlechterdifferenz zeige, sich der Mann deutlich von der Frau fortentwickelt habe, wurde für Letztere vielfach ausgeführt, dass sich hier Mann und Frau sehr ähnelten, und dies als ein Zeichen der Rückschrittlichkeit herausgestellt. Europäische Menschen – Männer und Frauen – wurden als «entwickelt», «fortschrittlich» und «zivilisiert» charakterisiert; Menschen anderer Regionen – Männer wie Frauen – seien zurückgeblieben und daher unterlegen. Ausführliche kritische Betrachtungen zu rassistischen Abwertungen können hier nicht erfolgen – und es sei einführend auf folgende gute und kritische Arbeiten verwiesen: Gould 1983 (1981), Becker 2005 und – mit Blick auch auf aktuellen Rassismus in der Biologie – AG gegen Rassismus in den Lebenswissenschaften 2009. Mit Thomas Becker (2005) sei darauf hingewiesen, dass die sexistischen und rassistischen diskriminierenden Ausführungen nicht gleichzusetzen sind. So wurden im 19. Jahrhundert auch «europäische Frauen» als auf einer evolutionär und hierarchisch höheren Entwicklungsstufe beschrieben als «nicht-europäische Männer und Frauen».

Für Frauen wurde festgestellt, dass ihr Entwicklungsrückstand im Vergleich zum Mann ihrer «natürlichen Funktion» entspreche, die sich insbesondere aus der Gebärfähigkeit ableite; sie sollten den Nachwuchs umsorgen und weitere familiäre Sorgearbeit leisten. Für Menschen, bei denen kein eindeutiges Geschlecht erkannt werden konnte («Hermaphroditen», «Zwitter»), wurde ein grundsätzlicher und pathologischer Mangelzustand konstatiert. Mit entwicklungsbiologischen Auffassungen wurde bei ihnen eine «Entwicklungsstörung» diagnostiziert, die sie daran gehindert habe, vollkommen männlich oder vollkommen weiblich zu werden. Menschen uneindeutigen Geschlechts wurden so besonders untersucht, fotografiert, operiert, zu biologischen und medizinischen Untersuchungen gebraucht (missbraucht). Sie galten (und gelten) als lebendes Untersuchungsmaterial für Forschungen zur «regulären» Geschlechtsentwicklung, um über «Störungen» wichtige Faktoren im Ablauf weiblicher und männlicher «Normalentwicklung» aufzuspüren. Auch diese problematische Einordnung von Menschen als «Untersuchungsmaterial» und «Beleg» in Forschungen ist im Zusammenhang mit entwicklungsgeschichtlichen Betrachtungsweisen zu sehen. So wurde mit diesen davon ausgegangen, dass es einfache (mittlerweile komplexere) Gesetze für Entwicklungen gebe, die zu entschlüsseln und in die alle Menschen (bzw. sogar alle lebenden Organismen) einzubinden wären. In diesem Sinne ist die Epigenese auch als bedeutsam für die Begründung der «Lehre von den Missbildungen» anzusehen (vgl. u.a. Zürcher 2004).

Detaillierte Differenzbeschreibungen

Die im 19. Jahrhundert detailliert herausgearbeiteten Geschlechterdifferenzen wurden in den vergangenen Jahrzehnten wiederholt dargestellt – vgl. u.a. Honegger (1991). Sie sollen auch hier noch einmal eingehender betrachtet werden, um eine textnahe Argumentation zu ermöglichen und Bezüge zu entwicklungsgeschichtlichen Betrachtungsweisen herauszustellen.

Einer der Protagonisten, die von Claudia Honegger für weitreichende Differenzbeschreibungen angeführt wurden, ist Pierre Roussel. Er studierte Philosophie und Medizin, promovierte in Medizin und verdiente sich sein Geld mit Gelegenheitsveröffentlichungen. In «Système physique et moral de la femme» (frz. 1775, dt. 1786: «Physiologie des weiblichen Geschlechts») erweist er sich als Anhänger entwicklungsgeschichtlicher Auffassungen. Er weist Präformationstheorien zurück und beruft sich auf die Hippokratischen Schriften und auf Buffon, um auszuführen, dass weiblicher Samen nicht anzuzweifeln sei, also auch die Frau mit einem Samen zur Zeugung beitragen würde (Roussel 1786 [1775]: 175–205). Gleichzeitig nimmt er an, dass sich Frau und Mann in allen Teilen des Körpers voneinander unterscheiden. Aber auch hier stellt sich seine Nähe zu entwicklungsgeschichtlichen Betrachtungsweisen heraus: So geht er davon aus, dass es in der Kindheit keine oder kaum Unterschiede zwischen Mädchen und Jungen gebe. Erst mit zunehmendem Alter würden sich diese Unterschiede herausbilden. Dabei stellt Roussel fest, dass das weibliche Geschlecht in einem den Kindern näheren Zustand als das männliche verbleibe, wogegen sich das männliche Geschlecht entwickle (Roussel 1786 [1775]: 3–7, 57–72). Unterschiede findet er in allen Teilen des Körpers, so in den Gefäßen, Nerven, Knochen, Muskeln: «Alle diese [...] Theile sind [in dem weiblichen Körper, Anm. HV] dünner, kleiner, feiner und auch geschmeidiger, als in dem männlichen Körper.» (Roussel 1786 [1775]: 14) Bei dieser Feststellung belässt es Roussel allerdings nicht. Vielmehr trifft er, ausgehend von der Feststellung physischer Unterschiede und weiterer Differenzen, die er ausführt, indem er an die Humoralbiologie/Temperamentenlehre anknüpft, auch moralische Ableitungen. So seien Frauen «zärtlicher», «leidenschaftlicher», «emotional erregbarer» als Männer. Sie seien «unbeständig» und zu Tätigkeiten, die dauerhafte Konzentration erfordern, nicht geeignet. Verstand hätten Frauen zwar, aber dieser sei eher als «Empfindsamkeit» und «Leidenschaft» zu beschreiben – und das würde sich auch mit der Aufklärung nicht ändern (Roussel 1786 [1775]: 21–41).

So drastisch diese Differenzen erscheinen, so interessant ist ein genauerer Blick darauf. So folgt Roussel der Annahme zweier weitgehend gleichwertiger Zeugungsbeiträge. Geht er, wie gesagt, davon aus, dass in der Kindheit noch keine oder kaum Geschlechterdifferenzen feststellbar sind, so schildert er sie für spätere Lebensalter im Sinne eines «Mehr» und «Weniger». Das schließt gut an die vorangegangenen entwicklungsgeschichtlichen Betrachtungen an: Grundsätzliche Differenzen sieht er bis hierhin nicht, sondern arbeitet *relative* Differenzen heraus. Ganz anders fällt hingegen sein Befund für die äußeren Geschlechtsmerkmale aus. Explizit lehnt er das Modell des Nach-innen- bzw. Nach-außen-Kehrens sich ansonsten entsprechender Genitalien ab und betont, dass es einen wesentlichen Unterschied mache, ob etwas «hineingegeben» oder «empfangen» werde. Daher müssten sich diese Merkmale unterscheiden, und die Gebärmutter und die Brust stellten die wichtigsten weiblichen Geschlechtsmerkmale dar (Roussel 1786 [1775]: 108ff).

Ein weiterer von Honegger für die Etablierung von Differenzbetrachtungen angeführter Autor ist der schon mehrfach genannte Ackermann. Für diesen konnte bereits festgehalten werden, dass er die Genitalien keineswegs so different beschrieb, wie das Roussel tat. Vielmehr betonte er eine gemeinsame Anlage der Genitalien für weibliches und männliches Geschlecht und charakterisierte die Merkmale in Begriffen der Ähnlichkeit und Entsprechung. Interessant ist für Differenzen hingegen seine Dissertation «Ueber die körperliche Verschiedenheit des Mannes vom Weibe außer den Geschlechtstheilen» (in dt. Sprache 1788), in der er sich ausführlich den Geschlechterdifferenzen von Frau und Mann zuwendet. Dabei beschäftigt er sich speziell mit dem Skelett, weil es bislang noch nicht ausreichend auf Geschlechterdifferenzen hin betrachtet worden sei und weil es als «inneres Grundgerüst» die Formung – und damit auch Differenzen – darüber befindlicher Merkmale vorgebe. Unterschiede findet Ackermann dann auch tatsächlich an fast allen Teilen des Skeletts, wobei er zuweilen in Opposition zu Differenzbeschreibungen anderer Autoren geht. Grundsätzlich hält er fest: «Schon beim ersten Anblicke unterscheidet sich das männliche Gerippe von dem weiblichen: letzteres ist nämlich durchaus feiner ausgearbeitet, weniger stark, und selbst die Zusammenfügung der Knochen scheint das weibliche Gepräge zu tragen.» (Ackermann 1788: 20) Knochen männlicher Skelette seien «schwerer», «größer» und «rauer» als diejenigen weiblicher. Neben den Unterschieden in den Knochen findet Ackermann bei Frauen «mehr Zellgewebe» und eine «weichere Haut» als bei Männern; auch die Körperbehaarung unterscheide sich.

Differenzen zeigen sich also vielfältig. Indes ist es auch hier wichtig, etwas tiefer in die Arbeit zu blicken. So schränkt Ackermann gleich zu Beginn seiner Ausführungen ihre Reichweite ein und führt aus, dass sich Menschen individuell und vielfältig voneinander unterschieden. Seine sich anschließenden Betrachtungen sollten sich daher an Frauen orientieren, die einen «vollkommenen weiblichen Bau» zeigten. Wie dieser aussehen soll, beschreibt Ackermann schon anfangs – und setzt ihn somit auch grundlegend für die Forschungsarbeit voraus: «*§. III. Vollkommen weiblicher Bau.* Indessen bleibt doch immer wahr, und ich halte es für notwendig zu erinnern, daß selbst die einzelnen Glieder jedes Geschlechts wieder von einander abweichen; ja man findet männliche Körper, die offenbar in ihrem Bau dem weiblichen, und umgekehrt weibliche, die dem männlichen näher treten. Indessen findet man doch auch Personen vom schönen Geschlechte, die wegen der Vollkommenheit ihres eigenthümlichen Baues ganz weiblich genannt zu werden verdienen, und in denen alles, was ich im Verlaufe dieser Abhandlung ausführlicher vortragen werde, vollständig und vereint vorkommt. Ja man findet eben diesen eigenthümlichen Bau am vollkommensten in jenen weiblichen Körpern, wo diejenigen Theile, die zur Verrichtung der Hauptgeschäffte des weiblichen Geschlechts bestimmt sind, am vollkommensten eingerichtet sind. So habe ich immer beobachtet, daß diejenigen weiblichen Körper in allen ihren Theilen am schönsten, am weiblichsten gebauet waren, deren Becken zu dem übrigen Körper ein größeres Verhältniß hatte.» (Ackermann 1788: 5–7; Hervorhebung im Original)

Auch geht Ackermann keineswegs davon aus, dass diese Unterschiede grundsätzlich «von einer Natur vorgegeben» vorhanden seien. Stattdessen betrachtet er (auch) die Lebensweise als bedeutsam, so dass Frauen und Männer zu unterschiedlichen Tätigkeiten geeignet seien: «Das weibliche Geschlecht führt nun größtentheils eine sitzende Lebensart, und beschäfftigt sich nicht mit solchen Arbeiten, die anhaltende Körperkräfte und Muskelnstärke fordern. Ihre Knochen (§ 8.) und Muskeln sind überdas schwächer (§ 50.) und die Nerven anfänge dünner; (§ 67.) daher es denn auch kein Wunder ist, wenn sie im Durchschnitte genommen zu wissenschaftlichen Unternehmungen tauglicher sind als die Männer; deren größten Theile ohnstreitig körperliche Arbeiten zum Looße geworden.» (Ackermann 1788: 148f) Ackermann begründete zusammen mit seinem Doktorvater Samuel Thomas von Soemmerring einen Diskussionsstrang, mit dem man sich auch Ende des 19. Jahrhunderts bei wissenschaftlichen Betrachtungen zu Schädel bzw. Gehirn und Geschlecht noch auseinandersetzen musste. So führten sie aus, dass der Schädel von Frauen zwar *absolut* kleiner als der der Männer war, dass er aber *relativ* zum gesamten Körper größer als der Männer-Schädel sei. Diese Feststellung trafen sie auch in Bezug auf das Gehirn.

Deutlich wird bei Ackermann – wie schon bei Roussel –, dass er *relative* und keine grundsätzlichen, *absoluten* Unterschiede zwischen Frauen und Männern beschrieb. Auch bei Ackermann zeigt sich, dass biologisch-medizinisch fundiert für die Tauglichkeit von Frauen zu wissenschaftlichen Tätigkeiten argumentiert werden konnte. Einige biologisch-medizinische Theorien waren offenbar anschlussfähig für Forderungen nach Bildung für Frauen.

Auch der bereits angeführte Gynäkologe Busch fand es notwendig, seine Beschreibungen einzuschränken, weil sie ansonsten möglicherweise nicht mit der von ihm tatsächlich festgestellten individuellen Unterschiedlichkeit unter den Frauen übereinstimmte: «*Das vollkommen und normal gebildete Weib* unterscheidet sich sowohl durch seine äussere Form und Gestalt, als auch durch die verschiedene Organisation und den Bau der inneren Organe von dem Manne.» (Busch 1839: 46; Hervorhebung HV) Und er schließt insbesondere (*relative*) Differenzbeschreibungen an: «Der physische Geschlechtscharakter des Weibes bestehet in einer geringeren Grösse des Körpers, in weniger scharfen Umrissen der äusseren Theile, welche überhaupt anders geformt sind, in einer grösseren Zartheit und Weichheit der festen Theile, in einer stärkeren Entwickelung der niederen organischen Gewebe, wie des Zellgewebes, in einer grösseren Lockerheit des Körpers im Allgemeinen und in einer eigenthümlichen Bildung der Geschlechtstheile, welche mehr als beim Manne zurückgedrängt sind. Der Körper des Weibes erscheint somit im Allgemeinen weniger kräftig gebildet, als der des Mannes, bei welchem die äusseren Formen mehr ausgeprägt sind und eine bedeutende Kraft anzeigen.» (Busch 1839: 46)

Busch fährt ein paar Seiten später fort, dass die Gestalt der Frau mehr «mit den Gesetzen des Schönen» übereinstimme als die des Mannes. Sie sei «angenehmer», «gefälliger», «anmuthiger» und «gerundeter» im Vergleich zu der des Mannes, die «eckig» und «abstossend» sei. Der Kopf der Frau sei «runder», habe «weniger Hervorragungen», die Stirn sei «nicht so hoch», die Nase «kleiner», das Kinn «weniger spitz», der Kehlkopf stehe «weniger» hervor und dessen Muskeln würden ebenso wie die des Rumpfes «weniger» hervortreten als beim Mann. Busch macht mit ähnlichen vergleichenden Beschreibungen für zahlreiche Körperteile weiter, stellt schließlich bei der Frau Zellgewebe in «grösserer Menge» und – wenn auch in geringerem Maße als andere Autoren – relative Unterschiede im Blutsystem fest. Bezüglich des Gehirns folgt Busch den Ausarbeitungen von Ackermann und Soemmerring. Das Gehirn der Frau habe im Verhältnis zum Körper verglichen mit dem Mann eine «beträchtlichere Grösse». Allerdings kommt er zu anderen Schlüssen, die weniger mit einer besonderen Begabung von Frauen zu wissenschaftlichen Tätigkeiten übereinstimmen, sondern eher im Sinne Rousseaus eine klare Zweckbestimmung der Frau in Familie und Sorgearbeit unterstützen: Das «Gehirn des Weibes ist sowohl in Bezug auf das Blutsystem als auf das übrige Nervensystem mehr selbstständig, in sich wirkend, und letzteres somit auch unabhängiger. Veränderungen im Blutsystem haben auf das Gehirn keinen so schnellen und kräftigen Einfluss als beim Manne. Die Gehirnfunctionen sind weniger mannichfaltig und hervortretend, aber stärker im Innern wirkend, und der Gedanke, wie wir schon bei der Betrachtung der psychischen Seite des Weibes angegeben haben, weniger dem Wechsel unterworfen. In der geistigen Sphäre zeigt das Weib eine grössere Ruhe und Uebereinstimmung; daher das Leben desselben harmonischer sich gestaltet. Das übrige Nervensystem ist hingegen schwächer, zarter und feiner, das Weib ist daher erregbarer und zeigt eine grössere Sensibilität gegen äussere Eindrücke…» (Busch 1839: 53) Mehr Unterschiede sieht Busch bei den Geschlechtsteilen: «Hier ist fast ein directer Gegensatz vorhanden, und nur eine tiefere anatomische und physiologische Kenntniss vermochte hier Uebereinstimmungen herauszufinden und die Gegensätze durch Bildungsabweichungen zu erklären. Bis zur sechsten Woche des Embryolebens findet man an der Frucht noch keine Geschlechtsverschiedenheit; es sind alle menschlichen Embryonen daher ursprünglich nach einem Typus gebildet.» (Busch 1839: 63) Und Busch wendet sich ausdrücklich gegen die Ansicht, dass der ursprüngliche Zustand der Geschlechtsteile weiblich sei – wie es u.a. Tiedemann ausgeführt hatte.

Differenzbeschreibungen wurden in der Folge fortgesetzt. Sie wurden in den sich herausbildenden Spezialdisziplinen der Biologie gesondert und detailliert für einzelne Bereiche getroffen – und es fanden rege gesellschaftliche Diskussionen um solche Differenzen statt. So wurde auf die These von geringeren Muskelkräften der Frau im Vergleich zum Mann mit Beispielen von Frauen entgegnet, die hart auf Feldern und in Fabriken arbeiteten. Dort zeigten Frauen deutliche Muskelstärke. Zu Schädeln und Gehirnen fanden unter den Wissenschaftlern rege Diskussionen statt, und es wurden Ableitungen auf Verstandeskräfte getroffen. Die Debatten kreisten um die folgenden Fragen: Würde die *absolute* Schädel- und Gehirngröße über die Verstandeskräfte entscheiden (je größer, desto mehr), oder wäre die *relative Größe des Schädels und Gehirns im Vergleich zur Körpergröße (oder gar zum Körpergewicht)* bestimmend? In ersterem Fall würde ein Elefant äußerst klug sein, ein Mensch und eine Maus im Vergleich zu ihm beschämend dumm. Im letzteren Fall, mit Bezug zum Körpergewicht, würde mit einer Abmagerungskur der Verstand eines Menschen deutlich zunehmen... Oder sollte die Strukturierung und Furchung des Gehirns das bedeutsamste Kennzeichen für die Intelligenz sein? In diesem Fall kam man wieder bei der Frage an, ob Unterschiede, die sich zeigten, «natürlich» seien oder gesellschaftlich bedingt – die Dissertation der mit Auszeichnung promovierten Psychologin Helen Bradford Thompson stellt hierzu eine empirische emanzipatorische Schrift dar (vgl. Thompson 1905 [1903]).

Aber nicht nur bezüglich der inhaltlichen Punkte gab es wichtige Fragen, die zu klären waren und die – so wirkt es in den Schriften – impulsiv diskutiert wurden. Schon bei der Methodenwahl war man sich keineswegs einig: Wie wäre der Kopf eines Menschen zu fotografieren, um exakt die «Abflachung der Stirn» – als Maß für Intelligenz und besondere psychische Merkmale – zu untersuchen? Könnte man auch bei lebenden Menschen Gipsabdrücke erstellen, um ihre Gesichtszüge und Schädelmaße festzuhalten – oder würden sich durch die lange

Trockenzeit zu starke Verzerrungen ergeben? Schließlich: Wie war der Schädel zu vermessen und wie das Schädelinnenvolumen zu bestimmen? Könnte man für das Messen des Schädelinnenvolumens Hirse verwenden – oder würde sich der Wassergehalt der Hirse zwischen den einzelnen Messungen und nach Herkunft der Hirse zu stark unterscheiden, und wären daher zu ungenaue Messungen die Folge? Wäre Schrot besser zur Volumenmessung geeignet – und wie grob sollte dann die Körnung des Schrots sein? Und könnte man von diesen Messungen des Schädelinnenvolumens direkt auf das Gehirn und dessen Größe schließen? Die Wissenschaftler Paul Broca und Carl Vogt, die sich mit der Vermessung von Gehirnen beschäftigten, diskutierten diese methodischen Fragen (vgl. u.a. Gould 1983 [1981]) ebenso intensiv, wie Helen Bradford Thompson die Methoden für Messungen des Gehirn-Leistungsvermögens. Nicht selten wurden von Forschenden die Ergebnisse konkurrierender Wissenschaftler schon wegen des methodischen Herangehens verworfen. Andere Autoren, wie der Leipziger Nervenarzt Paul Julius Möbius, der noch heute wegen seiner schmalen Schrift «Ueber den physiologischen Schwachsinn des Weibes» (1900) oft Gegenstand des Interesses ist, hatten dagegen ein ganz unverkrampftes Verhältnis zur Methode: «Zur Berechnung des Umfanges [des Kopfes, Anm. HV] haben die Hutmacher ein eigenes Verfahren, das sie nicht verstehen, und das auch ich nicht verstanden habe. Man addirt nämlich Länge und Breite der Reduction, halbirt die Summe und sucht auf einer vorhandenen Tabelle die neben dieser Zahl stehende Zahl die besagt, wieviel Centimeter der Kopfumfang misst. Ich bin in Rechenkünsten ganz unerfahren, stehe der Sache wie ein Handwerker gegenüber, aber die Resultate sind richtig.» (Möbius 1903: 18) Daraus, dass dieses Gerät zur Vermessung des Kopfumfanges («Conformateur») lediglich Umfänge von 53 cm und darüber maß, folgerte Möbius, es gebe bei Männern – für diese wurde das Maßverfahren von Hutmachern angewendet – keine Köpfe, die einen kleineren Umfang als 53 cm hätten...

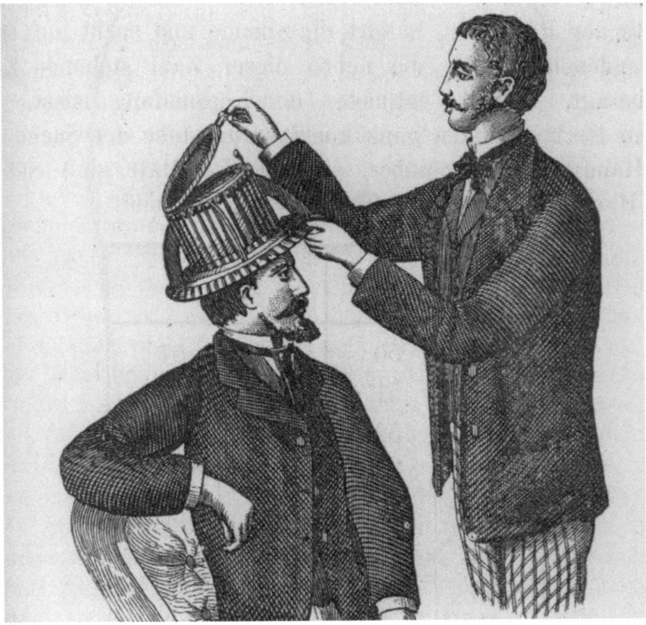

Abb. 6: Vermessung des Kopfumfanges mit dem «Conformateur» (entnommen aus: Möbius 1903: 17).

«Neuere» Evolutionstheorien im Anschluss an Charles Darwin – Geschlechterdifferenz und emanzipatorische «Darwin'sche Schwärmerei»

Evolution hatte nicht immer die Bedeutung, die sich heute mit dem Begriff verbindet. Zu Beginn des 19. Jahrhunderts wurde darunter etwas ganz anderes verstanden. Der Begriff wurde im Sinne der präformistischen Auffassungen genutzt, dass Individuen bereits vorgebildet seien und lediglich an Größe zunehmen müssten – dass ein «Gott» alles zu einem bestimmten Zeitpunkt geschaffen habe. In diesem Sinne verband sich mit dem Begriff «Evolution» Stagnation, nämlich «Entwicklung» als bloße «Auswicklung» von Vorhandenem. Es sollten keine neuen Organe und Arten entstehen können.

Im Anschluss an Charles Darwin ist heute ein anderer Begriff von «Evolution» gebräuchlich. «Evolution» meint für uns, dass sich über lange Zeiträume (in neueren Theorien werden auch Entwicklungsschübe angenommen) Merkmale von Individuen innerhalb einer Art verändern und auch neue Arten entstehen können. Das Provokative an den Schriften Darwins war zur Zeit ihres Erscheinens, dass er – wie in «The Descent of Man, and Selection in Relation to Sex» (1871; dt. 1871: «Die Abstammung des Menschen und die geschlechtliche Zuchtwahl») – auch den Menschen einfach neben andere Tiere stellte und gemeinsame Vorfahren des Menschen und einiger Affen-Arten beschrieb. Der Mensch wurde damit der außerordentlich erhöhten Position als «Krone der Schöpfung» enthoben. Das trug Darwin viel Gegnerschaft ein – und bot Anlass zu bissiger Presse und spöttischen Karikaturen (vgl. einführend zu Darwin: Voss 2008).

1859 hatte Darwin mit «On the Origin of Species...» (dt. 1860: «Über die Entstehung der Arten...») seine ausgearbeitete Version der Stammesentwicklung vorgelegt. Sie konnte an vorhergehenden Diskussionen anschließen, die beispielsweise durch den Botaniker und Zoologen Jean-Baptiste Lamarck und den Mediziner Lorenz Oken ausgelöst worden waren. Diese Wissenschaftler hatten Ende des 18. bzw. Anfang des 19. Jahrhunderts die Möglichkeit der Höherentwicklung von Organen und Organismen und die Möglichkeit der Neuentstehung von Arten beschrieben. Oken ging auch davon aus, dass tierische Embryonen Entwicklungsstadien durchliefen, die niederen Tierarten ähnelten. Hieran anknüpfend legte Ernst Haeckel 1866 seine heute als «biogenetische Grundregel» bezeichnete Theorie vor: Die Embryonalentwicklung sei die geraffte Stammesentwicklung (Evolution); evolutionär «höhere Organismen» würden in der Embryonalentwicklung die Stadien durchlaufen, die für «niedere Arten» dauerhafte Zustände seien.

In «Die Abstammung des Menschen und die geschlechtliche Zuchtwahl» setzte Darwin als Mechanismus der Evolution die «geschlechtliche Zuchtwahl» zentral. Durch die Wahl der Sexualpartnerin oder des Sexualpartners würden sich bestimmte Eigenschaften und Merkmale innerhalb einer Art besonders vermehren, wogegen andere Eigenschaften und Merkmale, über mehrere Generationen betrachtet, zurückgehen und schließlich über einen langen Zeitraum verschwinden würden. Die «Wahl» des jeweiligen Sexualpartners bzw. der Sexualpartnerin könne dabei sowohl vom männlichen als auch vom weiblichen Geschlecht ausgehen: «Der geschlechtliche Kampf findet in zweifacher Weise statt: entweder zwischen Individuen desselben Geschlechts (gewöhnlich zwischen den Männchen), um Nebenbuhler zu vertreiben oder zu töten, wobei sich die Weibchen passiv verhalten; oder er findet (ebenfalls zwischen Individuen desselben Geschlechts) statt, um das andere zu erregen oder anzulocken; letzteres ist gewöhnlich das weibliche, doch bleibt es in diesem Falle nicht passiv, sondern wählt sich den anziehendsten Genossen.» (Darwin 1951 [1871]: 613)

In dem einen wie dem anderen Fall hätte die Evolution am männlichen Geschlecht angesetzt. So hätten sich, gemäß Darwins Theorie, in der ersten Variante, beim Kampf um Weibchen, die stärkeren und ausdauernderen Männchen durchgesetzt. Dadurch erlangten diese einen stärkeren Fortpflanzungserfolg, und ihre Merkmale würden nach und nach in der gesamten Population Verbreitung erlangen und sich schließlich durchsetzen. Im zweiten Fall hätten Männchen besonders attraktiv, besonders farbenprächtig, von besonders schöner und anziehender Statur sein müssen, um weibliche Individuen anzulocken. Damit hätten die schöneren, attraktiveren, gegebenenfalls stärkeren der männlichen Individuen einen größeren Fortpflanzungserfolg – und so wären ihre Merkmale evolutionär begünstigt und würden sich verbreiten. Allerdings gebe es auch hierbei Ausnahmen. So sei beim Menschen der Mann stärker, allerdings habe sich hier auch die Frau fortentwickelt, weil Frauen auf Grund ihrer Schönheit gewählt worden seien und gewählt werden würden (Darwin 1951 [1871]: 592, 594). Dennoch kommt Darwin zum Schluss, dass sich stets – auch beim Menschen – eine größere Variabilität bei männlichem Geschlecht zeige und sich bei diesem Merkmale fortentwickelt hätten, wogegen bei weiblichem Geschlecht eine solche Fortentwicklung in der Regel nicht gewirkt habe. Das wird prägnant aus Darwins Schlussfolgerung deutlich, die sich in ähnlicher Weise auch bei Tiedemann, Ferrero und Lombroso etc. fand: Individuen weiblichen Geschlechts seien einem kindlichen Entwicklungszustand ähnlicher.. Bei Darwin heißt es: «In den meisten Fällen gleichen sich daher die Jungen beiderlei Geschlechts und das Weibchen sieht während der ganzen Lebenszeit seinen Kindern ähnlich.» (Darwin 1951 [1871]: 611)

Darwin fasst diesbezüglich zusammen: «Man kann kaum bezweifeln, daß die bedeutendere Größe und Kraft des Mannes im Vergleich mit dem Weibe sowie seine breiteren Schultern, stärker entwickelten Muskeln und eckigeren Körperumrisse, sein größerer Mut und seine Kampflust hauptsächlich ein Erbteil seiner halbtierischen männlichen Vorfahren sind. Diese Charaktere werden während der langen Zeit menschlicher Wildheit dank den Erfolgen der stärksten und kühnsten Männer im Kampf ums Dasein sowie besonders im Kampf ums Weib erhalten und gar noch verstärkt worden sein, ein Erfolg, der ihnen die Hinterlassung einer zahlreicheren Nachkommenschaft ermöglichte, als es bei ihren weniger begünstigten Genossen der Fall war. Es ist nicht wahrscheinlich, daß die größere Kraft des Mannes ursprünglich durch die vererbten Wirkungen der schweren Arbeit zu seiner und seiner Familie Erhaltung erworben worden ist, denn bei allen unzivilisierten Völkern arbeitet das Weib mindestens ebenso schwer wie der Mann. Bei den zivilisierten Völkern hat der Kampf um das Weib längst aufgehört; die größere Kraft der Männer dürfte dadurch erhalten geblieben sein, daß sie in der Regel schwerer um ihre Existenz ringen müssen als die Frau.» (Darwin 1951 [1871]: 561). Hier fällt zunächst der deutliche Rassismus auf, der sich – im Gegensatz zu den Ausführungen von Blumenbach – nun auch in einer deutlichen Höher- und Minderbewertung unterschiedlicher Gesellschaften äußert (vgl. u.a auch: Darwin 1951 [1871]: 616).

Geschlechtliche Unterschiede sieht Darwin als Resultate des Streitens ums Überleben und insbesondere um Fortpflanzung. Die Unterschiede differenziert er wie folgt aus: «Im Durchschnitt ist der Mann erheblich größer, schwerer und stärker als das Weib, auch hat er breitere Schultern und stärker entwickelte Muskeln. Infolge der Beziehung, die zwischen der Muskelentwicklung und den Vorsprüngen der Augenbrauen besteht, sind die Augenbrauenleisten beim Manne gewöhnlich kräftiger ausgeprägt als beim Weibe. Der Körper und besonders das Gesicht des Mannes ist stärker behaart und seine Stimme hat einen anderen, kräftigeren Ton. […] Der Mann ist mutiger, kampflustiger und energischer als das Weib und hat einen erfinderischeren Geist. Sein Gehirn ist absolut größer, ob aber auch im Verhältnis zu seinem Körper, das ist meines Wissens noch nicht festgestellt worden. Das Gesicht des Weibes ist mehr oval, Kiefer und Schädelbasis sind kleiner, die Körperumrisse runder und zum Teil mehr hervorragend. Das Becken ist breiter als das des Mannes...» (Darwin 1951 [1871]: 555) Es deutet sich hier schon an, dass Darwin seine Feststellungen auch auf Charaktereigenschaften erstreckt, er wird aber an anderer Stelle deutlicher. So zeichne sich die Frau durch ein «größeres Zartgefühl» und eine «geringere Selbstsucht» aus, sie habe «mütterliche Instinkte», die sie gerade gegenüber ihren Kindern, aber auch gegenüber anderen Mitgeschöpfen zeige. Der Mann konkurriere hingegen mit anderen Männern. Er finde «Vergnügen am Wettbewerb», woraus «Ehrgeiz» resultiere, «der sich leicht in Selbstsucht verwandelt» (Darwin 1951 [1871]: 562). Für die geistigen Fähigkeiten kommt Darwin zu dem Schluss: «Der Hauptunterschied der geistigen Fähigkeiten der Geschlechter zeigt sich darin, daß der Mann in allem, was er unternimmt, Besseres leistet als das Weib, mag es nun tiefes Denken, Verstand und Phantasie oder bloß den Gebrauch der Sinne und der Hände erfordern.» (Darwin 1951 [1871]: 562)

Die Ausführungen sind eindeutig und setzen Frauen deutlich hinter Männer zurück. So erstaunt es, dass sich einige der Autor_innen, die sich für die Emanzipation von Frauen aussprachen, auf Darwins Theorien bezogen – und dass wiederum andere Autoren, solche die sich gegen die Emanzipationsbestrebungen von Frauen wandten, es für nötig befanden, der «Darwin'schen Schwärmerei» entgegenzuwirken. Hierfür ist nun mehreres bedenkenswert: 1) Einerseits findet sich das Motiv der gemeinsamen geschlechtlichen Anlage, das sich hier bereits durch das gesamte Kapitel zu biologischen Theorien zieht, auch bei Darwin (Darwin 1951 [1871]: 169). Unterschiede würden also erst Resultate von Entwicklungen sein. Gleichzeitig führt Darwin auch die Möglichkeiten geschlechtlich unterschiedlicher Vererbung ein – von männlichem Geschlecht erworbene Merkmale würden insbesondere auf männlichen Nachwuchs übergehen. In diesem Sinne wäre eine solche gemeinsame geschlechtliche Anlage möglicherweise dann doch als divergent zu verstehen. Aber: 2) Allerdings nimmt Darwin auch keine absolute Trennung an, sondern führt verschiedentlich aus, dass die von einem Geschlecht erworbenen Eigenschaften sich zumindest unvollkommen auch auf das andere Geschlecht übertrügen (Darwin 1951 [1871]: 169, 563). So schreibt er bezüglich geistiger Eigenschaften: «Es ist in der Tat ein Glück, daß bei den Säugetieren das Gesetz der gleichmäßigen Übertragung der Charaktere auf beide Geschlechter vorherrscht, denn sonst würde wahrscheinlich der Mann dem Weibe in geistiger Beziehung ebenso überlegen sein wie der Pfauhahn der Pfauhenne im Gefiederschmuck.» (Darwin 1951 [1871]: 563) 3) Ein dritter Aspekt ist ebenso bedeutsam. So wurde Darwins Theorie in der heutigen Rezeption oftmals in dem Sinne gegen Lamarcks Evolutionstheorie gestellt, dass erworbene Eigenschaften nach Darwin angeblich nicht auf den Nachwuchs übergingen. Darwin schreibt aber ganz anderes, hier nun auch gleich bezüglich der Intelligenz: «Soll das Weib dieselbe Höhe wie der Mann erreichen, so muß es mit beginnender Geschlechtsreife zur Energie und Ausdauer erzogen und Verstand und Einbildungskraft müssen bis zur höchsten Entfaltung geübt werden; es würde dann wahrscheinlich diese Eigenschaften größtenteils auf seine erwachsenen Töchter übertragen. Alle Frauen könnten aber nur dann derart in die Höhe gebracht werden, wenn viele Generationen diejenigen, die sich in jenen kräftigen Tugenden auszeichnen, heirateten und mehr Kinder zur Welt brächten als andere Frauen.» (Darwin 1951 [1871]: 564) Darwin lässt also sehr wohl gesellschaftliche Wirkung zu und beschreibt die Weitergabe auch erworbener Merkmale an die Nachkommen als möglich. Den gesellschaftlichen Einfluss betrachtet Darwin in der Evolution als noch weitreichender. So würde die Wirkung von «Attraktivität» regional unterschiedlich sein und könnten somit in verschiedenen Gesellschaften unterschiedliche «Attraktivitätsmerkmale» Verbreitung erlangen (Darwin 1951 [1871]: 572). Etwas ganz Gesellschaftliches betont Darwin in den abschließenden Schlussfolgerungen des Buches «Die Abstammung des Menschen und die geschlechtliche Zuchtwahl». Die Entwicklung der Sprache habe enorme Auswirkungen auf die Ausbildung des Gehirns gehabt: «Ein großer Schritt in der Entwicklung des Intellekts dürfte erfolgt sein, sobald die halb als Kunst, halb als Instinkt zu betrachtende Sprache in Aufnahme kam; denn der fortgesetzte Gebrauch der Sprache muß auf das Gehirn eingewirkt und eine erhebliche Wirkung erzeugt haben, und diese wird wieder eine Verbesserung der Sprache herbeigeführt haben. [...] Die höheren geistigen Fähigkeiten des Menschen, Überlegung, Abstraktion, Selbstbewußtsein usw., dürften aus der fortgesetzten Verbesserung und Übung seiner anderen geistigen Fähigkeiten entstanden sein.» (Darwin 1951 [1871]: 607) Und er führt etwas später aus: «Die moralische Natur des Menschen hat ihren jetzigen Hochstand teils durch den Fortschritt seiner Verstandeskräfte und folglich einer gerechten öffentlichen Meinung erreicht, besonders aber dadurch, dass die Sympathien des Menschen durch die Einwirkungen von Gewohnheit, Beispiel, Lehre und Reflektion weiter verbreitet worden sind. Es ist auch nicht unwahrscheinlich, daß tugendhafte Neigungen nach langer Übung vererbt werden.» (Darwin 1951 [1871]: 609)

Gesellschaft zeigt nach Darwin also Auswirkungen auf die Möglichkeiten des Individuums, und sie würde auch Einfluss auf die Weitergabe und die evolutionäre Weiterentwicklung von Merkmalen haben. Und auch zum «Kampf ums Dasein», der ja mittlerweile ein geflügeltes Wort geworden ist, sei ein Satz angemerkt: Darwin versteht darunter *nicht,* dass alle Menschen nun miteinander kämpfen und sich die Köpfe einschlagen würden, sondern dass sich eine Konkurrenzsituation zeige, durch die einige Menschen mehr Chancen, gegebenenfalls ein längeres Leben und insbesondere mehr «Fortpflanzungserfolg» hätten als andere. Und er sieht beim Menschen wie bei anderen Tierarten auch das Motiv, einander «Beistand zu leisten» ausgeprägt (Darwin 1951 [1871]: 608).

Für die Emanzipation von Frauen streitende Menschen setzten sich oftmals und zuerst für gleiche Bildungsmöglichkeiten von Mädchen/Frauen im Vergleich zu denjenigen von Jungen/Männern ein. Sie argumentierten, dass sich die Verstandeskräfte durch Bildung entwickeln ließen; würde der Verstand hingegen nicht gefordert, verkümmerten die Verstandeskräfte. Die Literaturwissenschaftlerin und Publizistin Hedwig Dohm argumentierte so für «Die wissenschaftliche Emancipation der Frau» (1874) und führte in der Auseinandersetzung mit Thesen des bereits erwähnten Theodor Ludwig Wilhelm von Bischoff unter anderem aus, dass die bisherigen größeren Leistungen von Männern in der Wissenschaft auf den Ausschluss von Frauen aus den Wissenschaften zurückzuführen seien.

Auch der Sozialist August Bebel vertrat diese Auffassung und verband sie explizit und detailliert mit den Theorien Darwins. In seinem Buch «Die Frau und der Sozialismus» (1879), das zunächst verboten war und dennoch weite Verbreitung fand (1899 erschien es bereits in der 30., 1910 in der 50. Auflage), schrieb er diesbezüglich u.a.: «Darwin hat sicher recht, zu sagen, daß eine Liste der ausgezeichnetsten Männer in Poesie, Malerei, Skulptur, Musik, Wissenschaft und Philosophie neben einer gleichen Liste der ausgezeichnetsten Frauen auf diesen Gebieten nebeneinander gestellt, keinen Vergleich miteinander aushalten. Aber kann es anders sein? *Verwunderlich würde sein, wenn es nicht so wäre*. Deshalb antwortet auch Dr. Dodel-Zürich, daß dies sich anders verhalten würde, wenn eine Reihe von Generationen hindurch Frauen und Männer gleichmäßig erzogen und in der Ausübung jener Künste und Disziplinen unterwiesen würden. Die Frau ist durchschnittlich genommen auch physisch schwächer als der Mann, was bei vielen wilden Völkern keineswegs der Fall ist. Was Übung und Erziehung von Jugend auf vermögen, sieht man zum Beispiel an Zirkusdamen und Akrobatinnen, die an Mut, Waghalsigkeit, Gewandtheit und Körperkraft das Erstaunlichste leisten. [Absatz, Anm. HV] Da eine solche Entwicklung Sache der Lebensbedingungen und der Erziehung, naturwissenschaftlich derb ausgedrückt der ‹Züchtung› ist, darf als sicher angenommen werden, daß das physische und geistige Leben der Menschen zu den schönsten Resultaten führt, sobald der Mensch *zweck- und zielbewußt in seine Entwicklung eingreift*.» (Bebel 1950 [1879]: 336f; Hervorhebungen im Original; Fußnoten mit detaillierten Literaturangaben ausgelassen)

Der von Bebel angeführte Arnold Dodel – Botaniker aus Zürich und einer der bedeutenden Autoren, die die Popularisierung der Darwin'schen Lehren betrieben – hatte den Darwinismus in seinem Werk «Die Neuere Schöpfungsgeschichte nach dem gegenwärtigen Stande der Naturwissenschaften» (1875) ganz zentral gesetzt und leitete darwinistisch für die Verstandeskräfte von Frauen und Männern ab: «Wenn es wahr ist, daß seit historischen Zeiten die Schädelcapacität, beziehungsweise die Gehirnmasse cultivirter denkender Nationen größer geworden ist, so dürfen wir fast mit mathematischer Gewissheit erwarten, daß auch die Schädelcapacität des Weibes um so rascher steigen wird, je mehr wir unserm weiblichen Geschlecht Gelegenheit geben, auf geistigem Gebiet in die Arena zu treten und seine intellectuellen Kräfte mit den angeblich überlegenen männlichen Geistescapacitäten zu messen. [...] Daraus ergibt sich bei eintretender Geistesemancipation der Frauen für das männliche Geschlecht ebenfalls eine erfreuliche Perspective, und man wird den künftigen männlichen Generationen Glück wünschen, wenn ihnen mehr geistig entwickelte Mütter zutheil werden, als den bisherigen Generationen.» (Dodel 1875: 186) Deutlich wird bei Dodel wie bei Darwin das Denken steter gesellschaftlicher Höherentwicklung, wobei andere Gesellschaften als «unkultiviert» und «unzivilisiert» abgewertet wurden. Gleichzeitig zeigt sich, dass mit Darwin'schen Theorien auch im Sinne einer Emanzipation der Frau (und mit ähnlicher Intention auch des Arbeiters und der Arbeiterin) argumentiert werden konnte.

Gegen solche «darwinistischen Schwärmereien» der Entwicklung auch von Frauengehirnen auf ähnliche oder gleiche Höhe wie die der Männer, wenn es die gesellschaftlichen Bedingungen endlich zuließen, regte sich Widerstand, so bei Paul Julius Möbius, der sich energisch gegen die Frauenemanzipation wandte. An Behauptungen, Frauen habe es nur an Übung der Verstandeskräfte gefehlt, knüpften sich nach seiner Meinung «gewöhnlich darwinistische Schwärmereien, die erworbene Gehirnatrophie [«Gehirnschwund», Anm. HV] habe sich vererbt, und umgekehrt sei zu erwarten, dass, wenn jetzt die Weiber ihr Gehirn übten, die Enkelinnen mit einem grossen Gehirn zur Welt kommen würden, Schwärmereien, die höchstens dann einen Sinn haben könnten, wenn es sich um Parthenogenesis [ungeschlechtliche Fortpflanzung, Anm. HV] handelte. Dreister, als es die ‹Feministen› thun, kann man der Wahrheit gar nicht ins Gesicht schlagen.» (Möbius 1903 [1900]: 24) Thomas Henry Huxley, Londoner Naturgeschichtler und bekannt für seine Arbeiten zur Popularisierung des Darwinismus, setzte sich für die Bildung von Frauen und von Arbeiter_innen ein, stellte aber in Zweifel, dass *die besten Frauen* die gleichen Fähigkeiten erlangen würden wie *die besten Männer*: «Die Frauen werden ihren Platz finden, und es wird weder der sein, auf welchem sie bisher gestanden haben, noch der, zu welchem manche von ihnen emporstreben. Das alte salische Gesetz der Natur wird nicht abgeschafft werden, und in der Dynastie wird kein Wechsel eintreten. Die breite Brust, das massige Gehirn, die starken

Muskeln und kräftigen Gestalten der besten Männer werden die Schlacht gewinnen, wenn immer sie es der Mühe für werth halten, mit den besten Weibern um den Lebenspreis zu kämpfen.» (Huxley 1877: 24f)

Darwin'sche Theorien konnten also für und gegen die Emanzipationsbestrebungen von Frauen gewendet werden – und sie wurden es auch. Mit ihnen ließ sich erläutern, dass die gesellschaftlichen Bedingungen bislang die Frauen daran hinderten, dem Mann ähnliche oder gleiche Verstandeskräfte auszubilden. Mit besserer Erziehung und Bildung würde das gelingen und würde sich die Wirkung bei den Nachkommen durch Vererbung der größeren Verstandeskräfte noch verstärken. Autoren, die sich gegen die Emanzipation von Frauen aussprachen, wiesen hingegen oft die Auffassung zurück, dass Frauen in der Vergangenheit nicht die gleichen Möglichkeiten wie Männer gehabt hätten, und führten aus, Frauen hätten bereits den Platz in der Gesellschaft, der ihnen durch «ihre Natur» möglich sei (Möbius, Bischoff). Huxley folgte hingegen der Sicht, dass Frauen in der Vergangenheit nicht die gleichen Möglichkeiten gehabt hätten, und unterstützte die Forderungen nach Bildung. Er nahm aber an, dass die «besten Männer» in ihren Fähigkeiten immer vor den «besten Frauen» stehen würden.

Schlussfolgerungen

Deutlich zeigte sich, dass auch in Biologie und Medizin zwischen verschiedenen Positionen bezüglich Geschlechts gerungen wurde. Die Ansicht, dass seit Ende des 18. Jahrhunderts fast ausschließlich Geschlechterdifferenz beschrieben worden sei, ist nicht korrekt. Auch sind die Beschreibungen, die gerade unter Zugrundelegung von Entwicklungsauffassungen für die Embryonalentwicklung und für die Stammesentwicklung getroffen wurden, sehr gut im Sinne der Abtrennung eines «Vollkommenen» von einem «Unvollkommenen» zu verstehen, – so, wie es Laqueur für «die Antike» festgehalten hatte.

Es zeigte sich in Biologie und Medizin eine Diskussion um *Gleichheit* und *Differenz* zweier Geschlechter. In einigen Theorien wurde sogar ausgeführt, dass *jeder Mensch* weiblich und männlich zugleich sei, dass es sich also bei «weiblich» und «männlich» um gesellschaftliche ideale Typen handele, die in der Realität nie erreicht würden. Anschließend an Karl Heinrich Ulrichs, Johanna Elberskirchen und August Bebel wurde auch in vornehmlich politischen Schriften, die sich für die Frauenemanzipation aussprachen, *substantiell* (also nicht nur in einem kurzen Verweis) auf biologische Argumentationen – auf eine gemeinsame geschlechtliche Anlage, das Weiblich-und-männlich-Sein eines jeden Menschen und Darwin'sche Evolutionstheorien – Bezug genommen. Es erscheint vielversprechend, Forschungsprojekte zur Differenziertheit biologisch-medizinischer Geschlechtertheorien und zu Bezugnahmen auf diese in eher politisch orientierten Schriften zur Frauenemanzipation durchzuführen.

Für die nun folgenden aktuellen biologisch-medizinischen Geschlechtertheorien ist es wichtig, die Diskussionen zwischen unterschiedlichen Positionen wahrzunehmen. Von besonderer Bedeutung werden dabei nun die Kontroversen zwischen *Entwicklungstheorien* und *Präformationstheorien* sein. Die analytische Trennung dieser beiden theoretischen Ansätze, wie sie im vorliegenden historischen Kapitel vollzogen wurde, wird ein besseres Verständnis für aktuelle Richtungen ermöglichen, in denen mit Annahmen der *Präformation und Determiniertheit* die – gesellschaftlich vorgefasste – Auffassung binärer Geschlechtlichkeit bestätigt wird und nicht eindeutige Ausprägungen des Genitaltraktes pathologisiert werden, und für andere, *entwicklungstheoretisch* ansetzende Richtungen, die es ermöglichen, die Vielzahl individuell unterschiedlicher Ausprägungen des Genitaltraktes in die Theoriebildung einzubeziehen.

Aktuelle biologische Geschlechtertheorien: von zwei zu vielen Geschlechtern

In den vorangegangenen Ausführungen ist deutlich geworden, dass es Auseinandersetzungen um die Differenzen in den Verstandeskräften von Frauen und Männern gab. Intensive Debatten wurden auch um geschlechtliche Unterschiede in weiteren physischen oder physiologischen Merkmalen – wie etwa Muskelstärke – geführt. Geschlechtsspezifische Differenzen bei den Verstandeskräften und bei der Muskelstärke wurden behauptet, aber von anderen auch in Abrede gestellt. Anders verhält es sich bei Argumenten der Fortpflanzung und bei den Merkmalen, die insbesondere seit Beginn des 20. Jahrhunderts mehr und mehr als eigentliche Kennzeichen des Geschlechts ausgemacht wurden: Hormone, Chromosomen und schließlich auch Gene.

War es mit Theorien der Präformation leicht möglich, die gesellschaftlich erwarteten zwei Geschlechter auch in biologisch-medizinischen Geschlechtertheorien als different vorauszusetzen, erwies sich die Situation bei Entwicklungstheorien (der Epigenese) als widersprüchlich: Hier konnten gleichermaßen Differenzbeschreibungen zweier Geschlechter und solche der Geschlechtsgleichheit bzw. des Frau-und-Mann-Seins eines jeden Menschen ansetzen.

Geschlecht zwischen Gehirn, Muskeln und mikroskopisch kleinen Einheiten

Die Ausführungen von Pizan und Gournay, Wollstonecraft und Bebel, dass gerade die Verstandeskräfte – und Unterschiede in diesen – Resultate der Lebensumstände, von Erziehung und Erfahrung sind, erscheinen überzeugend. Sie wurden durchaus auch von Naturwissenschaftler_innen wie Darwin, Huxley und Thompson geteilt. Insofern ist es eher verwunderlich, dass noch immer in wissenschaftlichen Untersuchungen des Gehirns (in der Neurobiologie) Differenzen zwischen Gehirnen von «Frauen» und «Männern», oftmals sogar ohne jegliche Betrachtung der sozialen Herkunft, beschrieben werden können. Selbst wenn man der Auffassung wäre, dass es vorgegebene und unabänderliche Differenzen in den Gehirnen und Gehirnfunktionen von «Frauen» und «Männern» gebe, so wäre zu erwarten, dass dennoch auch die Gegenposition – die die Bedeutung der Sozialisation betont – in der Anlage der Untersuchungen Berücksichtigung findet, gerade um die eigenen Forschungen diesbezüglich unangreifbar zu machen. Anne Fausto-Sterling und Sigrid Schmitz haben indes für die Gehirnforschung des ausgehenden 20. und beginnenden 21. Jahrhunderts problematisiert, dass genau das nicht geschieht. Bei der Auswahl der Proband_innen wird oftmals nicht einmal reflektiert, dass diese häufig ausschließlich Studierende der eigenen Universität sind, ihre Sozialisation und ihre Begabungen werden nicht untersucht. Interessant wäre hierbei unter anderem einzubeziehen, wo und wie ein Mensch aufgewachsen ist – in der Stadt oder auf dem Land, arm oder wohlhabend –, wie sich die Familienverhältnisse darstellten, ob er viel Aufmerksamkeit von anderen Menschen erfuhr oder sich eher selbst überlassen blieb, welche besonderen Lerninhalte erworben wurden (Zweitsprache, Musizieren, Kommunizieren als Gehörlose_r in einer weitgehend auf Hören orientierten Umgebung, Förderung der Orientierung durch einen großen Bewegungsradius bereits in der Kindheit, sportliches Training etc.), welche aktuellen Herausforderungen der Mensch zu meistern hat, ob zum Beispiel gerade eine besonders stressige oder eine besonders ausgeglichene Situation vorliegt etc. Tatsächlich werden solche Bedingungen meist überhaupt nicht thematisiert, sondern es werden Menschen so hingenommen und untersucht, als seien sie in diesem Moment «einfach vom Himmel gefallen», als hätten sie keine Geschichte. Zur Begründung der so ermittelten (geschlechtsspezifischen) Differenzen wird hingegen genau dieser Mensch gedanklich viele Jahre – unverändert – zurückversetzt und werden in der Embryonalentwicklung und gegebenenfalls der Kindheit unterschiedlich exprimierte (vereinfacht: «abgelesene») Gene und wirkende Hormone als ursächlich für festgestellte Differenzen zwischen Menschen postuliert – eine Behauptung, die nicht validierbar ist, während die Bedeutung der – zumindest ansatzweise validierbaren – Sozialisation von vornherein ausgeblendet wird. Beabsichtigt oder unbeabsichtigt, ist es mit einer solchen Anlage der Forschung lediglich möglich, die eigenen Voranahmen stetig neu abzubilden. Um es auch hier noch einmal zu betonen, da dieser bedeutsame Punkt leicht aus dem Blick gerät: Anschließend an die Betrachtungen von Beauvoir geht es nicht darum, ob aktuell Differenzen zwischen «Frauen» und «Männern» beschrieben werden können, sondern es geht darum, ob möglicherweise festgestellte Unterschiede auf eine «natürliche» Anlage zurückgehen oder Resultat gesellschaftlicher Ungleichbehandlungen sind. Da in der aktuellen Neurobiologie die Sozialisation eines Menschen gar nicht oder kaum betrachtet wird, so ist diese schon von der Anlage der Untersuchungen her gar nicht in der Lage, über die Ursache von Unterschieden eine Aussage zu treffen. Sie kann lediglich eine Zustandsbeschreibung vornehmen, und dies methodisch mehr oder weniger gut (*vgl. auch Exkurs 5*).

Aktuelle Untersuchungen, die auf diese Leerstellen in den Forschungsvorhaben der Neurobiologie hinweisen, die die Methoden der Gehirnforschung kritisch diskutieren und aufzeigen, wie die gesellschaftliche Vorannahme zweier sich unterscheidender Geschlechter bereits in den Untersuchungsaufbau der Gehirnforschung eingeht, stammen von Anne Fausto-Sterling und Sigrid Schmitz (vgl.: Fausto-Sterling 1988 (1985); Fausto-Sterling 2000; Schmitz 2006; für eine gute erste Annäherung sind überdies zu empfehlen: Schmitz 2004, Quaiser-Pohl 2004).

Exkurs 5: Ein genauer Blick in biologische und medizinische Untersuchungen und ihre Methoden lohnt!

Oftmals wird schon allein mit dem Begriff «Signifikanz» eine große Genauigkeit der Ergebnisse assoziiert. Hier ist es hilfreich, sich die Definition des Begriffes noch einmal vor Augen zu führen. Statistische Signifikanz ist eine Übereinkunft. Sie bedeutet «nur», dass eine Beobachtung mit der angeführten Wahrscheinlichkeit voraussichtlich *nicht vollständig auf Zufall zurückzuführen ist*. Differenzen, für die in statistischen Tests ermittelt wurde, dass sie mit weniger als fünf Prozent Wahrscheinlichkeit rein zufällig aufgetreten sind, werden als signifikant bezeichnet. Das heißt, dass Signifikanz als Maß für die Plausibilität der Ergebnisse einer Untersuchung bei weitem nicht ausreicht.

Obgleich in die statistischen Tests zur Ermittlung der Signifikanz auch die Stichprobengröße und Variationen innerhalb der einzelnen Gruppen eingehen, ist es nützlich, sich in den konkreten Forschungsarbeiten die Ergebnisse für die einzelnen Individuen genauer anzusehen und zu prüfen, nach welchen Merkmalen sie in Gruppen zusammengefasst wurden. So konnten bei einigen Gehirnuntersuchungen beispielsweise zwischen den Gruppen «Frauen» und «Männer» signifikante Unterschiede beschrieben werden. Bei einem genaueren Blick auf die Ergebnisse zeigten sich aber die deutlichen Varianzen innerhalb der Gruppen selbst, wie in dem folgenden Beispiel.

Simon LeVay beschrieb in der Studie «A Difference in Hypothalamic Structure Between Heterosexual and Homosexual Men» (engl., «Unterschied in der Struktur des Hypothalamus zwischen heterosexuellen und homosexuellen Männern») für INAH3 – einen Bereich des vorderen Hypothalamus – signifikante Unterschiede zwischen heterosexuellen und homosexuellen Männern. Der Bereich der homosexuellen Männer gleiche dem von Frauen (die nicht nach ihrer sexuellen Orientierung ausdifferenziert wurden). Die folgende Abbildung *(Abb. 7)* zeigt indes die auffallenden und zu hinterfragenden Varianzen innerhalb der Gruppen selbst – und das auch bei INAH3:

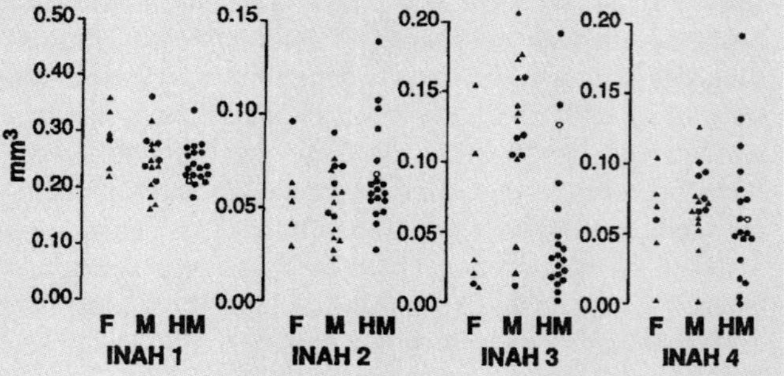

Abb. 7: Größenunterschiede im Bereich der Interstitial nuclei of the anterior hypothalamus (INAH) zwischen Frauen (F), heterosexuellen Männern (M) und homosexuellen Männern (HM); Angaben in mm³ (entnommen aus: LeVay 1991).

Es zeigen sich sowohl bei heterosexuellen als auch bei homosexuellen Männern bezüglich der Region INAH3 Ergebnisse für die einzelnen untersuchten Menschen zwischen etwa 0,01 und 0,20 mm³. Innerhalb ein und derselben Gruppe können also Unterschiede um den Faktor 20 festgestellt werden. Auch die Ergebnisse der wenigen untersuchten Frauen unterstützen diese große Varianz zwischen den einzelnen Individuen innerhalb einer Gruppe. Eine naheliegende Interpretation wäre also, dass diese Bereiche individuell stark variieren können – und so wäre die Frage nach der Ursache interessant: Hier käme die Sozialisation ins Spiel, und hier wäre es relevant einzubeziehen, dass zahlreiche der untersuchten verstorbenen homosexuellen Männer – und nur wenige der heterosexuellen – an Aids erkrankt waren. Während die Sozialisation in der Studie überhaupt nicht thematisiert wurde, verneinte LeVay eine mögliche Auswirkung von Aids, obwohl alle Ergebnisse für die Größe von INAH3 bei den «homosexuellen Männern», die im Bereich von 0,01 bis 0,05 mm³ liegen, von Menschen stammen, die an Aids erkrankt waren. (Vgl. LeVay 1991; Fausto-Sterling 1992.)

Die Untersuchung von LeVay erlangte populärwissenschaftlich große Verbreitung, ebenso wie eine Studie des Ehepaars Bennet A. und Sally E. Shaywitz und Kolleg_innen aus dem Jahr 1995, die in der renommierten Zeitschrift «Nature» erschien. Auf die Shaywitz-Studie stützen sich noch heute die Aussagen über eine geschlechterdifferente Aktivierung des vorderen Hirnlappens *generell (!) für Sprachtests*, obwohl lediglich sehr begrenzte Gehirnbereiche untersucht wurden und bei Shaywitz die Ergebnisse *auf Reimerkennung begrenzt (!)* ausgeführt wurden. Während bei Männern lediglich der linke Hirnlappen bei der Reimerkennung aktiviert sei, würden bei Frauen beide vordere Hirnlappen aktiviert. Shaywitz und Kolleg_innen hatten 19 Männer und 19 Frauen untersucht, bei 11 der Frauen konnte tatsächlich eine Aktivierung beider vorderer Hirnlappen bei der Reimerkennung beschrieben werden, zu den anderen acht Frauen findet sich in dem Artikel keinerlei Aussage. Kritiken an der Studie richteten sich aber auch darauf, dass keine Aussage zur Effektenstärke – also zur Größe der beschriebenen

Unterschiede – getroffen wurde, dass die Proband_innenzahl sehr gering war und dass Hirnareale sehr beschränkt ausgewählt wurden. Detaillierte Angaben zur Sozialisation der Proband_innen wurden nicht erhoben. Der Hinweis auf die Effektenstärke ist sehr relevant, da uns die farbigen und leuchtenden Abbildungen in der Gehirnforschung bekannt sind. Es können auch kleinste Unterschiede, die kaum nachweisbar sind, in einer Farbenpracht von Rot, Grün, Gelb und Blau präsentiert werden, die sie als groß und bedeutend erscheinen lassen. Über die Größe des Unterschieds ist mit der Farbe und ihrer Intensität aber nichts ausgesagt, sondern hierfür müssen die eingestellten – und leider gar nicht bunten – Parameter der Untersuchung betrachtet werden.

Sowohl die Studie von LeVay als auch die von Shaywitz und Kolleg_innen konnten trotz der offensichtlichen methodischen Schwächen in namhaften biologischen Zeitschriften – in «Science» bzw. «Nature» – veröffentlicht werden. Das Renommee einer Zeitschrift sollte nicht daran hindern, die dort publizierten Beiträge auch kritisch zu befragen. Eine spätere Studie von Julie Frost und Kolleg_innen konnte 1999 bei der Reimerkennung keinerlei Unterschiede bezüglich der Hirnaktivierung zwischen «Frauen» und «Männern» finden. Obgleich sie weit mehr Proband_innen (50 Männer und 50 Frauen) untersuchten und mehr Faktoren im Blick hatten, erlangten ihre Ergebnisse nicht die populäre Verbreitung wie zuvor diejenigen von Shaywitz und Kolleg_innen. (Vgl. Shaywitz 1995; Frost 1999; Schmitz 2004.)

Auch für weitere physische Merkmale ist die Beschreibung von Differenzen nach wie vor Realität. Auch hier wird nicht gefragt, «woher und wohin», sondern es wird lediglich ein «Ist-Zustand» beschrieben – und dann oft dessen biologische Bedingtheit vorausgesetzt. Ungleichbehandlungen – wie sie sich etwa in einer unterschiedlichen Ernährung und in einem unterschiedlichen Training der Muskulatur darstellen – und ihre Auswirkungen auf physische und physiologische Merkmale werden in biologische Betrachtungen zu Geschlecht meist gar nicht einbezogen. Dabei wurde mit den bisherigen Betrachtungen in dieser Arbeit klar, dass solche Ungleichbehandlungen körperliche Merkmale deutlich beeinflussen. Bourdieu stellt das in seinem «Habitus-Konzept», Fausto-Sterling in ihrem «Embodiment-Ansatz» dar; aber bereits Wollstonecraft, Marx und Bebel war klar, dass die Lebensbedingungen nicht nur den Verstand prägen, sondern dass sie auch in die übrigen körperlichen Merkmale eingehen, dass man sozusagen einem Menschen «seine Klassenzugehörigkeit ansieht». Es ist damit äußerst unzureichend, wenn sich Forschungen zu Geschlechtsunterschieden noch immer auf eine einfache Zustandsbeschreibung beschränken, in dem Sinne, dass hier dieser Knochen größer, dort die Muskulatur eine geringere und an anderer Stelle mehr Fett vorhanden sei – und wenn davon ausgehend sogleich gefolgert wird, dass die nun tatsächlich gemessenen (geschlechtlichen) Differenzen gleichzeitig der Beleg für ihre «Natürlichkeit» seien. Nicht nur, dass viele der Untersuchungen – wie oben für das Gehirn angeführt – in ihren Methoden, schon bei der Auswahl der Proband_innen, oft zweifelhaft sind: So werden die Menschen bereits vor der Untersuchung als «Frau» und «Mann» eingruppiert, diese Gruppen werden einander entgegengestellt, und es werden Differenzen zwischen den Gruppen «Frau» und «Mann» als bedeutsam beschrieben, obgleich sich innerhalb einer Gruppe – etwa nur in der Gruppe «Frau» – auffallende Differenzen finden (*vgl. Exkurs 5*). Doch es wird gar nicht erst die Frage nach der Ursache festgestellter Differenzen gestellt. Stattdessen wird sie vorausgesetzt: Festgestellte Unterschiede müssten vorgegeben und unabänderlich vorhanden sein, als ursächlich werden Chromosomen, Gene und Hormone benannt – um diese soll es daher im Folgenden besonders gehen. Für vertiefende kritische Betrachtungen seien auch hier die bereits erwähnten Arbeiten von Anne Fausto-Sterling empfohlen.

Also: Beschreibungen von Geschlechterdifferenzen bezüglich der Verstandeskräfte, der Muskulatur, der Fettverteilung und anderer makroskopisch sichtbarer Merkmale und die für sie angeführten Ursachen sind seit geraumer Zeit heftig umstritten. Als letztinstanzliches Argument, um dennoch die Sicherheit und die Vorgegebenheit dieser Differenzen zu bestätigen, wird aktuell auf mikroskopisch kleine Merkmale – Chromosomen, Gene, Hormone – zurückgegriffen. Diese sind einer gesellschaftlichen Validierung weitgehend entzogen, da Kritiker_innen leicht vorgeworfen werden kann, dass ihre Aussagen in aller Regel nicht auf dem entsprechenden, teuren Untersuchungsinventar basieren.

Wenig in der Diskussion sind auch weitere Merkmale, die als untrügliche Zeichen binärer Geschlechtlichkeit gelesen werden. So habe Geschlechtlichkeit die Aufgabe der Fortpflanzung und diene der Erhaltung der Art Mensch. Hierauf seien unterschiedliche Keimzellen und Unterschiede im Genitaltrakt zwischen weiblichem und männlichem Geschlecht zurückzuführen. Auch hier stehen aktuell insbesondere Hormone, Chromosomen, Gene und sich direkt an Gene anlagernde chemische Gruppen im Blick der Forschung; sie würden eine weibliche *oder* männliche Entwicklung des Genitaltraktes verursachen.

Es gibt also gute Gründe, sich im Folgenden diesem vermeintlichen «Kern» binären Geschlechterwissens zuzuwenden, also gerade diesen mikroskopisch kleinen Merkmalen. Will man die derzeit dominanten biologischen Theorien vorgegebener differenter Zweigeschlechtlichkeit hinterfragen und auch Thesen der Gleichheit von «Frau» und «Mann» sowie vielgeschlechtliche Deutungen in die Diskussion bringen, so kommt man an einer profunden Diskussion der aktuellen naturwissenschaftlichen Ergebnisse – hier aus Genetik, Hormonforschung (Endokrinologie) und Entwicklungsbiologie – nicht vorbei. Möchte man wirkungsvolle Alternativen zur Gestaltung der Gesellschaft vorschlagen, so müssen diese mit den wissenschaftlichen – auch den naturwissenschaftlichen – «Erkenntnissen» der Zeit in Einklang stehen, um glaubhaft zu sein; auch Simone de Beauvoir orientierte sich am Stand der (natur)wissenschaftlichen Forschung ihrer Zeit. Und im Folgenden wird sich zeigen, dass die aktuellen biologischen Forschungen mittlerweile auf dermaßen viele Schwierigkeiten dabei stoßen, ihre Ergebnisse in ein binäres Geschlechterschema zu pressen, dass ein Perspektivwechsel nahezu unausweichlich erscheint – weg von zwei Geschlechtern, hin zu vielen Geschlechtern und weg von Präformation, hin zu Epigenese.

Fortpflanzung als Gattungseigenschaft – und die individuelle Ausprägung der Geschlechtsteile beim Menschen

Fortpflanzung ist unabdingbar für die Erhaltung der menschlichen Art. Das soll hier nicht bestritten werden. Die menschlichen Keimstoffe werden seit dem Ende des 19. Jahrhunderts als Ei- und Samen*zelle* beschrieben; sie müssen zur Fortpflanzung verschmelzen und bilden damit die Grundlage für die Entwicklung des Embryos.

Wer damit bereits die Problematik für geklärt hält und nun der Meinung ist, dass alle in diesem Buch zuvor getroffenen Ausführungen hinfällig würden, sollte sich für ein paar weitere Argumente öffnen: Fortpflanzung betrifft nur einige Menschen in der jetzigen Gesellschaft. Zwar setzen wir – aus unserem gesellschaftlich Erlernten heraus – bei der Betrachtung und Einordnung von Menschen auch deren Fortpflanzungsfähigkeit voraus, nicht selten ist diese aber nicht einmal organisch gegeben. So führte das Bundesland Sachsen die im Jahr 2004 bundesweit abgeschaffte Bezuschussung der künstlichen Befruchtung wieder ein, weil «Experten-Schätzungen» ergaben, dass 15 Prozent der heterosexuellen Paare *ungewollt* kinderlos seien und noch eine «hohe Dunkelziffer» hinzuzurechnen sei. 15 Prozent + X ist durchaus ein hoher Wert, zumal wenn man davon ausgeht, dass nur einige der Paare medizinischen Rat wegen länger ausbleibenden Fortpflanzungserfolgs suchen. Andere Paare werden sich mit der Kinderlosigkeit abfinden, Kinder adoptieren oder sich in die Betreuung von Kindern Verwandter und Bekannter einbringen. Und es sei auch darauf hingewiesen: Künstliche Befruchtung ist nur in den wenigsten Fällen erfolgreich, und auch die Risiken sind für die Frau nicht unbeträchtlich; häufig wird ein anderer Eindruck erweckt. Aus etwa 35 bis 40 Millionen Befruchtungen bis zum Jahr 2002 resultierten etwa eine Millionen Kinder (vgl. Berg 2003); seit der erneuten Einführung der Bezuschussung künstlicher Befruchtung im Bundesland Sachsen im März 2009 wurden dort bis Juni 2010 552 Behandlungen vorgenommen, die zu 112 Kindern führten (vgl. Tagespresse, u.a.: Block 2010).

Interessant ist bezüglich organischer Fortpflanzungsfähigkeit das entspannte Verhältnis von Biolog_innen und Mediziner_innen zur Embryonalentwicklung. So wird bei Forschungen an Mäusen oftmals ausgeführt, dass sich «typisch weibliche» und «typisch männliche» Mäuse entwickelt hätten – dann wird mehr beiläufig angefügt, dass die Individuen unfruchtbar seien. Fortpflanzungsunfähigkeit und «typisch weiblich» bzw. «typisch männlich» scheint hier offenbar unproblematisch zusammenzugehen. – Bei genauer Betrachtung ist das auch in den meisten Situationen so, in denen sich Menschen tagtäglich begegnen. Hier ist es mehr eine vage Idee der Fortpflanzungsfähigkeit, die aus dem Erlernten, was «weiblich» oder «männlich» sei, auf konkrete Menschen übertragen wird, als dass es sich um eine validierte Tatsache handeln würde.

Was in den populären und wissenschaftlichen Betrachtungen, die Fortpflanzung fokussieren, allerdings häufig vergessen wird, ist der Wunsch von Menschen, sich fortzupflanzen oder nicht. Auch in politischen Ausführungen über angeblich zu geringe Geburtenzahlen werden Menschen gern als potenzielle «Fortpflanzungsmaschinen» angeführt. Kinder haben oder nicht, das ist eine persönliche Entscheidung, die vor dem Hintergrund der eigenen Lebensbedürfnisse und -bedingungen getroffen wird. Sicherlich gehen ökonomische und andere gesellschaftliche Faktoren in die Entscheidung ein, die Betonung muss aber darauf liegen, dass jeder Mensch selbst entscheidet und entscheiden kann, ob sie_er Kinder wünscht. Das sollte eigentlich ganz selbstverständlich auch in populären und wissenschaftlichen Betrachtungen zur Fortpflanzungsfähigkeit berücksichtigt werden. Dort wird allerdings oft die potenziell unterstellte organische Fähigkeit vom Wunsch abgetrennt, der Wunsch wird nicht thematisiert.

Schon mit diesen kurzen Anmerkungen wird deutlich, dass die Problematik «Fortpflanzung» unter zwei Perspektiven zu betrachten ist: Einerseits ist die Fortpflanzung zur Erhaltung der Art Mensch erforderlich, sie ist eine «Gattungseigenschaft». Hierfür ist es notwendig, dass zwei Individuen der Art zusammenfinden, dass Ei- und Samenzelle zusammenkommen, dass sich ein Embryo entwickelt, geboren und anschließend betreut wird. Es ist allerdings wohl ausreichend, wenn sich, bei guter Gesundheitsversorgung und guten Möglichkeiten gesellschaftlicher Betreuung, sagen wir zehn oder 20 Prozent der Menschen zuweilen fortpflanzen, damit sich die Größe der Population erhält (sofern dies überhaupt als Maßstab gelten kann).

Von dieser «Gattungseigenschaft» kann *nicht* auf die individuellen Eigenschaften eines konkreten Menschen geschlossen werden. So muss sich ein Mensch keineswegs fortpflanzen können und wollen. Der Genitaltrakt des Menschen muss nicht auf Fortpflanzungsfähigkeit ausgelegt sein, und der Mensch muss keine Kinder haben wollen. Um noch einmal «organisch» zu werden: Gerade bei der Ausbildung von Genitalien werden in der Embryonalentwicklung vielfältige Möglichkeiten gegeben sein, weil sie – im Gegensatz beispielsweise zu Herz, Leber, Lunge – nicht lebensnotwendig sind. Führen zahlreiche Entwicklungen des Herzens dazu, dass dieses nicht funktionstüchtig ist und bereits der Embryo deshalb zu Grunde geht oder aber dass der Mensch früh stirbt – sofern die Gesundheitsversorgung nicht ausreichend entwickelt ist, um das Herz in einen funktionstüchtigen Zustand zu versetzen –, so hat ein Genitaltrakt, dem organisch nur die Fähigkeit zur Fortpflanzung fehlt, keineswegs vergleichbare negative Auswirkungen. Auch bei der Ausbildung des Genitaltraktes handelt es sich um einen Entwicklungsprozess, an dem zahlreiche Faktoren beteiligt sind, und Variabilität dürfte bei den Genitalien weit mehr möglich sein als bei anderen Organen.

Häufig wird auf solche Ausführungen entgegnet, dass man doch von den «natürlichen» Erfordernissen ausgehen müsse; Gesundheitsversorgung, gesellschaftliche Betreuung, der Wunsch von Menschen dürften nicht berücksichtigt werden, u.a. weil «der Urmensch» nicht über die heutigen technischen Möglichkeiten der Gesundheitsversorgung verfügt habe und weil so Natur- und Menschheitsgeschichte vermengt würden. Oft wird dann auch die «natürliche» Fortpflanzung anderer Tierarten zum Vergleich angeführt. Von anderen Tierarten sei hier nicht die Rede, bei diesen stellen sich die Reproduktion – ob ungeschlechtlich oder geschlechtlich – und die Geschlechtsentwicklung Art für Art im Vergleich zum Menschen äußerst unterschiedlich dar; in diesem Buch geht es um Menschen. Und bei diesen zeigt sich ganz deutlich, dass die ökonomischen und die übrigen gesellschaftlichen Bedingungen, dass die Gesundheitsversorgung, dass der Wunsch des einzelnen Menschen und die Ernährung und Betreuung durch andere Menschen selbstverständlich Bestandteile «der Evolution» sind. Die Menschen haben sich große Teile der Erde urbar gemacht, haben Sprache,

Arbeitsteilung, gemeinschaftliche Versorgungseinrichtungen entwickelt; kein Teil der Erde ist von Menschen unbeeinflusst, die Menschen haben die Atombomben, um sich und viele andere Arten zu vernichten etc. – wo sollte die Trennung zwischen Naturgeschichte und Menschheitsgeschichte gezogen werden? Die Menschheitsgeschichte ist Teil der Naturgeschichte – wie die Geschichte von anderen Arten auch Teil der Naturgeschichte ist –, und die Naturgeschichte ist Teil der Menschheitsgeschichte. Die Evolution führte zu Organismen zunehmender Komplexität und schließlich zum Menschen.

Die Ausbildung des Genitaltrakts in der Embryonalentwicklung

*U*m die weiteren Ausführungen insbesondere zu Chromosomen, Genen und weiteren Faktoren – auf Hormone wird in Form eines Exkurses eingegangen, *vgl. Exkurs 6* – einordnen zu können, sei zunächst noch erläutert, wie derzeit die Abläufe der Entwicklung des Genitaltraktes in der Entwicklungsbiologie beschrieben werden (vgl. Voß 2010: 242ff).

Das was bereits in den historischen Betrachtungen eine bedeutende Rolle spielte, wird auch heute vorausgesetzt: In frühen Phasen der Embryonalentwicklung werden die Embryonen nicht geschlechtlich unterschieden. Der Genitaltrakt wird als «indifferent» bzw. als «bipotent» bezeichnet. In den ersten Wochen der Embryonalentwicklung sei damit in jedem menschlichen Embryo das Potenzial vorhanden, sich in «weibliche» wie in «männliche» Richtung zu entwickeln. Allerdings weist schon der Begriff «Bipotenz» darauf hin, dass lediglich zwei Möglichkeiten für die Entwicklung angenommen werden. Konkret wird davon ausgegangen, dass sich in den ersten Phasen der Ausbildung des Genitaltraktes zunächst die Keimdrüsen bei jedem Embryo lediglich in einer von zwei Varianten – Hoden versus Eierstöcke – bilden würden. Diese würden über die Ausschüttung von Hormonen die weitere geschlechtliche Entwicklung dirigieren.

Aktuell wird davon ausgegangen, dass sich ab etwa der vierten Woche der Embryonalentwicklung die Anlage der Keimdrüsen ausbilde. Bis zur siebenten Entwicklungswoche sei sie in dem beschriebenen indifferenten geschlechtlichen Zustand, danach würden sich mehr und mehr Differenzen zwischen einer «weiblichen» und einer «männlichen Entwicklungsrichtung» zeigen. Bei der Entwicklung der Keimdrüsen seien zwei Gewebe zentral: einerseits das «Zölomepithel» bzw. auch bezeichnet als «somatisches mesenchymales Gewebe», aus dem sich das somatische (körperliche) Gewebe der Keimdrüsen bilde; andererseits die «Primordialkeimzellen», die in das somatische Gewebe einwandern und aus denen sich dort die Keimzellen bilden. Das Einwandern der «Primordialkeimzellen» findet etwa in der sechsten Woche der Embryonalentwicklung statt, möglicherweise geschieht es infolge der Absonderung «chemischer Lockstoffe» durch das «Zölomepithel». In der indifferenten Phase bilden sich auch der «Wolffsche Gang» (Urnierengang, lat. Ductus mesonephricus) und der «Müllersche Gang» (lat. Ductus paramesonephricus). Die weitere Entwicklung wird in der bisherigen Forschung weitgehend als dichotom – «weiblich» oder «männlich» – beschrieben:

Hodenentwicklung: Aus den somatischen Zellen differenzieren sich die «Sertoli-Zellen». Diese organisieren sich etwa während der achten Woche der Embryonalentwicklung zu «Keimsträngen», den so genannten «Hodensträngen». Dabei werden Keimzellen in die «Hodenstränge» eingeschlossen, aus denen sich «Spermatogonien» (Ursamenzellen) bilden; in der Pubertät differenzieren sich aus ihnen die Samenzellen. Die Keimzellen außerhalb der «Hodenstänge» gehen hingegen zu Grunde. Den «Sertoli-Zellen» kommt weitere Bedeutung zu, da sie im Fortgang der Embryonalentwicklung das «Anti-Müller-Hormon» (AMH) freisetzen, das einen wichtigen Einfluss darauf hat, dass der «Müllersche Gang» zurückgebildet wird.

Aus den somatischen Zellen, die nicht an der Ausbildung der Hodenstränge beteiligt sind, entwickeln sich die «Leydig-Zellen». Sie befinden sich zwischen den Hodensträngen. Von der achten Woche der Embryonalentwicklung an bilden sie Testosteron – bis etwa zur 18. Woche insbesondere angeregt durch das mütterliche Hormon «humanes Choriongonadotropin» (hCG). Später wird die Testosteron-Produktion durch das von der Hypophyse (Hirnanhangdrüse) ausgeschüttete Luteinisierende Hormon (LH) reguliert. Das Testosteron wirkt an der Differenzierung des «Wolffschen Ganges» zu «Nebenhoden»,

«Samenleiter», «Bläschendrüse» und an der der äußeren Geschlechtsmerkmale mit. Sowohl Testosteron als auch das ebenfalls wirksame Dihydrotestosteron – beide gehören zu der Gruppe der «Androgene», der so benannten «vermännlichenden Hormone» – entfalten ihre Wirkung durch die Anlagerung an den «Androgenrezeptor».

Eierstockentwicklung: Die somatischen Zellen differenzieren sich hier in den «Rindenbereich», ein zellenreiches Bindegewebe, und das «Mark», ein nicht so dichtes Bindegewebe. Bei der Eierstockentwicklung bleiben die Keimzellen im «Rindenbereich». Die sich bei der Entwicklung von Hoden ausbildenden «Keimstränge» werden zurückgebildet, stattdessen bilden sich im «Rindenbereich» «sekundäre Keimstränge» aus. Die im «Rindenbereich» befindlichen Keimzellen bilden «Primordialfollikel», indem sie sich vermehren und mit einer einlagigen Schicht von «Follikelepithelzellen», die aus den «sekundären Keimsträngen» hervorgehen, umgeben. Die Keimzellen treten in die Prophase der ersten Reifeteilung der Meiose ein und bleiben in dieser Phase mindestens bis zur Pubertät. Mit der Pubertät reifen die «Primordialfollikel», angeregt durch das «Follikelstimulierende Hormon» (FSH), zu «Primär-», «Sekundär-» und schließlich «Tertiärfollikeln». Bis zur Pubertät setzt auch die weitere Entwicklung der «Follikelepithelzellen» aus. Aus ihnen entstehen dann «Granulosazellen», die – angeregt durch FSH – das Enzym Aromatase ausschütten. Aromatase hat bei der Umwandlung von Testsosteron in Östradiol Bedeutung, das zu den «Östrogenen» gehört, worunter Hormone gefasst werden, die insbesondere bei «weiblicher Geschlechtsentwicklung» wichtig seien.

Während die «Granulosazellen» der Eierstockentwicklung die Homologe der «Sertoli-Zellen» der Hodenentwicklung darstellen, sind die so genannten «Thekazellen» die Homologe der «Leydig-Zellen». Die «Thekazellen» stellen die die Follikel umgebende Zellschicht dar. Die «Thekazellen» reagieren, wie auch die «Leydig-Zellen», auf das von der Hypophyse ausgeschüttete Luteinisierende Hormon, wodurch die Bildung von Androgenen (Testosteron, Androstendion) angeregt wird. Durch das Enzym Aromatase können diese Androgene in Östrogene umgebildet werden *(vgl. Exkurs 6)*.

Warum der «Wolffsche Gang» in der Entwicklung von Eierstöcken zurückgebildet wird und sich der «Müllersche Gang» weiterentwickelt, ist unklar. Bis in die 1990er Jahre wurde fast ausschließlich «männliche Entwicklung» untersucht – und aus dieser für die «weibliche Entwicklung» geschlossen! So wurde die Fortentwicklung des «Müllerschen Ganges» durch *fehlendes* AMH erklärt, wogegen sich der «Wolffsche Gang» auf Grund *fehlenden* Testosterons zurückbilde. Eierstockentwicklung sollte *rein passiv* dann verlaufen, wenn spezifische Faktoren, die für die Hodenentwicklung nötig wären, fehlten. Aktive Entwicklungsschritte auch für die Eierstockentwicklung werden dominant erst seit den 1990er Jahren in Erwägung gezogen und untersucht. Der «Müllersche Gang» differenziert sich zu «Eileitern», «Gebärmutter», «Gebärmutterhals» und «oberer Vagina».

Deutlich dürfte die große Reichweite der gemeinsamen geschlechtlichen Anlage geworden sein. Keimdrüse, Wolffscher und Müllerscher Gang sind zunächst bei allen Embryonen vorhanden; Granulosa- und Sertoli-Zellen sowie Theka- und Leydig-Zellen zeigten sich als einander homolog, sie gehen also auf den gleichen embryonalen Ursprung zurück. Auch die Bildung von Androgenen geschieht in allen Embryonen, sie werden lediglich in unterschiedlicher Quantität in Östrogene umgebildet (*vgl. Exkurs* 6). Und es wird so gut vorstellbar – und in den folgenden Betrachtungen erhärtet sich diese Sicht –, dass der jeweilige Pool an Faktoren, der Zeitpunkt und die Quantität ihrer Bereitstellung von Individuum zu Individuum variieren können und werden. Deutlich wird auch – und es ist eigentlich selbstverständlich –, wie stark verzahnt die Entwicklung des Embryos mit aus dem mütterlichen Organismus einwirkenden Faktoren ist. Mit den Betrachtungen ist aber auch eingängig, dass es nicht nur das *«Entweder – Oder»* bezüglich der Entwicklung der Keimdrüsen – *entweder* Hoden- *oder* Eierstockentwicklung – geben muss; schon gar nicht muss es dieses *«Entweder – Oder»* bei der Ausbildung der übrigen Teile des Genitaltraktes geben. Vielmehr ist mit diesen Betrachtungen auch gut ein *«Sowohl-als-auch»* vorstellbar, wenn zum Beispiel einige Faktoren lediglich auf einen Teil eines sich ausbildenden Gewebes wirken, wenn Rezeptoren für Androgene oder Östrogene in unterschiedlichem Maße von den Zellen ausgebildet werden etc.

Es zeigt sich also ein differenziertes Bild mit der Möglichkeit der vielfältig variablen Entwicklung des Genitaltraktes; es lohnt, eine neue Einordnung der vorliegenden Ergebnisse vorzunehmen, bei der nicht schon Zweigeschlechtlichkeit vorausgesetzt ist. Dabei gilt es, aus einer Denkweise auszubrechen, die Variabilität als «Störung» und «Abweichung» von einer «Norm» disqualifiziert. Vielmehr kann man gerade mit einer neuen Einordnung zu einer besseren und vorübergehend überzeugenderen Beschreibung der sich tatsächlich darstellenden Vielfalt von geschlechtlichen Ausprägungen gelangen.

Exkurs 6: Biosynthese und Wirkung von Androgenen und Östrogenen

Häufig werden Androgene und Östrogene als zueinander gegensätzlich dargestellt. Während die Ersteren eine vermännlichende Wirkung hätten, seien die Letzteren insbesondere für eine verweiblichende Wirkung bedeutsam. Ebenso häufig wird einfach ausgeführt, dass Hoden Androgene bilden würden, Eierstöcke hingegen Östrogene. Hier lohnt eine genauere Betrachtung:

Androgene und Östrogene basieren auf einem weitreichend gleichen Biosynthese-Weg. Als Steroidhormone gehen sie auf Cholesterin zurück. Androgene leiten sich vom Pregnenolon bzw. von seinem Umwandlungsprodukt Progesteron ab; diese werden zu den Androgenen *Androstendion* und *Androstendiol* modifiziert, woraus schließlich das Androgen *Testosteron* gebildet wird. Die Androgene können – insbesondere abhängig von dem Enzym Aromatase – in Östrogene überführt werden. Auf diese Weise wird aus Androstendion das Östrogen *Östron* gebildet, aus Testosteron entsteht so *Östradiol*. Es zeigt sich also, dass zunächst stets «Androgene» gebildet und diese dann gegebenenfalls zu «Östrogenen» umgebildet werden.

Die Biosynthese von Androgenen und Östrogenen geschieht vornehmlich, aber keineswegs ausschließlich, in den Keimdrüsen. Androgene werden beispielsweise auch in der Nebennierenrinde gebildet, Östrogene auch in der Plazenta. In weiteren Geweben findet die Produktion in geringen Mengen statt. Hohe Konzentrationen an Androgenen können ihre Umwandlung zu Östrogenen im Fettgewebe bewirken.

Wird Androgenen und Östrogenen im populären Verständnis häufig eine Bedeutung bei der Ausbildung (primärer und) sekundärer Geschlechtsmerkmale zugeschrieben, so werden dabei ihre übrigen Wirkungen vernachlässigt. Östrogene scheinen für die Funktionstüchtigkeit des Herzens, das Knochenwachstum und für die Ausbildung der männlichen Spermien wichtig zu sein. Testosterone scheinen unter anderem einen Einfluss auf das Kreislaufsystem, die Blutzellen, die Leber, die Fett- und Kohlehydratverbrennung zu haben. Also sowohl Östrogene als auch Testosterone sind für «Frauen» wie «Männer» bedeutsam – Anne Fausto-Sterling schlug entsprechend vor, sie eher als «Wachstumshormone» einzuordnen, als durch die Bezeichnung «Geschlechtshormone» den ganzen Umfang ihrer Wirkungen zu verschleiern.

Es scheint also die Quantität der Hormone und ihr Verhältnis zueinander bedeutsam zu sein; die verschiedenen Zellen der sich ausbildenden Keimdrüsen wirken zusammen, reagieren auf eingehende Stimuli, sofern sie über die entsprechenden Rezeptoren verfügen. Es sind Enzyme/Enzym-Komplexe bzw. weitere Protein-Komplexe notwendig, damit Androgene und Östrogene gebildet werden, deren Wirkungen sich schließlich auch nur dann entfalten können, wenn entsprechende Rezeptoren an Zellen vorhanden sind, an die sie binden und dadurch Reaktionen in Gang setzen können. Deutlich wird damit, dass sich ihre Wirkungen – je nach den individuellen Gegebenheiten und umgebenden Einflüssen – unterschiedlich gestalten können und werden.

Entsprechend wird auch klar, dass «hohe Konzentrationen» an Androgenen nicht unbedingt mit einem männlichen Erscheinungsbild einhergehen müssen. Sind beispielsweise keine Androgenrezeptoren vorhanden oder werden größere Mengen an Aromatase erzeugt, die wirksam werden, dann kann sich auch bei hohen Androgen-Konzentrationen ein als «weiblich» betrachtetes Erscheinungsbild einstellen. Problematisch ist hier nicht das sich ausbildende

Erscheinungsbild, sondern die gesellschaftliche Pathologisierung, die mit den unterschiedlichen Konzentrationen an Hormonen einhergeht. So werden beispielsweise fünf bis 15 Prozent der Frauen im «gebärfähigen Alter» als krank beschrieben, nur weil sie zu viele als «männlich» geltende Hormone bilden.

(Vgl. u.a.: Ebeling 2006b; Stryer 1999 [1995]: 739ff; Horn 2009: 398ff; Schartl 2009: 719ff.) Die Erkenntnis, dass Östrogene und Androgene in Männern und Frauen aufzufinden sind und Bedeutung haben, ist keineswegs neu, sondern wird bereits seit den 1920er Jahren beschrieben (vgl. Oudshoorn 1994; Fausto-Sterling 2000; Sengoopta 2006).

Keimdrüsen, Keimzellen und schließlich Chromosomen und Gene als Garanten geschlechtlicher Binarität?

Seit dem Ende des 18. Jahrhunderts waren insbesondere die «Hoden» in den Blick der Forschung gelangt und wurden ihnen besondere vergeschlechtlichende Eigenschaften zugeschrieben. Wurden zunächst «männliche Hoden» als den Organismus vermännlichend beschrieben, folgten seit Anfang des 19. Jahrhunderts auch genauere Betrachtungen zu «weiblichen Hoden» bzw. «Eierstöcken», die schließlich als die wichtigsten Organe für die Verweiblichung des Organismus galten. Die zeitliche Forschungsabfolge – zunächst nur Untersuchung «vermännlichender Wirkungen», erst später dann auch «verweiblichender» – ist ein gängiges Motiv in den biologisch-medizinischen Wissenschaften. Es wurde nämlich davon ausgegangen, dass der «Mann» die vollkommene Ausbildung des Menschen darstelle, die der unvollkommeneren Version «Frau» überlegen sei. Daher sollten zur Entwicklung des Mannes zusätzliche aktive Entwicklungsschritte notwendig sein, die bei der Entwicklung zur Frau fehlen würden – eine androzentrische Sichtweise, wie sie vielfach in biologisch-medizinischen Forschungen hervortritt.

Mit der Fokussierung auf «männliche Hoden» und auf «Eierstöcke» wurden diesen weitreichende Funktionen zugeschrieben, die in einem Zitat von Rudolf Virchow – einem bedeutenden Mediziner und Sozialpolitiker, dem insbesondere Berlin wichtige hygienische Einrichtungen wie die ersten kommunalen Krankenhäuser der Stadt, Kanalisation und zentrale Trinkwasserversorgung verdankt – ganz anschaulich hervortreten: «Das Weib ist eben Weib nur durch seine Generationsdrüse; alle Eigenthümlichkeit seines Körpers und Geistes oder seiner Ernährung und Nerventhätigkeit: die süsse Zartheit und Rundung der Glieder bei der eigenthümlichen Ausbildung des Beckens, die Entwicklung der Brüste bei dem Stehenbleiben der Stimmorgane, jener schöne Schmuck des Kopfhaares bei dem kaum merklichen, weichen Flaum der übrigen Haut, und dann wiederum diese Tiefe des Gefühls, diese Wahrheit der unmittelbaren Anschauung, diese Sanftmuth, Hingebung und Treue – kurz, Alles, was wir an dem wahren Weibe Weibliches bewundern und verehren, ist nur eine Dependenz des Eierstocks. Man nehme den Eierstock hinweg, und das Mannweib in seiner hässlichsten Halbheit mit den groben und harten Formen, den starken Knochen, dem Schnurrbart, der rauhen Stimme, der flachen Brust, dem missgünstigen und selbstsüchtigen Gemüth und dem schiefen Urtheil steht vor uns.» (Virchow 1856 (1847): 747; weiterführende Fußnoten ausgelassen) Deutlich wird, mit welcher Bedeutung Eierstöcke (und Hoden) versehen wurden. Eierstöcke und Hoden galten als die vergeschlechtlichenden Merkmale schlechthin. Sie hätten nicht nur Auswirkungen bei der Ausbildung physischer Merkmale, sondern würden auch Charakter- und moralische Eigenschaften eines Menschen prägen. Das Virchow-Zitat zeigt die bildhafte und blumige Sprache, die sich mit Ausführungen von Geschlecht verband – auch das war damals durchaus gängig, und Londa Schiebinger hat das in dem Aufsatz «Das private Leben der Pflanzen» besonders schön für Arbeiten der Botanik herausgestellt (Schiebinger 1995).

Zu Beginn des 20. Jahrhunderts war der Glaube an die Keimdrüsen so stark, dass man annahm, mit der Verpflanzung von Hoden- und Eierstockgewebe bzw. schließlich mit dem Übertragen von aus ihnen isolierten Substanzen, von «Hormonen», die Ausbildung physischer, physiologischer und psychischer geschlechtlicher Merkmale beeinflussen zu können. Auch wurde diesen Geweben und den aus ihnen isolierten Substanzen verjüngende Eigenschaften zugeschrieben.

Seit dem Ende des 19. Jahrhunderts fand parallel dazu eine andere Schwerpunktsetzung statt, bei der anstelle der Keimdrüsen *die Zeugungsstoffe* – als Ei- und Samenzelle – verstärkt in den Blick genommen wurden. Bereits in den historischen Ausführungen des vorigen Kapitels wurde ersichtlich, dass den Zeugungsstoffen in naturphilosophischen und biologisch-medizinischen Untersuchungen zu Geschlecht eine große Bedeutung zukam. Die Präformationstheorien waren davon ausgegangen, dass entweder der «weibliche» oder der «männliche» Zeugungsstoff den ausgewachsenen Organismus bereits vollständig vorgebildet in Miniatur enthielte; die Entwicklungstheorien sahen die Zeugungsstoffe als «ungeformte Materie», die sich entwickeln und differenzieren würde. Das Problem der Ähnlichkeit von Kindern mit ihren Eltern wurde vielfältig betrachtet. Mit immer besseren Mikroskopen und mikroskopischen Verfahren wurden «Ei» und «Samen» im 19. Jahrhundert als zelluläre Strukturen erkannt. Karl Ernst von Baer beschrieb 1827 die «Eizelle», Rudolf Albert von Kölliker zeigte 1841, dass es sich bei Samen um Gewebeelemente und nicht um kleine «Samen*tiere*» («Spermato*zoen*») handelte, und Oscar Hertwig beobachtete 1875 die Befruchtung der Seeigel-Eizelle (sie eignete sich auf Grund ihrer Größe besonders für die Untersuchung von Befruchtungsvorgängen).

Nachdem bereits seit den 1840er Jahren die Morphologie der «Chromosomen» bekannt war, wurden sie in den 1880er Jahren detailliert und in ihrer möglichen Funktion bei der Vererbung beschrieben. 1904 schilderte Theodor Boveri die Mechanismen, die zur Reduktion und Verteilung des Chromosomenbestandes der Zelle bei der Bildung der Keimzellen führten (Meiose), und zeigte, dass sich bei der Vereinigung von Ei- und Samenzelle homologe Chromosomen paarten. Dass den Chromosomen eine Bedeutung bei der Vererbung «des Geschlechts» zukomme, wurde seit den 1890er Jahren behandelt. Hermann Henking zeigte 1891, dass als Resultat der Meiose zwei verschiedene Arten von Spermien auftraten: einige enthielten ein bestimmtes großes Chromatinelement, andere hingegen nicht. In der Folge konnten bei verschiedenen Insektenarten ähnliche Beobachtungen gemacht werden – insbesondere durch Nettie Maria Stevens und Edmund Beecher Wilson. Bei einigen Arten war in einem Teil der Spermien ein zusätzliches Chromatinelement vorhanden (in den übrigen Spermien fehlte es vollständig), bei anderen Arten fand sich ein Chromosomenpaar, dessen Partnerinnen sich deutlich unterschieden. 1909 und 1911 wurden das kleinere Chromosom als «Y-Chromosom», das größere als «X-Chromosom» benannt. Für den Menschen beschrieb 1923 Theophilus Painter, dass die Zellen der männlichen Individuen über ein X- und ein Y-Chromosom verfügten, während die weiblichen Individuen zwei X-Chromosomen besäßen. Er schlussfolgerte, dass beim Menschen chromosomal über die Geschlechtsbestimmung entschieden würde. (vgl. Voß 2010: 209ff, 246)

Während diese eindeutige geschlechtliche Unterscheidung im Chromosomenbestand im heutigen Denken rasch zu dem Kurzschluss verleitet, es sei damit doch bewiesen, dass es zwei – und nur zwei – Geschlechter gebe, war in den 1920er Jahren durchaus anderes denkbar. Erinnert sei an die in dieser Zeit ebenfalls verbreitete «Zwischenstufentheorie», die von der tatsächlich beobachteten Vielfalt geschlechtlicher Ausbildungen ausging. Zu dieser mussten die chromosomalen Beobachtungen nicht im Gegensatz stehen. So führte der zu seiner Zeit weithin bekannte Zoologe Richard Goldschmidt zwar aus, dass sich chromosomales Geschlecht stets als weiblich *oder* männlich darstelle, er ging aber auch davon aus, dass alle Individuen die Anlagen sowohl für weibliche als auch für männliche Geschlechtsmerkmale enthielten – er bezeichnete diese Anlagen als «Weiblichkeits-» bzw. «Männlichkeitsfaktor». Auch er betrieb, wie seine Kolleg_innen, seine Forschungen insbesondere an Insekten – vor allem an Motten (Schwammspinnern, *Lymantria dispar*) –, übertrug aber die Erkenntnisse auf das gesamte Tierreich, einschließlich des Menschen. Je nach Tierart würde entweder der «Weiblichkeitsfaktor» oder der «Männlichkeitsfaktor» auf dem X-Chromosom lokalisiert – und damit gegebenenfalls «doppelt» vorhanden – sein, während der andere Faktor auf dem Y-Chromosom oder alternativ auf den Autosomen (den übrigen Chromosomen, den «Körperchromosomen») liege. Die Quantität, die zeitliche Wirkung und die Geschwindigkeit der Reaktionen der beiden Faktoren sei – insbesondere durch die verschiedene Lage – unterschiedlich, der vorherrschende Faktor würde das Geschlecht bestimmen. Zwar überwiege meist einer der Faktoren dauerhaft, es sei aber auch möglich, dass zunächst der eine, später dann der andere Faktor im selben Individuum dominiere – den Zeitpunkt des Wechsels bezeichnete Goldschmidt als «Drehpunkt». Je nachdem, wie früh oder spät dieser «Drehpunkt» liege, umso mehr oder weniger deutlich könne der später vorherrschende Faktor die physische, physiologische und psychische Erscheinung des Individuums bestimmen. Goldschmidt formulierte so eine «lückenlose Reihe von Übergängen» bei der Ausbildung geschlechtlicher Merkmale; «Weiblichkeit» und «Männlichkeit» würden die «extremen Endglieder» dieser Reihe darstellen. Die Nähe zur «Zwischenstufentheorie» ist dabei unübersehbar. (Vgl. Voß 2010: 212f)

Der Biologe Paul Kammerer, der intensiv Vererbungsforschungen betrieb, folgerte gar aus diesen wissenschaftlich wie populär verbreiteten (vgl. Satzinger 2009: 259f) Untersuchungen Goldschmidts: «Es gibt nur Zwitter». In dem so überschriebenem Kapitel seines 1927 veröffentlichten Buches führt er aus: «Die Keimzelle – so hieß es – trägt sowohl die männliche als die weibliche Anlage in sich, von denen jeweils die eine den Vorzug hat und daher im ungestörten Entwickl[u]ngsverlauf zur Vorherrschaft gelangt; niemals zur Alleinherrschaft, da stets auch die zweite in Form verkümmerter Organe des anderen Geschlechtes sichtbar bleibt [...] Ob sich die latente oder potentielle Bisexualität des Keimes in die aktuelle, sichtbare Bisexualität des Zwitters weiterentwickelt, hängt davon ab, ob beide Geschlechtsanlagen annähernd gleich stark sind; sind sie es nicht, ist die eine kräftiger, so bestimmt diese das relativ ‹reine› Geschlecht des Erwachsenen. Je weiter die Entwicklung eines ‹*getrenntgeschlechtlichen*› Lebewesens fortschreitet, desto mehr triumphiert die bevorzugte Geschlechtsanlage; da dies allmählich vor sich geht, besteht keine scharfe Grenze zwischen der verborgenen Zwitterigkeit des Keimes einerseits, der scheinbaren Ein- und Reingeschlechtlichkeit des Erwachsenen andererseits. ‹Restlos›, d.h. ohne Reste zu hinterlassen, wird die gegengeschlechtliche Anlage niemals überwunden. Mit anderen Worten: es gibt keine streng getrenntgeschlechtlichen Lebewesen; es gibt genau genommen nur ein Geschlecht oder noch besser Doppelgeschlecht: den Zwitter. *Jedes Individuum ist bis zu einem gewissen Grade zwitterig*: auch der echteste Mann enthält weibliche, selbst das reinste Weib männliche Elemente.» (Kammerer 1927: 81ff)

Interessant und für die folgenden Betrachtungen bedeutsam ist nun, dass nach Goldschmidts Auffassungen nicht die Chromosomen die Entwicklung diktieren sollten, sondern dass neben ihnen weitere Einflüsse aus der Zelle und dem Organismus wichtig seien. Hierzu gab es das widerstreitende Modell der Genwirkung von Thomas Hunt Morgan, der zeitgleich zu Goldschmidt in den USA forschte. Es ist noch heute als «Ein-Gen-ein-Enzym-Hypothese» weithin bekannt. In seiner Theorie formulierte Morgan – und ordnete damit Beobachtungen aus Kreuzungsexperimenten der Fruchtfliege (*Drosophila melanogaster*) theoretisch ein –, dass jeweils ein abgrenzbarer Bereich auf einem Chromosom (ein «Gen»), zu einem Protein (= Eiweiß; Enzyme gehören zu den Proteinen) bzw. einem Merkmal führen würde. Für die Augenfarbe bei der Fruchtfliege und für so genannte «monogenetische Erkrankungen» – Merkmalsausprägungen, die nur auf ein Gen zurückgingen – wird noch heute an der Theorie festgehalten. Der Unterschied zwischen dem Modell Goldschmidts und dem Morgans ist der, dass in ersterem Chromosomen als in Prozesse der Zelle und des Organismus eingebunden betrachtet werden und Gene auf unterschiedlichen Hierarchieebenen wirken sollen, während in letzterem Chromosomen und Gene wesentlich weitreichendere Bedeutung erhalten – sie würden die Ausprägung von Merkmalen diktieren, die Zelle würde lediglich den Ort ihres Wirkens darstellen und nachgeordnete Erfüllungsgehilfin sein.

Die Aushandlung zwischen den beiden Konzepten wäre spannend und gehaltvoll für die weitere wissenschaftliche Entwicklung gewesen. Hier spielt nun eine Rolle, dass Goldschmidts Richtung auf Grund der Verfolgung und teilweise auch Ermordung ihrer wichtigsten Vertreter durch den deutschen Faschismus ausfiel. Mit dem Machtantritt der Nazis verschlechterten sich Goldschmidts Forschungsbedingungen rapide, da er «Jude» – im Sinne der Rassenideologie der Nazis – war. 1936 emigrierte er in die USA, wo er allerdings nicht mehr so gute Möglichkeiten für seine Untersuchungen erhielt, wie er sie am Berliner Kaiser-Wilhelm-Institut gehabt hatte. Auch aus der Hormonforschung wurde die Richtung, die komplexere Konzepte vertrat, verdrängt: Bernhard Zondek, eine wichtige Persönlichkeit in der Hormonforschung der Zeit, musste emigrieren. Er hatte beispielsweise beim männlichen Pferd, dem Hengst, große Mengen an «Östrogenen» («weiblichen Geschlechtshormonen») festgestellt. Der Nazi Adolf Butenandt, späterer Nobelpreisträger und Präsident der Max-Planck-Gesellschaft, der im Folgenden wesentlich die Hormonforschungen bestimmte, vertrat vergleichsweise simple Modelle der vergeschlechtlichenden Wirkung von Hormonen (obgleich auch er auf Widersprüche in den Ergebnissen stieß), die sich gut mit seinen Auffassungen von in der Regel eindeutiger Geschlechtlichkeit und der Aufgabenverteilung zwischen Frauen und Männern in Familie und Gesellschaft vertrugen. (Vgl. Satzinger 2009)

Die durch den deutschen Faschismus entstandene Lücke konnte auch nach Ende des Zweiten Weltkriegs zunächst nicht geschlossen werden, vielmehr zeigte sich, dass Goldschmidt bis in die 1980er Jahre kaum rezipiert wurde (vgl. Satzinger 2004: 6f). Durch die Entschlüsselung der DNA-Struktur, veröffentlicht durch James D. Watson und Francis Crick, in Kooperation mit Maurice Wilkins, im Jahr 1953, setzte sich nachhaltig der «Glaube» an eine sehr weitreichenden Bedeutung von DNA und «Genen» durch. (Watson und Crick nutzten die Ergebnisse der Röntgenstrukturanalysen von Rosalind Franklin – aus Wilkins Arbeitsgruppe –, ohne deren Anteil an ihrer Arbeit wenigstens in der Nobelpreisrede zu würdigen.) Die Forschungsförderung im Bereich Biologie und Medizin konzentrierte sich in der Folgezeit wesentlich auf die Genforschung; systemische Betrachtungen fanden zwar auch statt, aber unter weitaus schlechteren Bedingungen, und sie blieben auch in der Wahrnehmung randständig. Auch mögliche komplexere Betrachtungen in der Genforschung erhielten zunächst keinen Raum, sondern es wurde auf einem «statischen Genom» beharrt; so wurde Barbara McClintock wegen widersprechenden Ergebnissen zunächst von Vertretern ihres Faches sogar angefeindet, ihre bahnbrechenden Forschungen zu «wandernden Genen» («transposablen Elementen») aus den 1940er Jahren wurden erst 1983 mit dem Nobelpreis geehrt, und erst dann wurde auch dominant inhaltlich an ihre Forschungen angeknüpft. Seit Mitte der 1980er Jahre, und insbesondere seit den ernüchternden Ergebnissen des Humangenomprojekts zur «Entschlüsselung des menschlichen Genoms» aus dem Jahr 2001, haben auch systemische Forschungen, die die Zelle und den Organismus mitbetrachten, wieder etwas Auftrieb erhalten.

Der Wissenschaftsforscher Thomas Kuhn konstatierte: «Die normale Wissenschaft strebt nicht nach neuen Tatsachen und Theorien und findet auch keine, wenn sie erfolgreich ist.» (Kuhn 1976 [1962]: 65) Die kurzen Ausführungen zur Auswirkung von Politik und finanzieller Förderung sowie zur Passförmigkeit von Forschungsergebnissen zu den jeweils im Fach dominanten sind wichtig, um die heute aktuellen Forschungsinteressen der Biologie und Medizin einordnen zu können und um nachzuvollziehen, warum es alternative Denkmodelle gab (und gibt), diese aber nicht vorherrschend werden konnten.

Es sind aber auch die «großen» gesellschaftlichen Rahmenbedingungen nicht zu vergessen, die ermöglichen, dass bestimmte Theorien schnellere und größere Verbreitung finden als andere. Bereits ausgeführt wurde, wie gerade die Profiteure einer Gesellschaftsordnung an Theorien der Vorgegebenheit festhielten: Sie selbst seien nicht auf Grund gesellschaftlicher Ungleichbehandlung in einer komfortablen Situation, sondern durch die ihnen gegebenen, «angeborenen» Fähigkeiten (für deren vollständige Ausprägung sei zwar Lernen erforderlich, aber andere Menschen kämen, weil sie vorgegebenermaßen nicht so gut lernten, nicht in die gleiche Position...) – diese Sichtweise ist heute noch verbreitete Ideologie. Und ein weiterer nicht zu vernachlässigender Bestandteil der gesellschaftlichen Rahmenbedingungen: Selbst wenn in der Wahrnehmung oftmals Genetik und christliche Kirche als gegensätzlich erscheinen – sie sind es nur oberflächlich betrachtet. Ihre Lehren gehen gut zusammen – schon allein auf Grund des *Vorgebens von Unveränderbarem*. Die Genetik beschreibt Moleküle, die bereits Informationen vollständig enthielten und nur dazu kommen müssten, informieren zu können; die christlichen Kirchen berufen sich auf einen «Gott» als vorgebende Instanz. Wie bei der Genetik die Informationen in das Erbmaterial gelangen – dass lässt sich auch gut mit einem «Schöpfergott» erklären: Bei den Betrachtungen zu Präformationstheorien versus Entwicklungstheorien im 17. und 18. Jahrhundert wurde deutlich, wie naturphilosophische Gedanken der Präformation gut auf ein christlich-kirchliches Gerüst gestützt werden konnten. Erschien uns dort die Vorstellung, dass in Samen oder Ei ein kleines Menschlein säße, sehr amüsant, so sind doch die derzeit noch immer vorherrschenden Vorstellungen der Genetik, dass die Informationen für die einzelnen Bestandteile des Körpers bereits vorgeprägt seien, im Kern nichts anderes.

Es kommt also nicht aus dem Nichts und es ist nicht ohne gesellschaftsgeschichtlichen Hintergrund, dass Evelyn Fox Keller im Titel ihrer wichtigen Veröffentlichung aus dem Jahr 2000 das 20. Jahrhundert durchaus passend als «Das Jahrhundert des Gens» (dt. 2001; zuvor 2000 engl.: «The Century of the Gene») beschrieb. Entsprechend sind auch die weiteren Forschungsergebnisse geschlechtlicher Theorien gefasst:

Dass den Hoden eine wichtige Rolle eingeräumt wurde, zeigten die bisherigen Ausführungen. Diese Sicht erhielt durch Beobachtungen von Alfred Jost aus dem Jahr 1947 weiteren Auftrieb. In Experimenten hatte er bei Kaninchen-Embryonen in frühen embryonalen Stadien die undifferenzierten Keimdrüsen entfernt. Danach zeigte sich, ganz gleich welche Chromosomenkombination die Kaninchen-Embryonen aufwiesen, ob eine als «weiblich» oder eine als «männlich» charakterisierte, stets eine als «weiblich» eingeordnete Entwicklung hin zu Eileiter, Uterus, Vagina und weiblichen äußeren Genitalien. Jost schlussfolgerte – und legte damit die experimentelle Basis für die Forschungen der nächsten Jahrzehnte –, dass für die «weibliche» Entwicklung keine Keimdrüse (Eierstock) notwendig, die Keimdrüse (Hoden) hingegen für die «männliche» Entwicklung unverzichtbar sei. Diese Auffassung ging dominant in das sich durchsetzende genetische Paradigma ein (vgl. u.a.: Rieder 2003). Bahnbrechend hierfür waren zwei weitere Arbeiten, aus dem Jahr 1959, in denen für Patient_innen, bei denen nur ein X-Chromosom festgestellt werden konnte, aber kein weiteres X-Chromosom und auch kein Y-Chromosom (X0-Chromosomensatz; heute als «Turner-Syndrom» pathologisiert), sich ein als weiblich betrachtetes Erscheinungsbild (mit Eierstöcken) zeigte, wohingegen sich bei solchen mit zwei X-Chromsomen und einem Y-Chromosom (XXY-Chromosomensatz; heute als eine der Varianten des «Klinefelter-Syndroms» pathologisiert) ein als männlich eingeordneter Phänotyp ausprägte. Das sprach für eine besondere Bedeutung des Y-Chromosoms, das, sobald es vorhanden ist, zur Ausbildung von Hoden führen sollte.

So wurde nun – seit den 1950er Jahren – nach dem chromosomalen und genetischen Faktor gesucht, der die Ausbildung von Hoden ermöglichen würde. Einerseits taucht hier wieder das androzentrische Motiv auf: Es wurde stets von der Fortentwicklung männlichen Geschlechts ausgegangen. Andererseits war nun die Suche nach dem chromosomalen Bereich – bewusst zunächst im Singular! – eröffnet, der die Hoden determinieren sollte. Dieser «Hoden determinierende Faktor» (engl. testis-determining factor) – abgekürzt für den Menschen TDF und für den oft verwendeten Untersuchungsorganismus Maus Tdy – war so gedacht, dass er in einem einzelnen Schritt die Entwicklung von Hoden in Gang setzen und damit die weitere «männliche» Entwicklung bestimmen sollte. Mit den Arbeiten aus dem Jahr 1959 wurde TDF auf dem Y-Chromosom vermutet – und so wurde dieses in der Folge intensiv untersucht. 1966 wurde der TDF auf den kurzen Arm des Y-Chromosoms eingegrenzt, seit 1975 wurden dann nacheinander verschiedene Bereiche («Gene») auf dem Y-Chromosom lokalisiert, die den TDF darstellen sollten. Stets musste die Annahme, dass diese Bereiche der TDF seien, wieder verworfen werden, weil sich zu viele Ausnahmen zeigten: Entweder war der Bereich bei einigen Individuen vorhanden und es bildeten sich dennoch keine Hoden aus, oder der Bereich war nicht vorhanden und es bildeten sich trotzdem Hoden aus, oder aber es konnte dieses Gen in der Folge in zahlreichen Kopien auf verschiedenen Chromosomen des Genoms des Organismus gefunden werden, und es erschien damit eine auf die Hodenentwicklung eingeschränkte Wirkung als unwahrscheinlich.

1987 schlugen David C. Page und Kolleg_innen ein Gen vor, dass sie ebenfalls auf dem kurzen Arm des Y-Chromosoms ausgemacht hatten: ZFY. Sein Genprodukt, das ZFY-Protein, zeigte deutliche chemische Strukturen eines Transkriptionsfaktors, eines Faktors also, der die Expression (das «Ablesen») anderer Gene «anschalten» könnte. Daher wurde zunächst vermutet, dass ZFY den Hoden determinierenden Faktor darstelle. Allerdings sprachen kurz darauf Untersuchungen an Beutel- und Nagetieren gegen diese Annahme. Bei Beuteltieren zeigten sich zu ZFY homologe Gene – also solche mit großer Ähnlichkeit in der Sequenz – nicht auf den «Geschlechtschromosomen», sondern auf den übrigen Chromosomen. Auch die Ergebnisse der Untersuchungen von vier Menschen sprachen gegen ZFY als TDF. Sie hatten Hoden ausgebildet, obgleich bei ihnen ein «weiblicher» XX-Chromosomensatz festgestellt worden war. Bei genaueren Untersuchungen zeigte sich, dass sich in ihrem Genom auch ein Teil des Y-Chromosoms fand – durch Translokation («Ortsveränderung») konnte es während der Keimzellbildung der elterlichen Organismen dorthin gelangt sein. Allerdings war bei der Translokation nicht das ZFY-Gen übertragen worden. In weiteren Studien konnten zu ZFY sehr ähnliche Sequenzen auf dem X-Chromosom gefunden werden... Damit kam auch ZFY nicht als TDF in Frage, mit einer so weitreichenden Bedeutung, dass es als einzelnes Gen die Hodenentwicklung «anknipse».

1990 folgte das Gen SRY als Kandidatin für TDF, und es gilt noch heute als wichtigster Faktor für die Ausbildung von Hoden – obwohl sich auch bei SRY rasch widersprüchliche Ergebnisse zeigten. SRY steht für «sex determining region Y» (engl., «geschlechtsdeterminierende Region auf dem Y-Chromosom») – schon diese Bezeichnung macht die bereits thematisierte androzentrische Sicht offensichtlich: SRY wurde als «geschlechtsdeterminierend» benannt und nicht etwa als «hodendeterminierend»; es sollte der Umschaltpunkt schlechthin von generell erfolgender «weiblicher» Entwicklung, wenn es nicht vorhanden wäre, auf «männliche» Entwicklung sein. Auch das SRY-Gen wurde wie ZFY auf dem kurzen Arm des Y-Chromosoms lokalisiert; im gleichen Jahr konnte auch bei der Maus ein dem menschlichen SRY-Gen homologes Sry-Gen nachgewiesen werden. Und auch bei anderen Säugetieren fanden sich SRY-Homologe, wobei sich nur in einem Teil der jeweiligen Sequenz deutliche Übereinstimmungen zwischen den verschiedenen Säugetierarten zeigten. Bei anderen Säugetieren – den Japanischen Landratten *Tokudaia osimensis osimensis* und *Tokudaia osimensis spp.* und den Mull-Lemmingen *Ellobius lutescens* und *Ellobius tancrei* – konnte hingegen kein SRY-Homolog gefunden werden, es zeigten sich zudem bei diesen Arten *keinerlei chromosomale Unterschiede* zwischen als «weiblich» und als «männlich» eingeordneten Individuen. Funktional könnte SRY-Protein beispielsweise als Transkriptionsfaktor fungieren; es könnte so an vielfältigen Prozessen beteiligt sein, die bei der Ausbildung von Hoden wirkten. Für einen – allerdings begrenzten – Einfluss von Sry sprachen Experimente mit transgenen Mäusen: In Mäuse mit «weiblichem» XX-Chromosomensatz wurde ein DNA-Abschnitt eingebracht, der das Sry-Gen enthielt; zwei von acht so veränderten Mäusen bildeten ein als «männlich» betrachtetes Erscheinungsbild aus und waren unfruchtbar, sechs zeigten ein als «weiblich» betrachtetes Erscheinungsbild, in zwei von acht Fällen konnte also eine Wirkung von Sry angenommen werden. Wurde bei diesen transgenen Experimenten das menschliche SRY-Gen eingebracht, so zeigte sich bei den sich entwickelnden Mäusen keine «vermännlichende» Wirkung. Das weist darauf hin – und es wurde so erklärt –, dass es Strukturunterschiede zwischen dem SRY des Menschen und dem Sry der Maus geben könnte. Beim Menschen wurden solche Patient_innen untersucht, die einen «männlichen» XY-Chromosomensatz hatten, aber nur ein teilweise ausgebildetes «männliches» Erscheinungsbild zeigten – ihre Hoden funktionierten nicht oder nur teilweise. Bei zehn bis 15 Prozent von ihnen fand sich eine Veränderung im SRY-Gen. Bei Menschen mit «weiblichem» XX-Chromosomensatz und mit vollständigem oder unvollständigem «männlichen Erscheinungsbild» fehlte SRY bei den Ersteren bei acht Prozent der Untersuchten (drei von 39), bei den Letzteren bei 91 Prozent (39 von 43) (vgl. Voß 2010: 250ff). Es wird also deutlich, dass SRY/Sry eine Bedeutung bei der Ausbildung von Hoden haben könnte, aber dass es den weit gefassten Anspruch eines Hoden determinierenden Faktors nicht erfüllt. Diese Sicht wird mittlerweile auch in der Biologie weithin geteilt – nur ist sie populärwissenschaftlich nicht so bekannt. Nun wurde und wird nach weiteren Genen gesucht, die in einer *hierarchisch gedachten Abfolge von Schritten* «unterhalb» (also SRY nachgeordnet) oder sogar «oberhalb» von SRY/Sry (also vor SRY und damit «bedeutsamer») angesiedelt sein könnten und mit ihm zusammen die «männliche» Geschlechtsentwicklung bewirken sollten. Mittlerweile werden auch Gene vorgeschlagen, die die «weibliche» Geschlechtsentwicklung in Gang setzen sollen.

Es werden zahlreiche weitere Gene beschrieben, die unterhalb von SRY ergänzend bei der Ausbildung von Hoden wirken sollen. Sie werden hier nicht im Detail betrachtet, weil dadurch die Argumentation in diesem Buch nur sehr begrenzt vorankommen würde; nur einige wichtige Punkte seien herausgestellt. (Wer detaillierter interessiert ist, nutze bitte Voß 2010: 245ff, wo sich für viele der aktuell in der Forschung befindlichen Gene der derzeitige Forschungsstand aufgeschlüsselt findet.) Wichtig für die folgenden Betrachtungen ist nun:

1) Ähnlich widersprüchliche Ergebnisse, wie sie sich für ZFY und SRY zeigten, finden sich auch bei den übrigen Genen, die allerdings oft noch weniger erforscht sind als ZFY und SRY.
2) Grundsätzlich ist zu betonen, dass viele der Resultate, gerade der genetischen Forschung, für Mäuse gefunden wurden. Bereits für SRY/Sry zeigte sich aber, dass Ergebnisse nicht ohne weiteres von Mäusen auf den Menschen übertragbar sind, sondern lediglich als Indizien für zu untersuchende Faktoren taugen.
3) Interessant und wichtig ist auch, dass diese weiteren Gene sich in aller Regel *nicht* auf den «Geschlechtschromosomen», sondern auf den so genannten «Körperchromosomen» finden, beispielsweise auf den Chromosomen 1, 3, 8, 9, 10 etc.
4) Man darf sich die Wirkung von Genen allgemein und dieser Gene im besonderen auch nicht so vorstellen, dass sie im einen Fall der Entwicklung – beispielsweise bei «weiblicher» Entwicklung – zeitweise «eingeschaltet» seien und im anderen Fall – bei «männlicher» Entwicklung – nicht, vielmehr geht es um Relationen: Wann und wie stark wird ein Gen «abgelesen»? Es geht also um ein *Mehr und Weniger*. In den meisten Fällen der Gene, die als Kandidatinnen für eine Bedeutung bei der Geschlechtsentwicklung gehandelt werden, unterscheidet sich beim Vergleich von als «weiblich» und als «männlich» gruppierten Individuen die Expression des jeweiligen Gens zu dem jeweils konkreten betrachteten Zeitpunkt lediglich um den Faktor vier, drei oder zwei – und gerade auch individuell finden sich bedeutsame Unterschiede.
5) Auch finden sich solche «Kandidatinnen-Gene für die Geschlechtsentwicklung» keinesfalls ausschließlich in die Geschlechtsentwicklung involviert, vielmehr kommt ihnen stets auch Bedeutung bei der Entwicklung anderer Organe und Gewebe zu, beispielsweise des Herzens, der Leber, der Nieren. Nicht selten findet sich in Forschungsarbeiten, nachdem die Bedeutung eines Gens für die Geschlechtsentwicklung beschrieben wurde, der Hinweis, dass die im Mäuseexperiment untersuchten «typisch weiblichen» bzw. «typisch männlichen» Embryonen an einem nicht ausgebildeten Herzen bereits embryonal zu Grunde gingen oder die Mäuse kurz nach der Geburt starben.
6) Schließlich ist ein nochmals relativierender Blick auf die Wirkung von SRY relevant. So zeigte sich unter anderem beim Gen

SOX9, das sich regelmäßig auf dem Chromosom 17 des Menschen findet, dass auch bei Abwesenheit von SRY ein als eindeutig betrachtetes «männliches» Erscheinungsbild entstehen kann. Das weist darauf hin, dass auch eine *nicht eindeutige* hierarchische Abfolge von Genen und «ihren Produkten» in Erwägung zu ziehen ist. Es würden dann bei der Geschlechtsentwicklung viele Gene (und «ihre Produkte») komplex und variabel interagieren; die Wirkung eines Gens kann dabei in vielen Fällen sehr wahrscheinlich durch andere Gene kompensiert werden. Die Frage wäre dann – im Anschluss an Evelyn Fox Keller –, wie trotz oder gerade *durch* variable, individuell verschiedene Abläufe eine gewisse Stabilität erreicht wird – beispielsweise bei der Ausbildung eines funktionstüchtigen Herzens oder bei der, ausreichend häufig Fortpflanzung ermöglichenden, Ausgestaltung der Geschlechtsmerkmale.

Auch zeitlich vor und hierarchisch «oberhalb» (upstream) von SRY wirkend, werden mittlerweile verschiedene Gene als exprimiert («abgelesen») konstatiert, denen Bedeutung für die Geschlechtsentwicklung zugeschrieben wird – unter anderem für die ersten Differenzierungen im Gewebe des Genitaltraktes und die Ausbildung der indifferenten Keimdrüse. Alle hierfür derzeit beschriebenen Kandidatinnen-Gene sind auf anderen als den so genannten «Geschlechtschromosomen» lokalisiert. Die am besten untersuchten derartigen Gene und ihre Produkte sind SF1 (Steroidogenic factor 1), regelmäßig lokalisiert auf dem kurzen Arm des Chromosoms 9, und WT1 (Wilms' tumor 1 gene), das regelmäßig auf dem kurzen Arm des Chromosoms 11 vorzufinden ist. SF1-Expression konnte in den sich bei der Hodenentwicklung ausbildenden Leydig-Zellen, in den Follikelepithelzellen, den Thekazellen und dem Corpus luteum (Gelbkörper) der Eierstockentwicklung sowie in Teilen des Hypothalamus, der Haut und der Milz festgestellt werden. Zu späteren Zeitpunkten der Embryonalentwicklung zeigte sich insbesondere bei dem zu SF1 homologen Gen Sf1 der Maus – beim Menschen waren die Ergebnisse diesbezüglich widersprüchlich – eine unterschiedliche Expression für die chromosomal als «weiblich» und als «männlich» eingeordneten Individuen. Während die Expression bei Mäusen mit XX-Chromosomensatz zeitweise zurückging und dann wiederkehrte, hielt sie bei solchen mit XY-Chromosomensatz kontinuierlich an. Daraus wurde gefolgert, dass das Sf1 bei der Maus für die Hodenentwicklung Bedeutung haben könne, und im Analogieschluss wurde das Gleiche für das SF1 beim Menschen postuliert.

Die derzeitigen Forschungen zu WT1 stellen sich für die folgenden Betrachtungen als interessanter dar. Die Produkte von Wt1 der Maus und WT1 des Menschen wurden als wichtige Regulatoren von Sry/SRY herausgestellt; weitere Anknüpfungspunkte mit der Wirkung als Transkriptionsfaktor könnten die Gene Wnt4/WNT4, Dax1/DAX1, Sox9/SOX9 und Amh/AMH sein. Bei Ausfall von Wt1 waren bei Mäusen Nieren, Herz, Lunge, Milz und Nebennieren unregelmäßig entwickelt – der Embryo ging oft zu Grunde, oder es stellte sich nachgeburtlich rasch der Tod ein. Beim Menschen zeigten sich insbesondere unregelmäßige Nierenausbildungen, wenn WT1 verändert war. Interessanterweise wird bei Wt1/WT1 besonders deutlich, dass das «Ablesen» eines Gens nicht gleichbedeutend damit ist, dass bereits das in der Zelle wirksame Produkt – das Protein – gebildet ist. So werden bei Wt1/WT1 mittlerweile mehr als zwei Dutzend verschiedene Formen des entstehenden WT1-Proteins beschrieben. Diese werden vier Hauptgruppen zugeordnet – und es zeigt sich, dass die verschiedenen Formen unterschiedliche Funktionen im Organismus wahrnehmen und schon bei der Geschlechtsentwicklung verschieden wirken. Also: *Aus ein und demselben Gen werden unterschiedliche Proteine gebildet* – wie das geschieht und welche Bedeutung es hat, wird sich im Folgenden noch zeigen. Zwei Formen des WT1-Proteins werden derzeit als besonders wichtig beschrieben. Bei ihnen zeichnet sich ab, dass gerade das quantitative Verhältnis beider Formen zueinander eine Bedeutung bei der Ausbildung des Genitaltraktes haben könnte.

Seit einer diesbezüglich bahnbrechenden Arbeit von Eva M. Eicher und Linda L. Washburn aus dem Jahr 1986 wird auch die Eierstockentwicklung nicht mehr als «einfach so» ablaufend beschrieben, sondern es wird nach regulierenden Faktoren auch für diese Entwicklung, also nach «aktiven» Entwicklungsschritten gesucht. So schlicht es klingt, hatten die Autorinnen in ihren Forschungen darauf verwiesen, dass es sich auch bei Eierstöcken um komplizierte Organe handele, deren Entwicklung eines Signalweges bedürfe. In der Folge wurde zunächst nach «dem einen Gen» gesucht, das die Eierstockentwicklung «anknipsen» sollte, nach dem «Eierstock determinierenden Faktor» (engl. ovary determining factor), ODF. Auch hier wurden – wie bei der Suche nach dem TDF – verschiedene Kandidatinnen genannt und rasch wieder verworfen, weil sich widersprüchliche Ergebnisse zeigten. Eine «ganz heiße Kandidatin» für den ODF gibt es derzeit nicht. Als bedeutsam für die Eierstockentwicklung wurden aber mehrere Gene und ihre Produkte postuliert – eines soll hier kurz benannt werden, weil ein weiterer interessanter Aspekt damit verbunden ist:

Als erstes Gen wurde Dax1/DAX1 (dosage-sensitive sex reversal, adrenal hypoplasia congenita, critical region on the X chromosome, gene 1) im Jahr 1994 im Sinne eines möglichen ODF beschrieben, nachdem bereits länger die Suche auf eine Region im Bereich des X-Chromosoms eingeschränkt worden war. DAX1 findet sich regelmäßig auf dem kurzen Arm des X-Chromosoms. Das entstehende Produkt, das DAX1-Protein, würde insbesondere Funktionen als Transkriptionsfaktor übernehmen. Eine Expression konnte für Dax1 der Maus in vielen embryonalen Geweben gezeigt werden – unter anderem in der Hirnrinde, der Wirbelsäule, dem Thymus, dem Herzen, der Lunge, den Nieren, den Eierstöcken und den Hoden. Während die Expression von Dax1 bei Mäusen mit «männlichem» XY-Chromosomensatz zeitlich begrenzt in einem engen Rahmen stattfindet, konnte sie bei Mäusen mit «weiblichem» XX-Chromosomensatz während der gesamten Embryonalentwicklung nachgewiesen werden. Interessant ist nun die Wirkung: DAX1 wurde als Gegenspieler von SRY postuliert, weil bei Menschen mit «männlichem» XY-Chromosomensatz beobachtet wurde, dass, wenn der Bereich des DAX1-Gens dupliziert vorlag, also in einer zusätzlichen Kopie vorhanden war, sich *selbst bei Anwesenheit und Aktivität des SRY-Gens*, Eierstöcke ausbildeten und sich eine «weibliche» Entwicklung zeigte. Damit stand die These in Zweifel, dass einfach durch die Abwesenheit von SRY «weibliche» Entwicklung erfolge. Was bereits bei WT1-Gen und -Protein deutlich wurde, zeigt sich auch hier: Mittlerweile werden verschiedene Formen des DAX1-Proteins beschrieben. Aus ein und demselben Gen entstehen unterschiedliche Produkte, die dann in der Zelle Wirkung erlangen. Der in der Argumentation neue und interessante Punkt ist nun aber, dass mit DAX1 auch deutlich wird, dass die streng binäre Trennung zwischen «weiblicher» und «männlicher» Entwicklung durchaus in Frage zu stellen ist. Neben der Bedeutung bei der Ausbildung von Eierstöcken wird aktuell auch postuliert, dass DAX1 eine Funktion bei der Ausbildung befruchtungsfähiger Spermien der «männlichen» Individuen zukomme. Es könnten also durchaus schon auf dieser genetischen Ebene in Forschungen neue Aspekte ans Licht gebracht werden – wenn man im Denken nicht noch vorauseilend zwischen «weiblicher» und «männlicher» Entwicklung unterscheiden würde. Wichtiger Nebenaspekt ist, dass in die Untersuchungen zur Ausbildung des Genitaltraktes bislang kaum die Ergebnisse von Forschungen zur Keimzellentwicklung eingehen, obgleich ja bereits bei den obigen kurzen Beschreibungen zur Embryonalentwicklung deutlich wurde, wie vernetzt und wechselseitig voneinander abhängig die Ausbildung von Geweben und Keimzellen bei der Entstehung des Genitaltraktes zu sein scheint.

Die übrigen Gene, die als bedeutsam für die Eierstockentwicklung eingeordnet werden, werden wiederum auf anderen als den «Geschlechtschromosomen» verortet.

Bei der Betrachtung der in biologisch-medizinischen Theorien beschriebenen chromosomalen und genetischen Faktoren zur Geschlechtsentwicklung zeigte sich also als Wichtigstes, dass sich
1) die Suche nach den hierbei bestimmenden Faktoren von ganzen Chromosomenbereichen auf einzelne Gene verlagerte; dass
2) von zunächst nur einem die Entwicklung von Hoden in Gang setzenden Faktor aus- und dann zu mehreren bis vielen Faktoren übergegangen wurde, die aufeinander folgen oder vielfältig miteinander wechselwirken sollten; dass
3) schließlich auch für «weibliche» Entwicklung eine ähnliche Komplexität beschrieben wurde wie für «männliche»; und dass
4) ein Gen noch nicht gleichbedeutend mit dem daraus entstehenden Produkt ist, das dann tatsächlich eine Wirkung in der Zelle entfaltet.

Die folgende Abbildung (*Abb. 8*) zeigt ein (!) Modell der derzeit angenommenen Interaktionen von Genen (und ihren Produkten) bei der Maus – nicht etwa, weil hier davon ausgegangen werden soll, dass die Ergebnisse einfach auf den Menschen

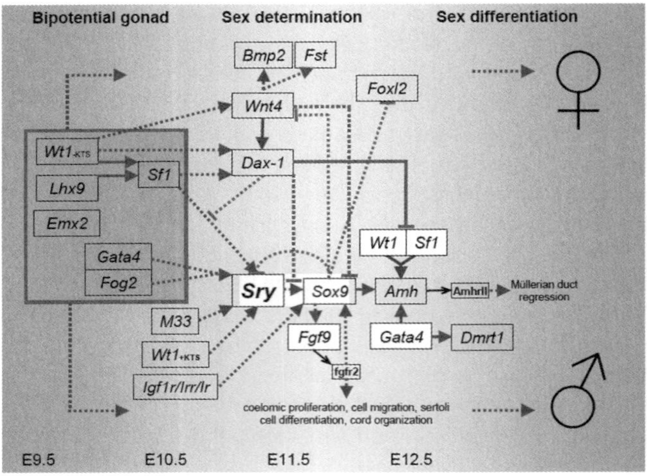

Abb. 8: Dargestellt sind einige Wechselwirkungen von Genen und ihren Produkten bei der Geschlechtsentwicklung. Die Beschreibungen beziehen sich auf die Maus und die Zeitpunkte ihrer Embryonalentwicklung (E) in Tagen nach der Befruchtung (9,5 bis 12,5). Pfeile zeigen aktivierende, die übrigen Verbindungslinien hemmende Wirkungen an. Durchgezogene Linien stehen für als relativ sicher geltende Wechselwirkungen, gestrichelte Linien für indirekt erfolgende bzw. angenommene. ♀ = weibliche Geschlechtsentwicklung, ♂ = männliche Geschlechtsentwicklung. (entnommen aus: Klattig 2006: 5).

übertragbar wären; dass das nicht der Fall ist, zeigte sich in den bisherigen Ausführungen wiederholt –, sondern weil sich eine ähnlich komplexe Darstellung für den Menschen in der derzeitigen Fachliteratur nicht findet.

Niemand sollte sich durch die vielen Abkürzungen verunsichern lassen – sie und die detaillierten Abläufe erschließen sich bei näherer Beschäftigung damit leicht. Es genügt zu wissen, dass die Abkürzungen jeweils für Gene bzw. ihre Produkte stehen. Was besonders anschaulich wird, ist, *wie viele Faktoren* bereits hier als an der Geschlechtsentwicklung beteiligt postuliert werden – einige sind aus den bereits erfolgten Beschreibungen bekannt.

Auch werden ihre Wechselwirkungen anschaulicher. Durch Gen-Expressionsanalysen wird es derzeit für etwa 1000 Gene als möglich angesehen, dass sie an der Geschlechtsentwicklung Anteil haben könnten; beim Vergleich solcher Analysen zeigt sich, dass sie bei den vorgeschlagenen Genen variieren. Hingewiesen sei auf die Unterscheidung der *durchgezogenen* und der *gestrichelten Linien* in der Abbildung: Während die *durchgezogenen Linien* auf Wechselwirkungen zwischen Genen bzw. ihren Produkten verweisen, die als recht sicher gelten und für die es klare Anhaltspunkte gibt, stehen die *gestrichelten Linien* für Wechselwirkungen, die nicht sicher gezeigt wurden, die indirekt erfolgen könnten – wo also weitere Faktoren zwischen den dargestellten zu verorten wären – oder die lediglich angenommen werden. Auffallend ist die Vielzahl der gestrichelten Linien, während sich die Anzahl der durchgezogenen Linien in Grenzen hält.

Damit wird in jedem Fall klar: Das Bild, das in populären Zeitschriften wie «Focus», «Spiegel», «Stern», «Zeit», «FAZ» und in weiteren Medien vereinfacht gezeichnet wurde und wird, wonach Biologie und Medizin über die genauen Abläufe der Geschlechtsentwicklung «Bescheid wüssten», ist schlicht falsch. Die derzeitigen biologisch-medizinischen Theorien zur Geschlechtsentwicklung stellen sich als lückenhaft dar – den Fachwissenschaftler_innen ist das klar (vgl. beispielsweise Hiort 2007: 103), sie sind allerdings oftmals der Meinung, der besseren Verständlichkeit wegen vereinfachen zu müssen. Sie vereinfachen dann aber in einer Weise, dass selbst die notwendigen wesentlichen Neuerungen seit etwa Anfang der 1990er Jahre – nämlich die sich abzeichnende Komplexität der Abläufe und die Vielzahl der miteinander vernetzten Faktoren – in popularisierenden Schriften nicht thematisiert werden. Damit hat die biologisch-medizinische Wissenschaft selbst auch einen Anteil daran, dass sich das «populäre Wissen» über genetische Abläufe nicht aktualisiert, sondern sich *ideologisch* heute noch in vielerlei Hinsicht auf dem Stand vom Anfang des 20. Jahrhunderts befindet: Damals wurde streckenweise die weitreichende Vererbbarkeit zahlreicher Merkmale propagiert, und es etablierte sich ein biologischer Rassismus und Antisemitismus. Was die Beschreibung der *genetischen Abläufe* betrifft, so spiegelt das derzeitige populäre Wissen etwa den Stand der 1950er/60er

Jahre wider, mit simpelsten Modellen der Genwirkung. Letztlich holt man sich über solche unzulässig vereinfachenden Darstellungen die veralteten Auffassungen immer wieder in die biologische und medizinische Wissenschaft selbst zurück, da auch die späteren Nachwuchswissenschaftler_innen mit solch simplen Modellen sozialisiert werden.

Entwicklung und Differenzierung: Übergang zu Prozessdenken in aktuellen Theorien der Geschlechtsentwicklung

Wie bereits ersichtlich wurde, weitet sich in der Biologie mittlerweile auch bei Theorien zur Geschlechtsentwicklung das Verständnis. Es wird nun begonnen, nicht mehr nur ein Gen oder wenige Gene als bedeutsam für die Ausbildung des Genitaltraktes zu beschreiben, sondern man orientiert auf komplexe Interaktionen: Mehrere Gene und ihre Produkte würden in komplexen Netzwerken zusammenwirken. Gerade wo aber viele Faktoren wirken und besonders wenn auch die Quantität ihrer Expression eine Rolle spielt, wird es im Sinne «handwerklich guter» Forschung notwendig zu erwägen, dass aus ihrem Zusammenspiel nicht nur zwei Möglichkeiten der Ausbildung des Genitaltraktes resultieren müssen. Vielmehr könnten durch das Wechselwirken zahlreicher Faktoren vielfältige, unterschiedliche, mehr oder weniger für Fortpflanzung taugliche Ausbildungsformen des Genitaltraktes entstehen; bzw. selbst wenn man bei der Ausbildung des Genitaltraktes jeweils auf Ähnlichkeiten zwischen zwei Individuen stieße, müssten sich diese keinesfalls aus gleichen Entwicklungswegen herleiten.

Den Blick auf Komplexität gilt es aber noch bedeutend zu erweitern. Bisher waren wir fast ausschließlich auf der Ebene der «Erbsubstanz», der DNA (engl. deoxyribonucleic acid; dt. Desoxyribonukleinsäure [DNS]). Die DNA stellt nun aber keineswegs bereits den in der Zelle tatsächlich wirkenden Faktor dar; vielmehr sind mehrere, stark durch die Zelle regulierte Schritte erforderlich, damit das schließlich in der Zelle wirksam werdende Produkt gebildet wird – meist handelt es sich dabei um ein Protein, aber es kann auch bereits als Folge eines früheren Schrittes ein in der Zelle wirksames Produkt entstehen.

Zunächst geht ein «Signal» ein, das anregt, einen bestimmten DNA-Bereich «abzulesen». Bei einem solchen Signal kann es sich beispielsweise um einen der oben beschriebenen «Transkriptionsfaktoren» handeln, aber auch Gradienten chemischer Moleküle, ein starker Hitzereiz etc. können in einigen Fällen auslösend sein. DNA-Bereiche der Chromosomen, die nicht exprimiert werden, sind in der Regel sehr dicht gepackt – man spricht von so genanntem «Chromatin». In dieser Form ist ein «Ablesen» der DNA in aller Regel nicht möglich, so dass diese dichte Packung zunächst gelockert werden muss, damit der nächste Schritt – die Transkription (*vgl. nachfolgend*) – erfolgen kann. Auch angelagerte chemische Gruppen (hier: «Methylierungen») können bedeutsam dafür sein, ob ein DNA-Bereich abgelesen werden kann oder nicht. Die Lockerung der Chromatin-Struktur erfolgt durch komplexe zelluläre Prozesse.

Anschließend kann die *Transkription* stattfinden. Diese bedeutet ein «Umschreiben» der DNA-Sequenz in ein anderes großes Molekül, das wie die DNA ebenfalls eine Nukleinsäure ist, die RNA (RNA, engl. ribonucleic acid; dt. Ribonukleinsäure [RNS]). Sowohl bei der DNA als auch bei der RNA handelt es sich um einen langen Strang aufeinander folgender «Basen», die das Grundgerüst der Nukleinsäuren darstellen. Dabei gehen jeweils zwei ganz bestimmte «Basen» eine Bindung miteinander ein. Auf Grund dieser sehr spezifischen Basenpaarung kann die RNA nun «komplementär» – quasi spiegelbildlich – zur DNA-Sequenz erstellt werden; der DNA-Strang heißt «Matrize». Auch hierbei handelt es sich um einen komplexen Prozess, bei dem zahlreiche Faktoren zusammenspielen müssen, damit spezifisch reguliert wird ob eine Transkription stattfinden soll, sie schließlich eingeleitet («Initiation»), mit ihr fortgefahren («Elongation») und sie dann beendet («Termination») wird. Das Umschreiben erfolgt dabei nicht mit hundertprozentiger Genauigkeit – beispielsweise kann eine nicht-komplementäre «Base» eingebaut werden. Eine spezifische Genauigkeit (und Ungenauigkeit) wird über «Reparaturmechanismen» – wiederum mit zahlreichen beteiligten Faktoren der Zelle – erreicht.

Auf diese Weise entsteht eine RNA, die aber noch nicht «fertig» ist, eine pre-mRNA (bzw. dt. prä-mRNS). Vielmehr finden *nach der Transkription («posttranskriptional»)* noch verschiedene Veränderungen des Moleküls statt, bis dann eine reife

RNA vorliegt. So wird an einer der Seiten der pre-mRNA eine «Kappe» («Cap-Struktur») angelagert, diese kann je nach pre-mRNA variieren. Die «Kappe» ist vermutlich notwendig, um das Molekül zu stabilisieren, den Transport aus dem Zellkern in das Zellplasma zu gewährleisten und damit die «Translation» *(sie wird gleich betrachtet)* zu ermöglichen. Auf der anderen Seite des pre-mRNA-Strangs findet eine so genannte «Polyadenylierung» statt, d.h. es werden etwa 200 Adenin-Nucleotide – Adenin stellt eine der erwähnten «Basen» dar, aus denen die Nukleinsäuren DNA und RNA gebildet sind – ohne Matrize an die pre-mRNA angelagert. Die Polyadenylierung hat vermutlich ebenfalls Einfluss auf die Stabilität der späteren reifen RNA; bei einigen pre-mRNAs findet keine Polyadenylierung statt. Schließlich werden, als weitere Veränderung, durch «Spleißen» («Schneiden») einzelne Bereiche direkt aus der – an Hand der Matrize entstandenen – RNA-Sequenz herausgelöst. Es entfallen Bereiche, die sehr wahrscheinlich nicht-codierend sind, also für die Sequenz des entstehenden Produktes möglicherweise keine Relevanz haben (nur etwa zwei Prozent der DNA stellt codierende Sequenz dar!). Das «Herausschneiden» erfolgt – wiederum als komplexer Prozess – orientiert an Erkennungssequenzen. Zudem gibt es das so genannte «alternative Spleißen». Dabei können auch codierende Bereiche aus der RNA entfernt werden. Auf diese Weise können aus zwei pre-mRNAs *gleicher* «Basen»-Abfolge *unterschiedliche* reife mRNAs entstehen.

Die dann vorliegende mRNA wird nun *aus dem Zellkern ins Zellplasma transportiert*. Auch der Transport erfolgt nicht «einfach so», sondern als regulierter Prozess. Erst im Zellplasma kann die mRNA der Translation zur Verfügung stehen. Allerdings muss keine Translation stattfinden, sondern die mRNA kann rasch abgebaut werden. Gewebespezifisch überdauert die mRNA wenige Minuten bis viele Stunden – es können dabei viele, eine oder auch gar keine Translationen stattfinden.

Und auch an der *Translation*, bei der die mRNA-Sequenz in eine Aminosäuresequenz – diese ist dann der Grundbaustein des Proteins – umgeschrieben wird, sind zahlreiche Faktoren beteiligt. Auch hier wird genau reguliert, ob die Translation erfolgen soll, wird sie initiiert, aufrechterhalten und beendet. Damit liegt dann die Aminosäuresequenz vor, die den Grundbaustein der Proteine darstellt – aber noch keineswegs das fertige, in der Zelle wirksame Produkt. So erfolgen *nach der Translation («posttranslational»)* noch chemische Veränderungen, die erst dazu führen, dass ein Produkt mit spezifischer Aktivität, Reaktivität und Lokalisation in der Zelle entsteht. Es können Teile der Aminosäuresequenz spezifisch entfernt werden, oder es werden zusätzliche Aminosäuren an die existierende Sequenz angelagert oder zwischen Aminosäuren der Sequenz eingebaut. Es können chemische Gruppen – wie Eiweiße, Zucker, Fette, Proteine – angebaut werden, und es können neue chemische Bindungen eingefügt werden. *Erst jetzt entsteht ein spezifisches Produkt, mit einer definierten räumlich-geometrischen Form, das ganz charakteristische chemische und physikalische Eigenschaften aufweist.*

Diese Ausführungen sollten einen Punkt ganz deutlich machen, der äußerst wichtig ist, um Prozesse der Embryonalentwicklung weiterzudenken: *DNA bzw. «Gene» enthalten eben keine Informationen, die dann nur umgesetzt werden müssten; vielmehr wird erst durch vielfältige Prozesse der Zelle, in spezifischer Reaktion auf umgebende Einflüsse – aus der Zelle, dem mütterlichen Organismus, der Umwelt – die spezifische, aktuell notwendige Information eines Gens erzeugt. Aus einem einzigen Gen (DNA) können zahlreiche unterschiedliche Produkte entstehen, die dann in der Zelle unterschiedlich lokalisiert sind und unterschiedliche Aktivitäten entfalten.* Auf allen Ebenen findet Regulation statt. Das heißt also, grob gesagt: Aus einer Hautschuppe, die auf den Boden fiel, mit ihrer DNA, entwickelt sich eben kein Organismus – vielmehr kommt es auf die Umgebungsbedingungen an, also auf die Zelle und gegebenenfalls den mütterlichen Organismus, und das auch nicht etwa in der Weise eines (passiven) Materiallagers, sondern als (aktiver) «Reaktionsraum», in dem zahlreiche Reaktionen ablaufen und Einflüsse aus Zelle, Organismus und Umgebung wirksam werden. Erst dieser «Reaktionsraum» und die dort wirkenden Einflüsse führen zu konkreten Produkten, die gebildet werden und zu deren Ausbildung DNA als *einer der* Bestandteile dient.

Um es noch einmal anders zu sagen: Die präformistische Annahme einer DNA, die alles bestimme, ist falsch – und widerlegt. Vielmehr stellt die DNA *einen* der beteiligten Faktoren in der Zelle dar; aus ihr wird erst durch zelluläre Prozesse die Information gewonnen, die zu dem konkreten Zeitpunkt in der Zelle benötigt wird. Dabei sind viele zelluläre Faktoren – wie verschiedene Proteine – involviert, die sich zusammenlagern und interagieren müssen, damit aus einer DNA-Sequenz das «benötigte» Produkt gebildet wird.

Solche integrierten, systemischen Betrachtungen fanden und finden durchaus statt, allerdings blieben sie gegenüber der Genetik im Hintertreffen, die lediglich DNA fokussierte und diese mit der so weitreichenden Bedeutung auflud, dass sie bereits alle Information zum Aufbau eines Organismus enthielte und diese nur gelesen werden müssten. Schon die Theorien von Goldschmidt und Kammerer zeigten integrierte und systemische Betrachtungen; seit den 1940er Jahren wurden solche Auffassungen vielfach unter dem Begriff «Epigenetik» – nicht zu verwechseln mit der bereits betrachteten «Epigenese» – gefasst. Conrad Hall Waddington thematisierte seit den 1940er Jahren als «Epigenetik» Faktoren des Zellplasmas, die zur Umsetzung der «Informationen» der Gene beitragen sollten. Gene waren bei ihm durchaus dominant gesetzt, allerdings seien sie auf weitere Bestandteile der Zelle angewiesen – und diese sollten untersucht werden. Heute könnten die Betrachtungen weiter reichen, und die dominante Stellung von DNA wäre berechtigt in Zweifel zu ziehen. Es könnten unter «Epigenetik» die Betrachtungen eingeordnet werden, die hier zur Umgestaltung der Chromatinstruktur, zu Transkription und Translation und daran anknüpfende weitere chemische Veränderungen, beschrieben wurden. Es könnten zudem einwirkende Faktoren aus dem mütterlichen Organismus in den Blick genommen werden, ebenso wie etwa die Auswirkung von Ernährung und Stress – denen mittlerweile durchaus dominant eine Bedeutung bei Entwicklungsvorgängen zugeschrieben wird.

Seit etwa dem Jahr 2000 wurde «Epigenetik» zu einem bekannten und beachteten Thema, es erschienen Sonderhefte von in Fachkreisen anerkannten Journalen. Allerdings wurde in den dortigen Beiträgen die Definition von «Epigenetik» eingeschränkt. Es werden nicht (mehr) *zahlreiche* Prozesse in der Zelle und viele aus dem Organismus und aus der Umwelt einwirkende Einflüsse in den Blick genommen, sondern nun wird «Epigenetik» auf wenige Faktoren eingeengt, die *direkt an der DNA* wirken sollen. So sind nun lediglich noch einige Veränderungen auf der Ebene der Herstellung der Packung der DNA zu Chromatin, wenige chemische Gruppen, die die Transkription der DNA befördern oder behindern könnten, und einige weitere Faktoren, die die Transkription beeinflussen, im Blick.

Für die Geschlechtsentwicklung bedeuten die vielen beteiligten Faktoren und die Prozesshaftigkeit, die stets für Regulation offen ist, dass sie nicht nach einem starren und einfachen Muster «weiblich» oder «männlich» abläuft, dass sich die Entwicklung des Genitaltraktes vielmehr nach den sich individuell darstellenden Bedingungen und einwirkenden Einflüssen vollzieht. So leuchtet unmittelbar ein, dass zahlreiche Ausprägungsformen des Genitaltraktes möglich sind. Diese stellen sich in der Realität tatsächlich auch dar, nur sind sie im Allgemeinen ohnehin durch die Kleidung verdeckt, und sie gelangen – wohl zum Glück – nicht in den Blick der Medizin. Bei den Menschen, die auffallen, weil sie nicht in die derzeitigen Normen von «weiblich» oder «männlich» passen, wird noch immer und oft äußerst rücksichtslos und gewaltsam (so bei Intersexualität, vgl. 1-0-1 intersex 2005, Völling 2010; Klöppel 2010) ein eindeutiges Erscheinungsbild «weiblich» oder «männlich» hergestellt; oder es wird Menschen nahegelegt, sich selbst als «krank» anzusehen, nur weil sie sich nicht fortpflanzen können, weil sie nicht die als «typisch» angesehenen Chromosomenbestände oder Hormonspiegel aufweisen. Die Frage ist doch aber, wenn man die vielfältigen Faktoren betrachtet, die an der Geschlechtsentwicklung Anteil haben: Was ist typisch? Ist der Chromosomensatz das Entscheidende? Sind es die einzelnen Gene und die vielen daraus gebildeten Produkte? Von welcher Quantität eines gebildeten Produkts an gilt ein Mensch als «weiblich», wann als «männlich»? Sind es die Keimdrüsen, die eindeutig sein sollen – oder müssen sie auch Keimzellen produzieren (können)? Muss ein «Mann» über funktionsfähige Samenzellen verfügen, und muss eine «Frau» neben der Möglichkeit, Eizellen zu produzieren, auch die «inneren Genitalien» aufweisen, einen Embryo entwickeln und austragen zu können? Oder ist doch schlicht das äußere Erscheinungsbild der Genitalien – insbesondere mit Penis, Hoden und Vagina das Typische? *Alle diese Merkmale zusammen werden bei keinem einzigen Menschen in eine «eindeutige» Richtung «weiblich» oder «männlich» zusammenspielen.*

Schlussfolgerungen

Während es mit Präformationslehren einfach möglich war, die zwei Geschlechter, die gesellschaftlich festgestellt und ungleich behandelt wurden, auch in naturphilosophischen und biologisch-medizinischen Geschlechtertheorien vorauszusetzen, erwiesen sich diese Lehren seit dem Ende des 18. Jahrhunderts vor dem Hintergrund neuerer philosophischer Richtungen, erheblicher gesellschaftlicher Veränderungen und neuer «Erkenntnisse» der Naturforschung als ungeeignet, die sich tatsächlich darstellenden Möglichkeiten zu Veränderungen zu beschreiben.

Mit entwicklungsgeschichtlichen Auffassungen (Epigenese) ergaben sich nun größere Spielräume. Konnten mit ihnen zwar auch Geschlechterdifferenzen begründet werden – das war etwa über Gedanken des tätigen Fortschreitens bzw. des Stehenbleibens der Entwicklung möglich –, so ließen sich auch Geschlechtergleichheit bzw. das gleichzeitige Frau-und-Mann-Sein eines jeden Menschen daraus folgern.

Der Streit um *Präformation oder Entwicklung* hat sich nicht erledigt. Vielmehr kamen durch die strukturelle Beschreibung von Chromosomen und DNA erneut dominant präformistische Theorien auf. Erst als sie sich mehr und mehr als nicht mehr haltbar erwiesen, nahm man auch die Wechselwirkung von Faktoren, ihre Eingebundenheit in Zelle und Organismus und die Offenheit von Entwicklungsvorgängen für Einflüsse vielfältiger Art in den Blick. *Auf diese Weise kommt man in der Biologie mittlerweile deutlich bei systemischen Betrachtungen an, in denen Entwicklung (Epigenese) das Zentrum bildet.* Was nun in der Biologie allgemein auf breiter Linie Einzug in die Untersuchungen hält – Stichworte: Systembiologie; Systemorganisationstheorien; Epigenetik –, geht bisher aber nur zögerlich in die dortigen Geschlechtertheorien ein. Werden auch bei Geschlecht einmal komplexere Untersuchungen durchgeführt, so wird dann doch rasch wieder die gesellschaftliche Voranname zweier Geschlechter «eingebaut» und wieder nur noch dichotom, das Geschlecht in «Frau» und «Mann» unterscheidend, weitergeforscht. Das zeigt sich aktuell an der Epigenetik (vgl. für einen Überblick die Aufsätze von Bärbel Mauss, u.a. Mauss 2004).

Abschluss

Es zeigt sich für die «Biologie des Geschlechts des Menschen» klar und deutlich, dass Deutungen in Richtung vieler Geschlechter nicht nur ebenso berechtigt sind, vorkamen und vorkommen, wie solche in Richtung zweier Geschlechter, sondern dass sie aktuell überzeugendere Theorien für menschliche Geschlechtlichkeit liefern.

Aus emanzipatorischer Sicht heißt es daher, nicht weiter an binärer Geschlechtlichkeit festzuhalten, gerade weil mit ihr so viele Ungleichbehandlungen und Ungerechtigkeiten verbunden waren und sind. Vielmehr gilt es an Simone de Beauvoir und Judith Butler anzuknüpfen und – gerade auch auf dem Stand und mit den sich darbietenden Anschlussmöglichkeiten aktueller Wissenschaft – Denkmöglichkeiten radikal zu erweitern, um eine gesellschaftliche Utopie von Geschlecht zu entwickeln.

Diese Utopie kann mit guter Berechtigung aus den Theorien von Karl Marx, aus materialistischen und sozialistischen Auffassungen schöpfen. In diesen wurde stets angemahnt, den Blick auf die realen Lebensverhältnisse von Menschen zu richten und eine Gesellschaft nicht für die wenigen Privilegierten, sondern für alle Menschen zu entwickeln. Damit entgeht man auch der Gefahr – sie zeigte sich bei den historischen Ausführungen real –, dass bei den Geschlechterbetrachtungen die Masse der Bevölkerung und die Marginalisierten gleichermaßen «vergessen» werden.

Von Marx her ist es auch möglich zu verstehen, dass der Mensch stets ein gesellschaftliches Wesen ist – und warum uns das Verständnis für diese Gesellschaftlichkeit so schnell entgleitet. Das ist gerade für Betrachtungen zu Geschlecht ein wichtiger Zugang, weil Geschlecht bislang vielfach als quasi «natürlich» angesehen wurde und wird und uns seine gesellschaftliche Bedingtheit oftmals vollends entgeht.

Schließlich – und das ist das Wichtigste – gilt es, Gesellschaft zu gestalten, und zwar so, dass niemand mehr wegen des Geschlechts, der Schicht- oder Klassenzugehörigkeit oder wegen anderer Merkmale benachteiligt wird oder ihr_ihm gar Gewalt geschieht. Es ist nicht hinnehmbar, dass gesellschaftliche Kate-

gorien – wie «Geschlecht» – so wirkmächtig sind, dass Menschen nicht mehr einfach *menschlich* zueinander sein können, sondern sich stets zu und in diesen Kategorien verhalten müssen. Die geschlechtlichen Stereotype «weiblich» und «männlich» beschränken derzeit unser aller Möglichkeiten: Auch wenn wir uns selbstbewusst und sicher einer der beiden Kategorien zuordnen und uns eindeutig geben, so bleiben wir doch bemüht, Fehltritte und Uneindeutigkeiten zu vermeiden. Aber warum sind eigentlich «Fehltritte» möglich? Warum lassen wir uns durch Stereotype beschränken?
Es gilt, eine gerechte Gesellschaft zu erstreiten, die sich an den wirklichen Bedürfnissen der Menschen orientiert und die jeden Tag neu erkämpft und gestaltet werden muss, damit nicht ein Zustand entsteht, in dem Menschen erneut bedrückt und benachteiligt werden. Für diese gerechte Gesellschaft ist Utopie nötig und eigenes Tun gefragt. Fangen wir – Du und Du und Du und Du ...und Ich – jetzt damit an!

Zitierte und empfohlene(*) weiterführende Literatur

*1-0-1 [one 'o one] intersex – Das Zwei-Geschlechter-System als Menschenrechtsverletzung. Neue Gesellschaft für Bildende Kunst, Berlin.

Ackermann, J. F. (1788): Ueber die körperliche Verschiedenheit des Mannes vom Weibe außer den Geschlechtstheilen; Uebersetzt nebst einer Vorrede und einigen Bemerkungen von J. Wenzel. J. K. Huber, Koblenz.

*AG gegen Rassismus in den Lebenswissenschaften (Hrsg., 2009): Gemachte Differenz: Kontinuitäten biologischer «Rasse»-Konzepte. Unrast Verlag, Münster.

Bauer, E. J. (zuerst 2002): Magnus Hirschfeld: per scientiam ad justitiam. Eine zweite Klarstellung. Ursprünglich erschienen in Mitteilungen der Magnus-Hirschfeld-Gesellschaft, Nr. 33/34 (2002): S.68–90. Online unter: http://www2.hu-berlin.de/sexology (Stand: 13.07.2010).

*Beauvoir, S. de (2008 [frz. 1949; dt. 1951; Neuübersetzung 1992]): Das andere Geschlecht. Sitte und Sexus der Frau. Deutsche Übersetzung (Neuübersetzung) von Uli Aumöller und Grete Osterwald. Rowohlt Taschenbuch Verlag GmbH, Reinbek bei Hamburg.

*Beauvoir, S. de (1989 [frz. 1949; dt. Erstübersetzung 1951]): Das andere Geschlecht. Sitte und Sexus der Frau. Deutsche Übersetzung von Eva Rechel-Mertens und Fritz Montfort, für die Rowohlt Verlags GmbH (Reinbek bei Hamburg). Lizenzausgabe für die DDR des Verlages Volk und Welt, Berlin.

Bebel, A. (1950 [Erstauflage 1879]): Die Frau und der Sozialismus (Die Frau in der Vergangenheit, Gegenwart und Zukunft). Verlag von J. H. W. Dietz, Stuttgart.

Becker, T. (2005): Mann und Weib – schwarz und weiß. Die wissenschaftliche Konstruktion von Geschlecht und Rasse 1650–1900. Campus Verlag, Frankfurt/Main etc.

Berg, G. (2003): Neue Reproduktionstechniken – zwischen Hilfe bei unfreiwilliger Kinderlosigkeit und Technisierung der Fortpflanzung. In: Graumann, S., Schneider, I. (Hrsg.): Verkörperte Technik – Entkörperte Frau: Biopolitik und Geschlecht. Campus Verlag, Frankfurt/Main etc., S.21–40.

Block, S. (2010): Schwanger mit staatlicher Hilfe – Sachsen Modell für Bund. SZ-online.de, 2. Juni 2010; Online: http://www.sz-online.de/nachrichten/artikel.asp?id=2477220 (Stand: 16.09.2010).

*Braun, L. (1979 [Erstveröffentlicht 1901]): Die Frauenfrage: ihre geschichtliche Entwicklung und wirtschaftliche Seite. Verlag J. H. W. Dietz Nachf., Berlin, Bonn, (Auch online: http://www.gutenberg.org/etext/14075 [Stand: 16.09.2010]).

*Brentjes, B. (1963): Uraltes junges Afrika – 5000 Jahre afrikanischer Geschichte nach zeitgenössischen Quellen. Union Verlag, Berlin.

Brentjes, B. (1972): Die orientalische Welt. Von den Anfängen bis Tschinggis-Khan. VEB Deutscher Verlag der Wissenschaften, Berlin.
Busch, D. W. H. (1839): Das Geschlechtsleben des Weibes in physiologischer, pathologischer und therapeutischer Hinsicht. Erster Band: Physiologie und allgemeine Pathologie des weiblichen Geschlechtslebens. F. A. Brockhaus, Leipzig.
Butler, J. (1991 [engl. 1990]): Das Unbehagen der Geschlechter. Suhrkamp Verlag, Frankfurt/Main.
*Butler, J. (1997 [engl. 1993]): Körper von Gewicht. Suhrkamp Verlag, Frankfurt/Main.
Cadden, J. (1993): Meanings of Sex Difference in the Middle Ages – Medicine, science and culture. Cambridge University Press.
*Darwin, C. R. (1951 [Erstveröffentlicht 1871]): Die Abstammung des Menschen und die geschlechtliche Zuchtwahl. Übersetzt von C. W. Neumann. P. Reclam jun., Leipzig.
Dodel, A. (1875): Die Neuere Schöpfungsgeschichte nach dem gegenwärtigen Stande der Naturwissenschaften. In gemeinverständlichen Vorlesungen über die Darwin'sche Abstammungslehre und ihre Bedeutung für die wissenschaftlichen, socialen und religiösen Bestrebungen der Gegenwart. Brockhaus, Leipzig.
Döllinger, I. (1816): Versuch einer Geschichte der menschlichen Zeugung. Deutsches Archiv für die Physiologie, 2 (3): S.388–402.
Duden, B. (1987): Geschichte unter der Haut: Ein Eisenacher Arzt und seine Patientinnen um 1730. Klett-Cotta, Stuttgart.
*Ebeling, K. S., Schmitz, S. (Hrsg., 2006a): Geschlechterforschung und Naturwissenschaften – Einführung in ein komplexes Wechselspiel. VS Verlag für Sozialwissenschaften, Wiesbaden.
Ebeling, K. S. (2006b): Wenn ich meine Hormone nehme, werde ich zum Tier. Zur Geschichte der Geschlechtshormone. In: Ebeling, K. S., Schmitz, S. (Hrsg.): Geschlechterforschung und Naturwissenschaften – Einführung in ein komplexes Wechselspiel. VS Verlag für Sozialwissenschaften, Wiesbaden, S.235–246.
*Fausto-Sterling, A. (1988 [engl. 1985]): Gefangene des Geschlechts? Was biologische Theorien über Mann und Frau sagen. Aus dem Amerikanischen von B. Stein. Piper, München etc.
*Fausto-Sterling, A. (1992): Sex and the single brain: addendum to the second edition. In: Fausto-Sterling, A. (1992): Myths of Gender. Biological Theories about Women and Men. BasicBooks, S.223–259. (Da sich die dt. Übersetzung auf die erste Auflage bezieht, ist dieses Kapitel in «Gefangene des Geschlechts» nicht enthalten.)
*Fausto-Sterling, A. (2000): Sexing the Body – Gender Politics and the Construction of Sexuality. Basic Books, New York.
*www.fembio.org (Stand: 2010): Frauen-Biographieforschung.
Fonte, M. (2001 [ital. 1600]): Das Verdienst der Frauen. Warum Frauen würdiger und vollkommener sind als Männer. Nach der italienischen Ausgabe von 1600 erstmals vollständig übersetzt, erläutert sowie herausgegeben von D. Hacke. C. H. Beck, München.
Foucault, M. (2003a [1974]): Die Geburt der Sozialmedizin. In: Foucault, M. (2003): Schriften in vier Bänden – Dits et Ecrits. Band III, 1976–1979. Suhrkamp, Frankfurt/Main, S.272–298.

Foucault, M. (2003b [1979]): Die Gesundheitspolitik im 18. Jahrhundert. In: Foucault, M. (2003): Schriften in vier Bänden – Dits et Ecrits. Band III, 1976-1979. Suhrkamp, Frankfurt/Main, S.908–928.

Frost, J., Binder, J. R., Springer, J. A. et al. (1999): Language processing is strongly left lateralized in both sexes: Evidence from functional MRI. Brain 122, S.199–208.

Garfinkel, H. (2007 [Erstauflage 1967]): Studies in Ethnomethodology. Polity, Cambridge.

*Gould, S. J. (1983 [engl. 1981]): Der falsch vermessene Mensch. Aus dem Amerikanischen übersetzt von G. Seib. Birkhäuser Verlag, Basel etc.

Gournay, M. le Jars de (1997 [frz. 1622/1626]): Zur Gleichheit von Frauen und Männern. Hrsg. und übersetzt von F. Hervé und I. Nödinger. ein-FACH-verlag, Aachen.

*Goytisolo, J. (1996 [span. 1993]): Die Marx-Saga. Suhrkamp Verlag, Frankfurt/Main.

*Hagemann-White, C. (1984): Sozialisation: weiblich – männlich? Leske/Budrich, Opladen.

*Haraway, D. (1995 [engl. 1988]): Situiertes Wissen – Die Wissenschaftsfrage im Feminismus und das Privileg einer partialen Perspektive, in: Haraway, D.: Die Neuerfindung der Natur – Primaten, Cyborgs und Frauen. Campus, Frankfurt/Main etc., S.73–97.

Hegel, G. W. F. (1983 [Erstauflage 1830]): Werke in zwanzig Bänden, Bd. 9; Enzyklopädie der philosophischen Wissenschaften II. Suhrkamp Verlag, Frankfurt/Main.

*Heinrich, M. (2004): Kritik der politischen Ökonomie – Eine Einführung (Reihe: theorie.org). Schmetterling Verlag, Stuttgart.

Herzer, M. (zuerst 1998): Hirschfelds Utopie, Hirschfelds Religion und das dritte Geschlecht der Romantik. Ursprünglich erschienen in Mitteilungen der Magnus-Hirschfeld-Gesellschaft, Nr. 28 (1998). Online unter: http://www2.hu-berlin.de/sexology (Stand: 13.07.2010).

Hiort, O. (2007): Störungen der Geschlechtsentwicklung: Konsequenzen der neuen Nomenklatur und Klassifikation. Ergebnisse der Chicago Konsensus Konferenz 2005. Zeitschrift für Sexualforschung, 20 (2): S.99–106.

*Hirschauer, S. (1994): Die soziale Konstruktion der Zweigeschlechtlichkeit. Kölner Zeitschrift für Soziologie und Sozialpsychologie, 46 (4): S.668–692.

Hirschauer, S. (1999 [Erstauflage 1993]): Die soziale Konstruktion der Transsexualität. Suhrkamp, Frankfurt/Main.

Hirschfeld, M. (1926–1930): Geschlechtskunde. Band I bis V. Julius Püttmann, Stuttgart.

*Honegger, C. (1991): Die Ordnung der Geschlechter. Die Wissenschaften vom Menschen und das Weib 1750–1850. Campus, Frankfurt/Main etc.

Horn, F. (2009): Biochemie des Menschen. Das Lehrbuch für das Medizinstudium. Thieme Verlag, Stuttgart etc.

Humboldt, W. von (1959b [Erstveröffentlicht 1795]): Ueber die männliche und weibliche Form. Die Horen, 1: S.332–355 und Bd. 2: S.378–404. (In: Raabe, P. [Hrsg., 1959]: Fotomechanisch hergestellte Neu-

ausgabe von «Die Horen». Wissenschaftliche Buchgesellschaft, Darmstadt, Band 1/2.)
Huxley, T. H. (1877): Schwarze und weisse Emancipation. In: Huxley, T. H. (Hrsg.): Reden und Aufsätze naturwissenschaftlichen, pädagogischen und philosophischen Inhalts. T. Grieben, Berlin, S.19–26.
Jablonka, E., Lamb, M. J. (2005 [Erstauflage 1995]): Epigenetic Inheritance and Evolution. The Lamarckian Dimension. Oxford University Press.
*Jagose, A. (2001): Queer theory – Eine Einführung. Querverlag, Berlin.
Jahn, I. (Hrsg., 2004 [Erstauflage 1998]): Die Geschichte der Biologie. Nikol, Hamburg.
Kammerer, P. (1927): Geschlecht – Fortpflanzung – Fruchtbarkeit. Eine Biologie der Zeugung (Genebiotik). Drei Masken Verlag, München.
Keller, E. F. (2001 [engl. 2000]): Das Jahrhundert des Gens. Campus Verlag, Frankfurt/Main etc.
*Kirsch, E. (2005 [erstveröffentlicht als Dissertation: 1964]): Avicennas Lehren von der Sexualmedizin. Edition Avicenna, München.
Klattig, J. T. (2006): On the role of Wt1, Dmrt8 and Sox9 during murine gonad development and sex determination. Dissertation, Universität Jena.
*Klöppel, U. (2010): XX0XY ungelöst: Hermaphroditismus, Sex und Gender in der deutschen Medizin. Eine historische Studie zur Intersexualität. Transcript Verlag, Bielefeld.
Kuczynski, J. (1947): Die Geschichte der Lage der Arbeiter in Deutschland – von 1800 bis in die Gegenwart. Die Freie Gewerkschaft Verlagsgesellschaft mbH, Berlin (3., erweiterte Auflage).
Kuczynski, J. (1949): Die Geschichte der Lage der Arbeiter in England – von 1640 bis in die Gegenwart. Die Freie Gewerkschaft Verlagsgesellschaft mbH, Berlin.
Kügelgen, A. von (1994): Averroes und die arabische Moderne. Ansätze zu einer Neubegründung des Rationalismus im Islam. E.J. Brill, Leiden etc.
Kuhn, T. S. (1976 [1962]): Die Struktur wissenschaftlicher Revolutionen. Suhrkamp Verlag, Frankfurt/Main.
Laqueur, T. (1986): Orgasm, Generation, and the Politics of Reproductive Biology. Representations, 14: S.1–41.
*Laqueur, T. (2003 [Erstauflage 1990]): Making Sex – body and gender from the Greeks to Freud. Harvard University Press, Cambridge etc.
www.lesbengeschichte.de (Stand: 2010): Lesbengeschichte.
Lesky, E. (1950): Die Zeugungs- und Vererbungslehre der Antike und ihr Nachwirken. In: Abhandlungen der Geistes- und Sozialwissenschaftlichen Klasse, 19: S.1225-1425 (eigene Nummerierung: S.1–201).
Leuckart, R. (1853): Zeugung. In: Wagner, R. (Hrsg.): Handwörterbuch der Physiologie mit Rücksicht auf physiologische Pathologie. Vierter Band. F. Vieweg und Sohn, Braunschweig, S.707–1000, S.742f.
LeVay, S. (1991): A Difference in Hypothalamic Structure Between Heterosexual and Homosexual Men. Science, 253: S.1034–1037.
*Lewontin, R. C., Rose, S., Kamin, L. J. (1988 [engl. 1984]): Die Gene sind es nicht... Biologie, Ideologie und menschliche Natur. Psychologie Verlags Union, München etc.

Ley, H. (1953): Avicenna. Aufbau-Verlag, Berlin.
*Marx, K. (1962 [1844]): Zur Kritik der Nationalökonomie – Drittes Manuskript. In: Goldenberg, Boris (Hrsg.): Karl Marx – Ausgewählte Schriften. Hrsg. und eingeleitet von Boris Goldenberg. Kindler Verlag, München.
Marx, K., Engels, F. (1962 [geschrieben 1845, erstmals veröffentlicht 1932]): Die deutsche Ideologie. In: Goldenberg, Boris (Hrsg.): Karl Marx – Ausgewählte Schriften. Hrsg. und eingeleitet von Boris Goldenberg. Kindler Verlag, München.
*Marx, K., Engels, F. (1986 [Erstveröffentlicht 1848]): Manifest der Kommunistischen Partei. Dietz Verlag, Berlin.
Marx, K. (1953 [1857/58]): Grundrisse der Kritik der politischen Ökonomie (Rohentwurf). Dietz Verlag, Berlin.
Marx, K. (1962 [1867]): Kapital, Band 1. In: Goldenberg, Boris (Hrsg.): Karl Marx – Ausgewählte Schriften. Hrsg. und eingeleitet von Boris Goldenberg. Kindler Verlag, München.
Mauss, B. (2004): Genomic Imprinting im Kontext feministischer Kritik. In: Schmitz, S., Schinzel, B. (Hrsg.): Grenzgänge. Genderforschung in Informatik und Naturwissenschaften. Helmer, Königstein, S.149–163.
*Meyer, U. I. (1997 [Erstaufl. 1994]): Philosophinnen-Lexikon. Reclam Verlag, Leipzig.
Meyer, U. I. (1999): Das Bild der Frau in der Philosophie. Ein-FACH-verlag, Aachen.
Möbius, P. J. (1903 [1900]): Über den physiologischen Schwachsinn des Weibes. 5. Auflage. C. Marhold, Halle/Saale.
Möbius, P. J. (1903): Geschlecht und Kopfgrösse (Beiträge zur Lehre von den Geschlechtsunterschieden, Heft 5). In: Möbius, P. J. (Hrsg.): Beiträge zur Lehre von den Geschlechtsunterschieden, Heft 5 bis 8. Verlag von C. Marhold, Halle/Saale.
Neuer Berliner Kunstverein (1986): Androgyn – Sehnsucht nach Vollkommenheit (Ausstellungskatalog). Dietrich Reimer Verlag, Berlin.
Oudshoorn, N. (1994): Beyond the natural body: An archeology of sex hormones. Routledge, London etc.
Palm, K. (2010): Feministischer Empirismus – Interventionen in die biologische Praxis. In: Nagelschmidt, I., Wojke, K., Borrego, B. (Hrsg.): Interdisziplinäres Kolloquium zur Geschlechterforschung (Leipziger Gender-Kritik, Band 2). Peter Lang, Frankfurt/Main etc., S.75–86.
Park, K., Nye, R. A. (1991): Destiny is Anatomy, Review of Laqueurs Making Sex: Body and Gender from the Greeks to Freud. The New Republic, 18: S.53-57.
*Petersen, S. (1990): Frauendifferenzen in der Revolution. In: Gerhard, U., Jansen, M., Maihofer, A., Schmid, P., Schultz, I. (Hrsg.): Differenz und Gleichheit – Menschenrechte haben (k)ein Geschlecht. Ulrike Helmer Verlag, Frankfurt/Main, S.68–74.
Pizan, C. de (1990 [frz. 1405]): Das Buch von der Stadt der Frauen (mit einer Einleitung von M. Zimmermann). dtv, München.
*Quaiser-Pohl, C., Jordan, K. (Hrsg., 2004): Warum Frauen glauben, sie könnten nicht einparken und Männer ihnen Recht geben. Über Schwächen, die gar keine sind. C. H. Beck, München.

Rang, B. (1986): Zur Geschichte des dualistischen Denkens über Mann und Frau. Kritische Anmerkungen zu den Thesen von Karin Hausen zur Herausbildung der Geschlechtscharaktere im 18. und 19. Jahrhundert. In: Dalhoff, J., Frey, U., Schöll, I. (Hrsg.): Frauenmacht in der Geschichte. Schwann, Düsseldorf. S.194–204.

Rathke, H. (1825): Beobachtungen und Betrachtungen über die Entwicklung der Geschlechtswerkzeuge bei den Wirbelthieren. Rengersche Verlags-Buchhandlung, Halle.

*Rieder, K. (2003 [Erstauflage 2000]): Teil II: Der X-Y-Mythos – Konstruktion von Geschlecht in der Genetik. In: Burren, S., Rieder, K. (Hrsg.): Organismus und Geschlecht in der genetischen Forschung. Eine wissenssoziologische Studie. Institut für Soziologie, Bern, S.88–189.

Römer, L. S. A. M. v. (1903): Über die androgynische Idee des Lebens. Jahrbuch für sexuelle Zwischenstufen, 5 (2): S.709–939.

Rosenmüller, J. C. (1810): Ueber die Analogie der männlichen und weiblichen Geschlechtstheile. Abhandlungen der Physikalisch-Medicinischen Societät zu Erlangen, 1: S.47–51.

Rosenstrauch, H. (2009): Wahlverwandt und ebenbürtig: Caroline und Wilhelm von Humboldt. Eichborn, Frankfurt/Main.

Rousseau, J.-J. (1991 [frz. 1762]): Emil oder Über die Erziehung. Schöningh, Paderborn etc.

Satzinger, H. (2004): Rasse, Gene und Geschlecht – zur Konstituierung zentraler biologischer Begriffe bei Richard Goldschmidt und Fritz Lenz, 1916-1936. Ergebnisse 15. Vorabdrucke aus dem Forschungsprogramm «Geschichte der Kaiser-Wilhelm-Gesellschaft im Nationalsozialismus», Berlin.

*Satzinger, H. (2009): Differenz und Vererbung: Geschlechterordnungen in der Genetik und Hormonforschung 1890–1950. Böhlau Verlag, Köln etc.

Schartl, M., Gessler, M., Eckardstein, A. von (Hrsg., 2009): Biochemie und Molekularbiologie des Menschen. Elsevier / Urban & Fischer, München.

Schiebinger, L. (1986): Skeletons in the Closet: The First Illustration of the Female Skeleton in Nineteenth-Century Anatomy. Representations, 14: S.42–82.

*Schiebinger, L. (1993 [engl. 1989]): Schöne Geister – Frauen in den Anfängen der modernen Wissenschaft. Klett-Cotta, Stuttgart.

*Schiebinger, L. (1995): Das private Leben der Pflanzen: Geschlechterpolitik bei Carl von Linné und Erasmus Darwin. In: Orland, B., Scheich, E. (Hrsg.): Das Geschlecht der Natur – feministische Beiträge zur Geschichte und Theorie der Naturwissenschaften. Suhrkamp, Frankfurt/Main, S.245–269.

*Schmitz, S. (2004): Wie kommt das Geschlecht ins Gehirn? Über den Geschlechterdeterminismus in der Hirnforschung und Ansätze zu seiner Dekonstruktion. Forum Wissenschaft 4/2004, Online: http://www.linksnet.de/en/artikel/19193 (Stand: 27.08.2010).

Schmitz, S. (2006): Hirnbilder im Wandel. Kritische Gedanken zum ‹sexed brain›. In: Mauss, B., Petersen, B. (Hrsg.): Das Geschlecht der Biologie. NUT-Schriftenreihe Band 11. Talheimer Verlag, Mössingen-Thalheim, S.61–92.

Schubert, G. H. von (1806): Ahndungen einer allgemeinen Geschichte des Lebens. Erster Theil. C. H. Reclam, Leipzig.
*Schwarzer, A. (1986 [1983]): Simone de Beauvoir heute. Gespräche aus zehn Jahren. Rowohlt, Reinbek bei Hamburg.
Sengoopta, C. (2006): The Most Secret Quintessence of Life. Sex, Glands, and Hormones, 1850–1950. The University of Chicago Press, Chicago etc.
Shaywitz, B. A., Shaywitz, S. E., Pugh, K. R., et al. (1995): Sex differences in the functional organization of the brain for language. Nature, 16 (373 [6515]): S.561–562.
*Stolberg, M. (2003): A Woman Down to Her Bones. The Anatomy of Sexual Difference in the Sixteenth and Early Seventeenth Centuries. Isis, 94: S.274–299.
Stryer, L. (1999 [engl. 1995]: Biochemie. Spektrum, Heidelberg etc.
*Stübig, F. (1990): Was geschah eigentlich vor 200 Jahren? Ein Rückblick auf die Französische Revolution auch aus weiblicher Sicht. In: Gerhard, U., Jansen, M., Maihofer, A., Schmid, P., Schultz, I. (Hrsg.): Differenz und Gleichheit – Menschenrechte haben (k)ein Geschlecht. Ulrike Helmer Verlag, Frankfurt/Main, S.30–45.
Thomasset, C. (1993): Von der Natur der Frau. In: G. Duby, M. Perrot, C. Klapisch-Zuber (Hrsg.): Geschichte der Frauen – Band II Mittelalter. Campus Verlag, Frankfurt/Main etc., S.55–83.
Thompson, H. B. (1905 [engl. 1903]): Vergleichende Psychologie der Geschlechter. Experimentelle Untersuchungen der normalen Geistesfähigkeiten bei Mann und Weib. Autorisierte Übersetzung von J. E. Kötscher. A. Stuber's Verlag (C. Kabitzsch), Würzburg.
Tiedemann, F. (1813): Anatomie der kopflosen Missgeburten. Thomann, Landshut.
Trumann, A. (2002): Feministische Theorie: Frauenbewegung und weibliche Subjektbildung im Spätkapitalismus (theorie.org). Schmetterling Verlag, Stuttgart.
Ulrichs, K. H. (1994 [geschrieben 1862, veröffentlicht 1899]): Vier Briefe von Karl Heinrich Ulrichs (Numa Numantius) an seine Verwandten. In: Kennedy, H. (1994): Forschungen über das Räthsel der mannmännlichen Liebe, in 4 Bänden. Band 1. Verlag rosa Winkel, Berlin. (Hier zitiert aus Brief IV, S.64–70.)
Virchow, R. (1847): Der puerperale Zustand. Das Weib und die Zelle. In: Virchow, R. (1856): Gesammelte Abhandlungen zur wissenschaftlichen Medicin. Meidinger Sohn & Comp., S.735–779 (unter der Hauptüberschrift «V. Zur Gynäkologie», ab S.733ff).
*Völling, C. (2010): «Ich war Mann und Frau»: Mein Leben als Intersexuelle. Fackelträger Verlag, Köln.
*Voss, J. (2008): Charles Darwin zur Einführung. Junius, Hamburg.
Voß, H.-J. (2008): Feministische Wissenschaftskritik am Beispiel der Naturwissenschaft Biologie. In: Freikamp, U.; Leanza, M.; Mende, J.; Müller, S.; Ullrich, P.; Voß, H.-J. (Hrsg.): Kritik mit Methode? Forschungsmethoden und Gesellschaftskritik (Texte 42). Karl Dietz Verlag, Berlin, S.233–252. Online: http://www.rosalux.de/fileadmin/rls_uploads/pdfs/Texte-42.pdf (Stand: 26.07.2010)

Voß, H.-J. (2010): Making Sex Revisited: Dekonstruktion des Geschlechts aus biologisch-medizinischer Perspektive. Transcript Verlag, Bielefeld.

Waldeyer, H. W. G. (1870): Eierstock und Ei: ein Beitrag zur Anatomie und Entwicklungsgeschichte der Sexualorgane. W. Engelmann, Leipzig.

Wollstonecraft, M. (1999 [engl. 1792]): Ein Plädoyer für die Rechte der Frau. Aus dem Englischen neu übertragen von Irmgard Hölscher. Hermann Böhlaus Nachfolger, Weimar.

Zürcher, U. (2004): Monster oder Laune der Natur: Medizin und die Lehre von den Missbildungen 1780–1914. Campus Verlag, Frankfurt/Main etc.

Erläuterungen einiger wiederkehrender nicht gebräuchlicher Begriffe finden sich...

Andrea Trumann

Feministische Theorie.

Frauenbewegung und weibliche Subjektbildung im Spätkapitalismus

3. Auflage, kart., 204 Seiten,

ISBN 3-89657-580-5

Diese kenntnisreiche und originelle Einführung vermittelt einen fundierten Überblick über die Geschichte der Neuen Frauenbewegung und die wichtigsten Themen, Debatten und Strömungen feministischer Theoriebildung der letzten drei Jahrzehnte. Von den Auseinandersetzungen im SDS über den Kampf gegen den § 218 bis zur Queer-Theorie. Dabei erweist sich die Geschichte der Neuen Frauenbewegung als Prozess der Verinnerlichung des staatlichen Zwangs zur Bevölkerungspolitik unter dem Banner der Selbstbestimmung.

Josef Moe Hierlmeier

Internationalismus.

Eine Einführung in die Ideengeschichte des Internationalismus

2., erw., Auflage, kart., 214 Seiten, ISBN 3-89657-594-5

Ein kompakter Überblick zur Geschichte einer zentralen Bewegung der Linken und zugleich eine reflektierende Einführung in ihre wesentlichen Debatten sowie philosophischen und soziologischen Grundlagen. Ausgangspunkt ist dabei nicht die Situation in den Ländern des Trikont, sondern die Wahrnehmung der sogenannten Dritten Welt und ihre Projektion auf die gesellschaftlichen Verhältnisse hierzulande. Vom ausgeprägten ideengeschichtlichen Optimismus der 1960er und 1970er über die lebensphilosophischen Theoreme der 1980er bis hin zu den dialog- und konsensorientierten Ansätzen der 1990er Jahre zeichnet der Autor die theoretischen Raster einer ebenso wichtigen wie widersprüchlichen Bewegung nach und fragt nach Perspektiven und neuen Denkansätzen.

Manuel Kellner

Kritik der Religion und der Esoterik – Außer sich sein und zu sich kommen

Kart., 240 Seiten, ISBN 3-89657-587-2

Im europäischen Mittelalter, im 12. Jahrhundert, wagte der Verstand sein Recht zu fordern, weil er immerhin eine Gottesgabe sei. Die Frühscholastiker dienten dem Dogma, doch keimte mit ihnen eine Saat, die im Zeitalter der Aufklärung aufblühte. Im 17. und 18. Jahrhundert schienen Glaube und Aberglaube widerlegt. Doch heute grassieren weltweit religiöser Wahn, Spiritualismus und Esoterik. Der Siegeszug der Diesseitigkeit ist schon lange von gestern: Das Problem ist offenbar nicht erledigt.

Der Autor geht den verschiedenen Argumentationsmustern der Religionskritik nach und fragt nach ihrer Tauglichkeit.

Michael Heinrich

Kritik der politischen Ökonomie. *Eine Einführung*

9. Auflage, kart., 240 S., ISBN 3-89657-593-7

Umfassende Analysen des globalen Kapitalismus haben wieder Konjunktur, und mit ihnen kommt auch der zwischenzeitlich totgesagte Karl Marx wieder zu Ehren, wie die Bücher von Negri/ Hardt, Robert Kurz u.a. zeigen. Freilich scheint diese Auseinandersetzung durchweg recht oberflächlich, findet zumindest Michael Heinrich und plädiert deshalb für eine Neuaneignung der marxschen Theorie jenseits des traditionellen, weltanschaulichen «Marxismus». Plastisch und verständlich skizziert Heinrich die historischen, ökonomischen und sozialen Rahmenbedingungen für die Entstehung der «Kritik der politischen Ökonomie», geht auf deren methodische Grundlagen ein und stellt die wichtigsten Begriffe und Konzepte aus allen drei Bänden des Marxschen Hauptwerkes «Das Kapital» vor. Was ist eigentlich Kapitalismus, und was hat es mit der ominösen Dialektik auf sich? Was ist «abstrakte Arbeit», und wie entsteht Mehrwert? Was ist Fetischismus? Wie kommt es zu Krisen? Wie verhält es sich mit Politik und Staat?

Michael Schwandt
Kritische Theorie.
Eine Einführung
Kart., 240 Seiten, ISBN 3-89657-595-3

Dieser Band gibt eine verständliche, weitgehend voraussetzungslose und eingängig geschriebene Einführung in die Kritische Theorie. Es wird erstmals der Versuch einer Bilanz der Kritischen Theorie zu Beginn des 21. Jahrhunderts unternommen – das Dilemma politischen Engagements in der Gegenwart immer im Blick. Der Vergleich von Adorno und Marcuse, an dem sich die Darstellung orientiert, ist neu und verspricht auch erfahrenen Lesern einen Erkenntnisgewinn.

Michael Schwandt zeichnet zunächst die Geburt der Kritischen Theorie aus der Krise des Marxismus nach und skizziert die Geschichte des Frankfurter Instituts für Sozialforschung. Vor diesem Hintergrund wird die Spannweite möglicher Antworten der Kritischen Theorie auf das Praxisproblem herausgearbeitet: Wie soll, wie kann sich politisch verhalten, wer diese Welt aus tiefstem Herzen ändern will, aber mit klarem Verstand erkennen muss, dass die Chancen dazu verschwindend gering sind?

Gerald Abl
Kritische Psychologie.
Eine Einführung
Kart., 216 Seiten, ISBN 3-89657-591-0

Gerald Abls Buch ist ein historischer Streifzug durch wesentliche Leistungen früherer emanzipatorischer Psychologie bis hin zur Konzeption neuerer psychologischer Strömungen mit kritischem Selbstverständnis. Es vermittelt einen Überblick über Bezugspunkte, die vor allem aus den Bemühungen verschiedener psychologischer Schulen um eine marxistische Orientierung erarbeitet wurden und von offiziellen Institutionen oftmals gerne übergangen werden.

In dieser Nachzeichnung kritischer Ansätze in der Psychologie werden Problemstellungen verdeutlicht, Kontroversen nachvollziehbar gemacht und dabei auch wesentliche Elemente einer kritischen Methodik vorgestellt. Was kritische Psychologie sein kann, wird hier schließlich vor allem aus psychoanalytischen Ansätzen heraus entwickelt.

Thomas Schroedter / Christina Vetter
Polyamory.
Eine Erinnerung
Kart., 180 Seiten, ISBN 3-89657-659-3
Der Begriff der Polyamory tauchte in den 1960er Jahren in den USA auf und wird seit etwa zehn Jahren auch hier breiter diskutiert. Er steht für ein Beziehungsgeflecht, in dem mehrere Liebesbeziehungen verantwortungsvoll, ehrlich, offen und verbindlich gleichzeitig entwickelt und gelebt werden. Als Vorläufer sind die «Free-love-Bewegung» in der Mitte des 19. Jahrhunderts, die v.a. eine sexuelle Emanzipation der Frauen im Zentrum ihrer Forderung hatte, sowie flüchtige Denk- und Diskusionsansätze nach der Russischen Revolution zu sehen.
Die Auseinandersetzungen um «vielfältige Lebensweisen» werden hier aufgenommen, Polyamory wird als Aspekt in der Dynamisierung der Triade Geschlecht-Sexualität-Lebensform betrachtet.

Hans Jürgen Degen / Jochen Knoblauch
Anarchismus.
Eine Einführung
2., durchgesehene Auflage, kart., 216 Seiten,
ISBN 3-89657-590-2
Seit Mitte des 19. Jahrhunderts entwickelte sich in den Ländern des Frühkapitalismus im Nordwesten Europas als Gegenbewegung der Sozialismus. Und mit der Entwicklung der ArbeiterInnen-Bewegung begann auch ein großer Entwicklungsprozess für eine allgemeine Emanzipation. Rasch formten sich aus den Diskussionen und Flügelkämpfen zwei Hauptströmungen heraus, die sich auf der radikalen Seite der Bewegung an zwei Namen festmachen lassen: Karl Marx für den von den Anarchisten so empfundenen autoritären und Michael Bakunin für den antiautoritären Flügel der Arbeiterbewegung.
Diese Einführung stellt nicht nur diese verschiedenen Richtungen des Anarchismus vor, sondern auch die Rolle von AnarchistInnen in den Revolutionen von der Pariser Kommune 1871 bis zur Studentenbewegung von 1968, sie beschreibt die wichtigsten TheoretikerInnen sowie anarchistische Politik in verschiedensten gesellschaftlichen Bereichen.

Gernot Ernst

Komplexität.
«Chaostheorie» und die Linke

Kart., 200 Seiten,
ISBN 3-89657-652-6

Um die Möglichkeiten, aber auch Grenzen von Veränderungen, ob in evolutionärer oder revolutionärer Form, besser zu erkennen, ist es unverzichtbar, die Ergebnisse und Schlussfolgerungen der Komplexitätsforschung zu verstehen. Dass Systeme nicht statisch, sondern dynamisch, also in Bewegung sind, ist jedem Marxisten aus dessen Beschreibung der menschlichen Geschichte bekannt. Anarchisten haben schon lange über angenommene und beobachtete Selbstorganisationsphänomene nachgedacht. Linke sind im Grunde genommen Systemtheoretiker und Dynamiker der ersten Stunde.

In diesem Buch werden einige zentrale Ideen wie die der «Chaos-Theorie», der dynamischen Systeme oder Netzwerke entwickelt. Dabei werden, soweit wie möglich, Beispiele aus der Gesellschaftstheorie herangezogen. Ein eigenes Kapitel stellt einen Teil der bisherigen linken Diskussion dar, deren bisherige Ergebnisse kritisch diskutiert werden.

Manuel Kellner

Trotzkismus.
Eine Einführung in seine Grundlagen – Fragen nach seiner Zukunft

Kart., 180 Seiten, ISBN 3-89657-584-8

Ausgehend von Trotzkis historischer Rolle vor, während und nach der Oktoberrevolution entwickelt Manuel Kellner jene Positionen, die Trotzkisten aller Fraktionen zu allen Zeiten und in allen Ländern verbinden. Er erklärt die wichtigsten Diskussionen über strategische Grundsätze und hebt die internationalistische, globale Haltung als herausragenden Teil trotzkistischer Grundpositionen hervor.